厦门大学知识产权研究丛书

总主编 林秀芹

本书受"厦门大学'双一流'学科建设"基金资助出版

侵权责任各论
——特殊主体、特定情境与知识产权

周 璐 ◎著

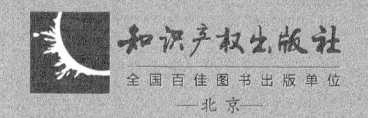

知识产权出版社
全国百佳图书出版单位
—北京—

图书在版编目（CIP）数据

侵权责任各论：特殊主体、特定情境与知识产权／周璐著．—北京：知识产权出版社，2020.7（2021.9重印）

ISBN 978-7-5130-7003-4

Ⅰ．①侵⋯　Ⅱ．①周⋯　Ⅲ．①侵权行为—民法—研究—中国　Ⅳ．①D923.74

中国版本图书馆 CIP 数据核字（2020）第 100762 号

责任编辑：刘　睿　邓　莹　　　　责任校对：王　岩
文字编辑：薛晶晶　　　　　　　　责任印制：刘译文

侵权责任各论
——特殊主体、特定情境与知识产权
周　璐　著

出版发行：	知识产权出版社 有限责任公司	网　　址：	http://www.ipph.cn
社　　址：	北京市海淀区气象路 50 号院	邮　　编：	100081
责编电话：	010-82000860 转 8346	责编邮箱：	dengying@cnipr.com
发行电话：	010-82000860 转 8101/8102	发行传真：	010-82000893/82005070/82000270
印　　刷：	北京九州迅驰传媒文化有限公司	经　　销：	各大网上书店、新华书店及相关专业书店
开　　本：	720mm×1000mm　1/16	印　　张：	15.25
版　　次：	2020 年 7 月第 1 版	印　　次：	2021 年 9 月第 2 次印刷
字　　数：	220 千字	定　　价：	58.00 元
ISBN 978-7-5130-7003-4			

出版权专有　侵权必究
如有印装质量问题，本社负责调换。

前　　言

从法律传承的角度来看，我国近代侵权责任法属于大陆法系中德国法系的分支，体现了德国法系的立法模式与基本规则，侵权责任法条文多为概括侵权行为的一般条款，即规定了一切侵权行为请求权请求基础的法律规范。一般条款涉及侵权归责原则、责任构成要件、责任具体承担以及免责事由等方面，构成了一个相对周延的"完美"理论体系。任何侵害他人权利的行为所造成的损害，只要符合上述一般条款的规定，就可以请求损害赔偿，以救济自己遭受损害的合法权益，不必再去寻找具体的关于该侵权行为的法律规定。

侵权行为一般化的立法模式抽象概括了侵权行为的基本形态，使之成为一个弹性极大的规则，避免了侵权行为立法的冗长与烦琐。[1] 然而，技术的发展及社会经济形态的变化催生了侵权客体与侵权结构的嬗变，带给相对稳定的侵权责任法继续发展的强大策动力。[2]

在侵权客体方面，一些全新的侵权行为所侵害的客体需要明确界定。《德国民法典》仅规定生命权、身体权、健康权及自由权，而并没有涉及商品化人格权、隐私权、精神性人格权以及知识产权等客体。全新客体的出现给损失的计算带来了挑战，对于可毁损与不可重复使用的传统客体而言，损失可以通过差额法明确计算，而上述非损耗性的新型客体则很难通过差额主张损失。

---

[1] 杨立新. 论侵权行为一般化和类型化及其我国侵权行为法立法模式选择［J］. 河南省政法管理干部学院学报，2003（1）：1-14.
[2] 唐义虎. 生命科技的最新发展与侵权责任法的制度回应［J］. 北方法学，2010（2）：29-40.

在侵权结构方面，也呈现出从传统的"损害型侵权"的单一模式，向"损害型侵权"与"获益型侵权"共存的复杂模式发展的趋势。其中，"损害型侵权"的代表为侵害他人所有权以及物质性人格权、雇员侵权、被监护人侵权、饲养动物侵权、物件致人损害等；"获益型侵权"的代表为证券虚假陈述、制造贩卖盗版著作、未经许可使用专利、未经许可使用肖像及贩卖个人信息资料等。"获益型侵权"的出现对侵权损害赔偿中的"填平原则"提出了挑战。❶

传统大陆法系侵权责任法在现代化的过程中面临着前所未有的困难，很多相关规定都亟待更有针对性的具体解释，甚至修改或完善。从20世纪开始，大陆法系国家开始借鉴源自英美法系案例法类型化的侵权行为界定模式。如1960年颁布的《埃塞俄比亚民法典》中的"非契约责任"一章，在通过一般条款概括过错责任的侵权行为、无过错责任的侵权行为以及替代责任的侵权行为的基础上，分别规定了31种类型化侵权行为的详细规则，实现了侵权行为一般化和类型化的结合，采取这种模式的还有之后影响力颇大的《欧洲统一侵权行为法典》。

我国于2009年颁布的《中华人民共和国侵权责任法》（以下简称《侵权责任法》）显然也融合了两大法系的立法模式，在前三章侵权责任一般化规则的基础上，第四章为"关于责任主体的特殊规定"，第五章为"产品责任"，第六章为"机动车交通事故责任"，第七章为"医疗损害责任"，第八章为"环境污染责任"，第九章为"高度危险责任"，第十章为"饲养动物损害责任"，第十一章为"物件损害责任"。然而，我国《侵权责任法》在类型化方面还远不能满足司法实践的要求，其规则具体化程度与《中华人民共和国合同法》分则也不可同日而语，在审判中诸多问题的明确还需要借助案例、司法解释以及法官个人的审判经验。

鉴于此，本书基于侵权责任法现代化，从特殊主体、特定情境以及知识产权的侵权责任三个方面出发，研究类型化侵权责任的特殊性。其中，

---

❶ 徐银波. 论侵权行为形态的嬗变与赔偿理念的现代化——兼论《侵权责任法》第20条的适用 [J]. 私法研究, 2015 (1)：86-103.

特殊主体的侵权责任包括监护人责任、用人者责任、安全保障义务人责任、教育机构的责任，上述类型化侵权责任的共性在于均涉及"替代责任"的加入；特定情境的侵权责任包括产品责任、机动车交通事故责任、医疗损害责任以及网络侵权责任，这部分侵权责任具有多维度的归责原则体系，涉及过错推定的广泛适用、无过错责任扩大其适用范围、过错本身的客观化；知识产权侵权责任包括专利权侵权责任、商标权侵权责任以及著作权侵权责任，这部分侵权责任的归责原则既与知识产权侵权的形态有关，又与知识产权侵权的责任形式有关，同时还体现了一个国家或地区的知识产权保护水平，其中各子类型侵权行为既具备由无形财产权本质决定的一般属性，又分别具备由不同的保护范围界定方式决定的特殊属性。

目　　录

第一编　特殊主体的侵权责任

第一章　监护人责任 ··· 5
- 第一节　监护人责任概述 ·· 5
- 第二节　监护人责任的归责原则 ·································· 7
- 第三节　监护人责任的构成要件 ·································· 10
- 第四节　监护人责任的具体承担 ·································· 12
- 第五节　监护人责任的典型案例 ·································· 16

第二章　用人者责任 ··· 19
- 第一节　用人者责任概述 ·· 19
- 第二节　用人者责任的归责原则 ·································· 26
- 第三节　用人者责任的构成要件 ·································· 29
- 第四节　用人者责任的具体承担 ·································· 33
- 第五节　用人者责任的典型案例 ·································· 37

第三章　安全保障义务人责任 ······································ 39
- 第一节　安全保障义务人责任概述 ································ 39
- 第二节　安全保障义务人责任的归责原则 ······················· 43
- 第三节　安全保障义务人责任的构成要件 ······················· 43
- 第四节　安全保障义务人责任的具体承担 ······················· 47
- 第五节　安全保障义务人侵权责任的典型案例 ·················· 49

第四章　教育机构责任 ………………………………………… 51
第一节　教育机构责任概述 …………………………………… 51
第二节　教育机构责任的归责原则 …………………………… 54
第三节　教育机构责任的构成要件 …………………………… 55
第四节　教育机构侵权责任的类型与承担 …………………… 57
第五节　教育机构侵权责任的典型案例 ……………………… 59

第二编　特定情境的侵权责任

第五章　产品责任 ……………………………………………… 64
第一节　产品责任概述 ………………………………………… 64
第二节　产品责任的归责原则 ………………………………… 67
第三节　产品责任的构成要件 ………………………………… 69
第四节　产品责任的具体承担 ………………………………… 77
第五节　产品缺陷判断的典型案例 …………………………… 84

第六章　机动车交通事故责任 ………………………………… 88
第一节　机动车交通事故责任概述 …………………………… 88
第二节　机动车交通事故责任的归责原则 …………………… 89
第三节　机动车交通事故责任的构成要件 …………………… 91
第四节　机动车交通事故责任的具体承担 …………………… 94
第五节　机动车交通事故责任的典型案例 …………………… 104

第七章　医疗损害责任 ………………………………………… 108
第一节　医疗损害责任概述 …………………………………… 108
第二节　医疗损害责任的归责原则 …………………………… 109
第三节　医疗损害责任的构成要件 …………………………… 111
第四节　医疗损害责任的具体承担 …………………………… 114
第五节　医疗损害责任的典型案例 …………………………… 118

第八章　网络侵权责任 ………………………………………… 121
第一节　网络侵权责任概述 …………………………………… 121

第二节　网络技术服务提供者责任的具体承担 …………………… 125
第三节　网络侵权责任的典型案例 …………………………………… 133

第三编　知识产权侵权责任

第九章　知识产权侵权责任总论 …………………………………… 140
第一节　知识产权侵权行为中的两对范畴 …………………… 140
第二节　知识产权侵权责任的归责原则 ……………………… 143
第三节　知识产权侵权责任的构成要件 ……………………… 147
第四节　知识产权侵权责任的承担 …………………………… 152

第十章　专利权侵权责任 …………………………………………… 171
第一节　侵犯专利权的行为 …………………………………… 171
第二节　专利侵权的抗辩事由 ………………………………… 182

第十一章　商标权侵权责任 ………………………………………… 189
第一节　侵犯商标权的行为 …………………………………… 189
第二节　商标侵权的抗辩事由 ………………………………… 200

第十二章　著作权侵权责任 ………………………………………… 207
第一节　侵犯著作权的行为 …………………………………… 207
第二节　著作权侵权的抗辩事由 ……………………………… 215

参考文献 ……………………………………………………………… 225

第一编

特殊主体的侵权责任

本编所述特殊主体的侵权责任既包括替代责任，也包括自己责任。所谓替代责任，也称转承责任，是就他人侵权行为所造成的损害承担责任。英国、以色列、法国等国，对他人造成损害的责任，并不以被告存在过错为条件，这是精确意义上的"替代"责任。与此同时，在这些国家，对他人造成损害的责任的范围受到严格限制。例如，在英国，"替代责任"（vicarious liability）有非常确切的含义，它是指 A 因为与 B 存在着某种关系（最典型的是雇佣关系）时，应对 B 所实施的侵权行为向受害人 C 承担责任，它与 A 因违反了其自身的义务所应承担的个人责任不同。在英国，父母或看管孩子的任何人均不对孩子的侵权行为承担替代责任，他们因其自身过失承担个人责任。在英国，雇主（被代理人）承担替代责任的一个必要前提是如果被诉的话，雇员（或代理人）应该承担责任，也就是说，法律上雇主承担替代责任与雇员承担个人责任并存，不过在实践中原告往往不起诉雇员，也很少对雇员（或代理人）执行判决。❶ 在以色列这类责任只有两种，即雇主就雇员致他人损害的责任以及被代理人就代理人致他人损害的责任；在法国，父母对儿童致他人损害的责任，原来是建立在推定过错之上的，被法国最高法院转变为严格责任。❷我国《侵权责任法》没有明确说明"替代责任"，相关规定及相关问题需要在理论上和司法实践中厘清。

监护人就被监护人致人损害、用人者就被使用人执行工作任务致人损害、安全保障义务人就其过错致人损害或对第三人致人损害、教育机构就其过错对无民事行为能力人或限制民事行为能力人受到损害承担侵权责任等，所有这些侵权责任，都有一个共同特点，即责任主体特殊；当然，与之相关联的侵害行为、因果关系、过错判断等也有特殊性。不容易厘清的问题是这些侵权纠纷中"侵害行为"的识别问题，是监护人、用人者、网络服务提供者、安全保障义务人，还是被监护人、被使用人、网络用户、第三人的"侵害行为"造成损害的发生？法律上，"行为"包括"作为"

---

❶❷ ［荷］J. 施皮尔. 侵权法的统一：对他人造成的损害的责任［M］. 梅夏英，高圣平，译. 北京：法律出版社，2009.

和"不作为",上述主体未尽职责即"不作为",就可以判断其行为"违法"和主观上有"过错",如此说来,这些主体在这些场合仍然是承担"自己责任"而非"替代责任"。年龄特别小的未成年人以及完全不能控制自己的精神病人是否有法律上的"行为"不无疑问,这些"行为"在理论上和某些法域只算"举动"或"动作"而已。在我国,用人单位(包括法人)就其工作人员因执行职务致人损害承担的是"自己责任"还是"替代责任",法律上未予明确。在个人之间形成劳务关系的场合,提供劳务一方因劳务造成他人损害的,接受劳务一方所承担的侵权责任包括"替代责任";但即使在个人之间形成劳务关系的各种案件中依然存在接受劳务一方承担"自己责任"的可能,如接受劳务一方存在过错并对造成第三人损害存在原因力,即存在接受劳务一方"自己责任"。

第一章　监护人责任

第一节　监护人责任概述

一、监护人责任的概念与性质

监护人责任，是指监护人就被监护人（无民事行为能力人、限制民事行为能力人）造成他人损害所承担的侵权责任。换个角度看，监护人是被监护人的法定代理人，因此，监护人责任有时也被称为"法定代理人责任"。不过，"代理"是与积极的民事行为相关的行为，而与消极的侵权行为无关，故称"监护人责任"为"法定代理人责任"似有不当。

从性质上来看，监护人责任属于替代责任。无民事行为能力人、限制民事行为能力人实施侵害行为致人损害的，监护人即使没有过错也要承担侵权责任，而被监护人自己并不就其侵权承担责任。❶ 监护人没有过错时所承担的无过错责任是典型的"替代责任"，❷ 因为此时承担侵权责任的人并不是实施侵权行为的人。即使从有财产的被监护人的本人财产中支付赔偿费用，当被监护人的财产不足时，仍由监护人赔偿。在我国，监护人依法有监护职责，即对被监护人有管教、约束、引导等职责，如监护人未尽职责导致被监护人侵权，即为监护人就自己"行为"侵权承担责任，此种情形属于监护人自己责任。

---

❶ 尹飞.为他人行为侵权责任之归责基础［J］.法学研究，2009（5）：37-51.
❷ 杨立新.侵权责任法［M］.北京：法律出版社，2010.

此外，即使存在监护人"自己责任"，依然不能完全否定被监护人（无民事行为能力人、限制民事行为能力人）侵权而由监护人承担责任这种因素和特点，也就是说，没有纯粹的监护人自己责任。更何况，根据我国法律的特别规定，监护人责任采用的归责原则是"无过错责任"原则，即使监护人尽了监护职责，被监护人造成他人人身或者财产损害时，监护人也依然要承担侵权责任，只是可以减轻其责任。

二、监护人责任的历史沿革与比较法观察

古罗马法已经有监护人责任的初级规定，例如，根据《十二铜表法》第12表第2条的规定，家属或者奴隶因私犯而造成他人损害的，家长、家主应把他们委付给被侵害人处理或者赔偿他们给被侵害人所造成的损失，其中包括了监护人赔偿责任。在中世纪的欧洲，家长在家庭中具有最高权威，家长和子女的关系是身份上的支配关系，根据法律规则，家长需要对未成年子女致人损害的行为承担赔偿责任。❶

近代以来，就赔偿而言，各国民法典确定了过错责任原则。很多国家认为未成年人没有意思能力，不能被认为有过错，因此，其不承担责任；因未成年人的行为造成他人损害的，由未成年人的有过错的（未尽监护责任的）监护人承担责任；若未成年人的监护人能证明自己已尽监护义务，则不承担赔偿责任。例如，1804年《法国民法典》第1384条第2款规定："父，或父死后，母，对与其共同生活的未成年子女所致的损害应负赔偿的责任。"第5款规定："前述的责任，如父、母、学校教师或工艺师证明其不能防止发生损害的行为者，免除之。"第5款规定了过错推定。然而在法国，父母对儿童致他人损害的责任，后来被法国最高法院转变为严格责任。❷ 又如，1900年的《德国民法典》用两个条文规定了这种监护人责任。该法第828条规定："未满7周岁的人，对其施加于他人的损害，不

---

❶ 周枏. 罗马法原论（上册）[M]. 北京：商务印书馆，2014.

❷ [荷] J. 施皮尔. 侵权法的统一：对他人造成的损害的责任 [M]. 梅夏英，高圣平，译. 北京：法律出版社，2009.

负其责任。""对已满7周岁但未满18周岁的人,对其施加于他人的损害,如在为加害行为的当时,还没有认识其责任所必要的理解力,不负其责任。对聋哑人,亦同。"第832条规定:"依法律规定对未成年或因精神或身体状况而需要监督的人负有监督义务者,对受监督人非法施加于第三人的损害,有赔偿的义务。监督人如已尽其相当的监督的责任,或纵然加以应有的监督也难免发生损害者,不负赔偿义务。"这种监护人责任是过错推定责任。在奥地利,法律规定父母的责任不是基于推定过错,而是原告须举证证明父母存在过错。❶

总结历史经验,法律规定监护人承担责任,是因为监护人与被监护人之间存在生活共同体关系和亲情关系(他们之间存在亲属关系时如此,朋友担任监护人和单位担任监护人的除外),与公共秩序和风俗习惯有关,也是为了实现公平,便于被侵权人维护其自身的合法权益。我国《侵权责任法》第32条规定了监护人责任:"无民事行为能力人、限制民事行为能力人造成他人损害的,由监护人承担侵权责任。监护人尽到监护责任的,可以减轻其侵权责任。有财产的无民事行为能力人、限制民事行为能力人造成他人损害的,从本人财产中支付赔偿费用。不足部分,由监护人赔偿。"这个规定基本上延续了我国1986年《民法通则》第133条之规定。

第二节 监护人责任的归责原则

在理论上,监护人"侵权赔偿责任"的归责原则有三种主张。一是过错责任说,这种主张认为监护人责任是基于监护人的过错产生的,监护人没有尽到监护职责就会产生监护责任。过错的证明由被侵权人承担。二是过错推定说,这种主张认为监护人的过错是根据被监护人实施的侵害行为推定的,不用原告主张,而监护人承担侵权责任的根据还是其有过错。三是无过错责任说,这种主张认为,只要被监护人实施了侵害行为致人损

---

❶ [荷] J. 施皮尔. 侵权法的统一:对他人造成的损害的责任 [M]. 梅夏英, 高圣平, 译. 北京: 法律出版社, 2009.

害，监护人无论有无过错，都要承担责任。第三种学说得到了我国大多数学者的支持。

若持"过错责任说"，则被侵权人承担证明监护人没有尽到监护职责的责任，这将使被侵权人处于极为不利的位置，不利于维护社会秩序和保护第三人利益。此外，过错推定责任可以通过证明自己没有过错而免责，实际上是过错责任的特殊形式，只是在证明责任方面比较特殊，本质上仍然是过错责任，立足于监护人有过错这个事实，以监护人过错为侵权构成要件，这也很有可能使第三人合法权益得不到应有保护。

从比较法上看，因历史传统、法律文化不同，对监护人责任的制度设计也会有所不同。有些国家规定监护人承担过错推定责任，很多国家规定了无过错责任原则。也有的是根据被监护人的年龄确定监护人的责任。以荷兰为代表，《荷兰民法》规定，对于未满14周岁的未成年人造成他人损害的，监护人适用无过错责任。随着未成年人的年龄增加，未成年人的认识和控制能力也逐渐增强，父母的监护责任理应随之减轻。所以，荷兰民法规定已满14周岁未满16周岁的被监护人侵害他人造成损害的，监护人承担过错推定责任。父母对于16岁和17岁的孩子只承担过错责任，这就是说要求其父母承担责任时须证明父母有过错。

虽然无过错责任被很多国家采用，但还是有不少学者对无过错责任提出了批评。一些学者认为，无过错责任偏向保护被侵权人的利益，而对监护人过于严苛，被侵权人与监护人的利益严重失衡；对监护人适用无过错责任会导致监护人更严格地约束被监护人，不利于被监护的未成年人的成长；无过错责任的理论依据是利益风险一致原则，因危险活动获得利益的，也要承担因此产生的风险，然而抚养孩子不能说是一项危险活动，孩子与父母的关系也不仅是利益关系，并且对于精神病人的监护主要是担当职责。

然而，加强民事权益保护是现代社会的发展趋势，无过错责任也是与快节奏的现代社会的发展趋势相一致的。[1] 由监护人承担责任，也是考虑

---

[1] 薛军. 走出监护人"补充责任"的误区——论《侵权责任法》第32条第2款的理解与适用 [J]. 华东政法大学学报，2010（3）：114-122.

了监护人与被监护人之间的血缘等密切关系，与此同时，监护人能通过日常生活来教育、监督被监护人，减少危害行为的发生。法律对风险或者责任进行分配时，有一个非常重要的经济学原理：谁能以最低成本减少风险的发生，谁就是风险的承担者。在规定未成年子女或者精神病人的监护顺序时，也借鉴了这一原理。父母与子女的关系最密切，所以父母是子女的法定监护人；由父母承担未成年子女侵权责任的成本也是最小的，因为父母最能控制风险的发生。

我国《侵权责任法》也明确采取了无过错责任的立场，其中第32条第1款明确规定："无民事行为能力人、限制民事行为能力人造成他人损害的，由监护人承担侵权责任。监护人尽到监护责任的，可以减轻其侵权责任。"

为了便于无民事行为能力人和限制民事行为能力人参加民事活动，并保护第三人（包括民事活动相对人）利益，法律规定了监护制度。监护人的监护职责包括：保护被监护人的身体健康，照顾被监护人的生活，管理和保护被监护人的财产，代理被监护人进行民事活动，对被监护人进行管理和教育，在被监护人合法权益受到侵害或者与人发生争议时，代理其进行诉讼。设立监护制度的目的是双重的，一方面是保护被监护人的人身、财产及其他合法权益不受损害，另一方面是保护第三人合法权益和维护社会秩序。

如果监护人未尽职责，被监护人造成他人损害，那么监护人要承担过错责任，这是毫无疑问的。根据我国法律规定，无民事行为能力人、限制民事行为能力人实施了侵权行为，损害了他人权利，监护人即使没有过错，也要承担侵权责任。监护人尽到监护职责的，只是可以减轻责任，并不能不承担责任。此种责任属于所谓"无过错责任"，它指的是侵权责任不以过错为要件，而非指无过错才承担责任。

需指出的是，就民事主体的能力而言，我国民法规定了权利能力和行为能力，没有另行规定"责任能力"，而以行为能力同时担当"责任能力"的制度功能。行为能力是积极从事民事活动的能力，比如订立合同的能力；而责任能力是有意识的能力并能控制自己行为的能力，即承担责任的能力，或者有独立财产从而承担财产责任的能力。

可以看出，法律设立"能力"制度，有年龄和精神状况方面的考量。无民事行为能力人和限制民事行为能力人心智发展不成熟，不能理解自己的行为，也不能预见行为的后果，设立监护制度能保护无民事行为能力人和限制民事行为能力人，也能保护第三人利益。由于被监护人大多没有独立的财产，法律规定由监护人承担侵权责任能补偿被侵权人所遭受的损失，同时也能督促监护人教育、引导、监督、管理、约束被监护人。

我国没有区分"亲权"与"监护"，而统称为"监护"。传统民法理论认为，亲权与监护是两个不同的概念，亲权是指父母对未成年子女进行教育、引导、监督、管理、约束和保护的权利和义务，而监护是为那些不能得到亲权保护的未成年人和精神病人以设立专人的方式来保护其合法权益。我国民法只规定了监护制度，亲权内容被吸收在监护制度之中，亲权人属于监护人，未成年子女为被监护人。

第三节　监护人责任的构成要件

一、无民事行为能力人、限制民事行为能力人实施了侵害行为

实施侵害行为的主体是无民事行为能力人、限制民事行为能力人，否则谈不上监护人侵权责任。根据《民法通则》的规定，不满10周岁的未成年人和不能辨认自己行为的精神病人是无民事行为能力人；已满10周岁的未成年人和不能完全辨认自己行为的精神病人是限制民事行为能力人，不包括已满16周岁不满18周岁的以自己合法劳动为主要生活来源的人。未成年精神病人适用未成年人的规定。是否属于精神病人，法院应当根据司法精神病学鉴定或者参照医院的诊断、鉴定予以确认。

二、被监护人的侵害行为造成了他人人身或者财产的损害结果

没有实际损害，就没有侵权赔偿责任。他人受到的实际损害，包括财产损害和人身损害。只有在无民事行为能力人或者限制民事行为能力人造成了他人实际损害的情况下，监护人才承担侵权赔偿责任。

三、被监护人的损害行为与他人受损害结果之间有因果关系

因果关系是引起与被引起的关系。他人受损害结果由被监护人的损害行为引起，被监护人的损害行为与他人受损害结果之间才存在因果关系。因果关系有直接因果关系，也有间接因果关系。因果关系的证明责任在于原告。如果原告不能证明因果关系的存在，则监护人不承担责任。

四、若被监护人侵害行为被替换为无需监护人的民事主体的相同侵害行为也构成侵权

我国现行法律对监护人就被监护人侵权承担责任的构造，包括两个层次。第一层次要对监护人承担过错责任或无过错责任做出安排，其结果是现行法律规定是监护人承担无过错责任；第二层次要对被监护人的"行为"（或者说"举动"）作出评价，从而最终判断监护人是否承担监护责任。不是被监护人的所有行为，监护人都要承担责任，只有被监护人实施了"侵权行为"，监护人才要承担责任。也就是说，被监护人的侵害行为即使被替换为无需监护人的民事主体的相同侵害行为也依然构成侵权，此种场合才产生监护人责任；如果被监护人的侵害行为被替换为无需监护人的民事主体的相同侵害行为，就不构成任何种类的侵权，那么即使被监护人造成了第三人损害，监护人也不承担侵权责任。至于判断被监护人的行为是否构成侵权，是看被监护人的"行为"（或者说"举动"）依据《侵权责任法》第6条或者第7条以及其他法律规定是否构成过错侵权责任或者无过错侵权责任，而不考虑被监护人本身的这种特殊主体情况。

第四节　监护人责任的具体承担

一、监护人的确定

根据《民法通则》的规定，未成年人的父母是未成年人的监护人；未成年人的父母已经死亡或者没有监护能力的，由下列人员中有监护能力的人担任监护人：祖父母、外祖父母；兄、姐；关系密切的其他亲属、朋友愿意承担监护责任，经未成年人的父、母的所在单位或者未成年人住所地的居民委员会、村民委员会同意的。没有前述监护人的未成年人，由未成年人的父、母的所在单位或者未成年人住所地的居民委员会、村民委员会或者民政部门担任监护人。无民事行为能力或者限制民事行为能力的精神病人的监护人为：配偶、父母、成年子女及其他近亲属；关系密切的其他亲属、朋友愿意承担监护责任，经精神病人的所在单位或者住所地的居民委员会、村民委员会同意的。没有前述监护人的，由精神病人的所在单位或者住所地的居民委员会、村民委员会或者民政部门担任监护人。针对监护人不明时的责任承担问题，1988年《最高人民法院关于贯彻执行〈中华人民共和国民法通则〉若干问题的意见（试行）》第159条规定："被监护人造成他人损害的，有明确的监护人时，由监护人承担民事责任；监护人不明确的，由顺序在前的有监护能力的人承担民事责任。"根据最高人民法院、最高人民检察院、公安部、民政部于2014年印发的《关于依法处理监护人侵害未成年人权益行为若干问题的意见》（以下简称《意见》）第3条第3款的规定，民政部门应当设立未成年人救助保护机构（包括救助管理站、未成年人救助保护中心），对因受到监护侵害进入机构的未成年人承担临时监护责任，必要时向人民法院申请撤销监护人资格。该《意见》第15条规定："未成年人救助保护机构应当接收公安机关护送来的受监护侵害的未成年人，履行临时监护责任。未成年人救助保护机构履行临时监护责任一般不超过一年。"

在司法实践中，就无民事行为能力人或限制民事行为能力人侵权赔偿纠纷案件中如何确定被告，主要有以下几种做法。第一种做法是通常做法，即以被监护人为被告，其监护人为法定代理人。如果被监护人没有偿还能力，则判决由其监护人（法定代理人）承担赔偿责任。第二种做法是列被监护人为被告，将监护人列为案件第三人。这种做法其实认为监护人对案件诉讼标的无独立请求，只是案件处理结果同本人有法律上的利害关系，因此，监护人系无独立请求权第三人。第三种做法是监护人作为被告，被监护人不作为被告。第四种做法是将被监护人和其监护人列为共同被告。第五种做法是将被监护人和其监护人列为共同被告，同时将监护人列为法定代理人。第四种和第五种做法可以避免判决义务承担主体与履行判决义务主体不一致的现象。法院裁判既判力主观范围是民事终局判决对所涉及的人的效力，原则只及于当事人，不涉及他人。在监护人仅以法定诉讼代理人的身份参加诉讼的情况下，法院不能判决监护人承担任何赔偿责任。所以，应将监护人列为被告。在司法实践中，法院应当在判决书中对被监护人被告的财产状况进行说明；在判决书主文中表明赔偿款项先由被告被监护人赔偿，不足部分由被告监护人赔偿。值得注意的是，监护人在庭审中既要为被监护人行使代理权，还要为减轻自己的侵权责任行使抗辩权。如果监护人和被监护人存在利益冲突，那么，为避免身份混乱和冲突，建议将法定前顺位监护人列为被告，而将后顺位监护人列为法定代理人。

二、监护人责任承担的财产支付

在我国，被监护人侵害他人权益的，由监护人承担责任。被监护人有财产的，只是从其财产中支付赔偿费用。

有的国家承认被监护人的责任能力，坚持自己责任与过错责任原则，没有过错，就不承担责任，有过错的承担责任。在我国，根据《侵权责任法》第32条的规定，当被监护人没有财产时，由监护人支付全部赔偿费用；被监护人有自己的财产时，先从其财产中支付赔偿费，当被监护人的财产不足以支付时，不足部分由监护人赔偿。也就是说，我国根据的是被监护人是否有财产，而不考虑其是否有过错。监护人与被监护人承担的责任不是连带的,因为若被监护人没有财产,由监护人承担全部赔偿责任,被监护人有财产时,先从其财产中支付。至于从被监护人财产中支付的赔偿费用的性质,有人认为是被监护人承担侵权赔偿责任,认为侵权责任的责任能力以财产为基础,有财产就有侵权责任能力;然而从《侵权责任法》第 32 条第 2 款的表述和文义解释的方法来看,依然是监护人承担责任而只是从被监护人财产中支付赔偿费用。

1986 年《民法通则》133 条第 2 款排除了单位作为监护人的侵权赔偿责任。《侵权责任法》第 32 条删除了"但单位担任监护人的除外"的规定,因此单位作为监护人的,被监护人实施了侵权行为,单位也要承担侵权责任。若从有财产的无民事行为能力人、限制民事行为能力人本人财产中支付赔偿费用,且不足支付全部赔偿费用的,不足部分,由监护人赔偿,单位担任监护人的也不例外。这个规定和这种解释,有利于促进单位履行监护职责,同时能强化对被侵权人合法权益的保障。

三、特殊情形下监护人责任的承担

(一) 父母离婚后监护人责任的承担

父母离婚后,父母监护人身份有一定变化,但双方都还有监护职责。根据 1988 年《最高人民法院关于贯彻执行〈中华人民共和国民法通则〉若干问题的意见(试行)》第 158 条的规定:"夫妻离婚后,未成年子女侵害他人权益的,同该子女共同生活的一方应当承担民事责任;如果独立承担民事责任确有困难的,可以责令未与该子女共同生活的一方共同承担民事责任。"

(二) 被监护人在诉讼时年满 18 周岁时监护人责任的承担

被监护人在诉讼时年满 18 周岁时,其是否承担责任,取决于其是否有经济能力。1988 年《最高人民法院关于贯彻执行〈中华人民共和国民法通则〉若干问题的意见(试行)》第 161 条第 1 款规定:"侵权行为发生时行为人不满十八周岁,在诉讼时已满十八周岁,并有经济能力的,应当承担民事责任;行为人没有经济能力的,应当由原监护人承担民事责任。"行为人致人损害时年满18周岁的侵权案件已经不是监护人承担责任的特殊案件，但考虑到实际情形，1988年《最高人民法院关于贯彻执行〈中华人民共和国民法通则〉若干问题的意见（试行）》第161条第2款规定："行为人致人损害时年满十八周岁的，应当由本人承担民事责任；没有经济收入的，由扶养人垫付，垫付有困难的，也可以判决或者调解延期给付。"

（三）监护职责转委托后监护人责任的承担

在监护人将监护职责委托给他人的情况下，监护人是否还要承担责任？对此，1988年《最高人民法院关于贯彻执行〈中华人民共和国民法通则〉若干问题的意见（试行）》第22条规定："监护人可以将监护职责部分或者全部委托给他人。因被监护人的侵权行为需要承担民事责任的，应当由监护人承担，但另有约定的除外；被委托人确有过错的，负连带责任。"也就是说，在监护委托的情况下，有约定按约定；无约定时，由监护人承担责任。如果被委托人存在过错，监护人与被委托人承担连带责任，以充分保护被侵权人的利益，避免双方因相互推诿而使被侵权人得不到救济。根据该条司法解释，我国没有承认"委托监护"，即使有委托协议，监护人资格也不发生变更。

（四）被监护人在学校或精神病院致人损害时监护人责任的承担

未成年人在学校或者精神病人在精神病院，监护人并不变更。所以，未成年人在学校、幼儿园或者精神病人在精神病院中致人损害的，监护人责任并不发生转移。《侵权责任法》没有明确规定未成年学生在学校伤害他人和精神病人在精神病院伤害他人的责任承担问题。有论者认为，监护人的监护职责已转移给了学校和精神病院，如果被监护人在学校、精神病院致人损害，学校、精神病院不能证明自己履行了监护职责的，则要承担责任。但是《最高人民法院关于审理人身损害赔偿案件适用法律若干问题的解释》第7条第1款规定："对未成年人依法负有教育、管理、保护义务的学校、幼儿园或者其他教育机构，未尽职责范围内的相关义务致使未成年人遭受人身损害，或者未成年人致他人人身损害的，应当承担与其过错相应的赔偿责任。"该条确认了学校等教育机构的教育、管理、保护义务，否认了监护义务。因此，教育机构承担责任是因为其没有尽到教育管理的义务，如果监护人将监护职责委托给学校，学校才承担监护义务。另外，我国司法实践认为精神病院不是监护人。1988年《最高人民法院关于贯彻执行〈中华人民共和国民法通则〉若干问题的意见（试行）》第160条规定，在幼儿园、学校生活、学习的无民事行为能力人或者在精神病院治疗的精神病人，受到伤害或者给他人造成损害，单位有过错的，可以责令这些单位适当给予赔偿。也就是说，根据1988年《最高人民法院关于贯彻执行〈中华人民共和国民法通则〉若干问题的意见（试行）》第160条的规定，在无民事行为能力人或者精神病人致人损害的情况下，首先监护人要承担无过错的责任，学校或精神病院有过错的，承担与其过错相应的赔偿责任。

四、监护人责任的减轻

我国《侵权责任法》第32条第1款规定，监护人尽到监护责任的，可以减轻其侵权责任。该条缓和了无过错责任的严格性，所以有学者认为，该规定实际上将公平理念引入无过错责任，有利于平衡监护人与被侵权人的利益，有利于纠纷的解决。但在实践中，不少法官认为被监护人实施了侵权行为就推定监护人没有尽监护职责，法院很少判决监护人尽了监护职责。《侵权责任法》确定了监护人的无过错责任，法院也就很少考察监护人是否履行了监护义务，即第32条第1款对减轻监护人责任的实际作用是有限的。

第五节　监护人责任的典型案例

一、基本案情

原告王某一、王某二之女王某三与被告王某四、夏荣某之子王某五系恋爱关系。2013年8月19日下午5点左右，王某五来到济南市二环西路附近的家家悦超市，找在此打工的被害人王某三，两人在交谈过程中发生争执，被害人王某三欲回超市被王某五阻止，王某五用随身携带的匕首刺伤王某三导致其大出血死亡。后王某五亦用匕首刺伤自己颈部致大出血死亡。两原告以两被告之子王某五未满18周岁造成被害人王某三死亡的严重后果，应由其监护人即本案两被告承担侵权责任为由提起诉讼，要求两被告赔偿其死亡赔偿金515100元、丧葬费12877.5元、精神损害抚慰金10000元。两被告当庭辩称，他们对其子王某五尽到了监护责任，对于以上辩称其没有提供相应的证据予以证实。两被告还辩称王某五本人无个人财产。

二、裁判结果

济南市槐荫区人民法院认为，涉诉侵权发生时，两被告之子王某五尚不满18周岁，系限制民事行为能力人，王某五持匕首将被害人王某三杀害，依法应由其监护人即两被告王某一、夏荣某承担侵权责任。两被告未提供任何证据证实其已谨慎、合理地注意到了未成年人王某五的情感动向及困扰，并积极履行了监护职责以尽可能防止损害发生，其要求减轻其侵权责任依据不足。两被告之子王某五将两原告之女王某三杀害，致使两原告精神上受到严重损害，王某五将被害人王某三杀害后当场自杀，已无法追究其刑事责任，两原告精神上亦不能因王某五受到刑事追究而得到慰籍。据此，济南市槐荫区人民法院一审判决被告王某四、夏荣某赔偿原告王某一、王某二死亡赔偿金515100元、丧葬费12877.5元和精神损害抚慰金10000元。❶ 后王某四、夏荣某提起上诉。在二审中，济南市中级人民法院指出监护人应当对被监护人履行监护义务，上诉人王某四、夏荣某作为王某五的法定监护人，对王某五负有法定的教育、管理义务，对王某五的侵权行为所造成的后果应承担相应法律责任。涉案侵权行为发生时，两上诉人之子王某五尚不满18周岁，系限制民事行为能力人，其持匕首

---

❶ （2013）槐民初字第2041号．

将被上诉人王某一、王某二之女王某三杀害后畏罪自杀,虽然已无法依照刑事法律追究王某五的刑事责任,但两上诉人作为王某五的监护人对该侵权行为应承担相应的民事责任。最终济南市中级人民法院二审维持原判。❶

---

❶ (2014)济民五终字第469号.

第二章 用人者责任

第一节 用人者责任概述

一、用人者责任的概念与性质

用人者责任,是指用人单位或者个人劳务接受者对其工作人员或者个人劳务提供者因执行工作任务或者提供劳务造成他人损害,承担侵权赔偿责任的一种特殊侵权责任,既有法人(包括公司)的自己责任,也包括历史悠久的"雇主责任"。

从性质上来看,用人者责任既有替代责任,也有自己责任。同监护人责任类似,用人者责任也包括责任承担者与侵害行为人分离的特殊情形。[1]《侵权责任法》第 34 条规定的是用人单位就员工侵权承担责任,第 35 条规定的是接受劳务者为提供劳务者承担责任。似乎可以由此认为用人者责任是替代责任。但是,根据"法人实在说",法人机关的职务行为就是法人的行为,法人就其机关职务行为造成他人损害承担的是自己责任而非替代责任;我国法律规定法人对其工作人员因执行工作任务造成他人损害承担侵权责任,法律并未区分法人机关和法人雇员,统称工作人员,因此可以这样认为,我国法律并未刻意区分法人就其工作人员致人损害承担的是

---

[1] 程啸. 未来民法典侵权责任编中用人者责任制度的完善 [J]. 四川大学学报(哲学社会科学版), 2018 (5): 36-42.

"自己责任"还是"替代责任"❶；其他组织也有不完全的主体资格，作为"用人单位"的其他组织在法理上也有内设机关与雇员的区分或不区分的问题，而我国法律也未作区分，因此其他组织对其工作人员因执行工作任务造成他人损害承担的侵权责任，是自己责任还是替代责任，也未作明确说明。只有第35条所规定的接受劳务者为提供劳务者承担的责任是"替代责任"（就他人行为承担无过错侵权责任），因为提供劳务者与接受劳务者具有不同的民事主体资格，提供劳务者的行为无法界定为接受劳务者自己的行为。

二、用人者责任与相关责任的关系

（一）用人者责任与国家赔偿责任的关系

虽然理论上可以认为国家赔偿责任是一种特殊的侵权责任；但是在立法上和实践中，国家赔偿法也已经成为相对独立的法律部门。国家赔偿责任，特指《国家赔偿法》规定的国家机关和国家机关工作人员行使职权，侵犯公民、法人、其他组织合法权益造成损害时，赔偿义务机关应当承担的赔偿责任。《国家赔偿法》规定了行政赔偿责任和刑事赔偿责任。当国家机关侵权时，就要区别情形适用不同的法律。而法律的适用是以法律的区分为前提的。国家机关侵权若是属于《国家赔偿法》规定的范围，则适用《国家赔偿法》，不适用《侵权责任法》；若不属于《国家赔偿法》规定的范围，则适用《侵权责任法》。

用人者责任与《国家赔偿法》中的国家赔偿责任在适用范围、归责原则、责任主体等方面不一样。《国家赔偿法》中的国家赔偿责任只适用《国家赔偿法》规定的特定情形，《侵权责任法》中的用人者责任是国家机关作为用人单位对其工作人员因执行工作任务造成的损害承担责任。国家赔偿责任是国家机关就其违法行为承担的赔偿责任（违法行为由《国家

---

❶ 郑晓剑. 揭开雇主"替代责任"的面纱——兼论《侵权责任法》第34条之解释论基础［J］. 比较法研究，2014（2）：146-159.

赔偿法》具体一一列举，而非抽象规定），兼有结果责任的特点（《国家赔偿法》第2条规定，"……造成损害的，受害人有依照本法取得国家赔偿的权利"）。国家赔偿责任是行政机关、公安机关、检察院、法院等这些机关违法行使公权力并侵犯民事权利所产生的责任，而用人者（包括国家机关的"用人者责任"）与行使职权（公权力）无关，是民事范畴内的法律责任。

（二）用人者责任与定作人责任的关系

2003年《最高人民法院关于审理人身损害赔偿案件适用法律若干问题的解释》第10条规定了定作人责任："承揽人在完成工作过程中对第三人造成损害或者造成自身损害的，定作人不承担赔偿责任。但定作人对定作、指示或者选任有过失的，应当承担相应的赔偿责任。"该条表明定作人责任是过错责任，定作人只有在有定作、选任、指示过失时，才承担赔偿责任，并不承担承揽人在完成工作任务中的所有侵权行为的责任，也不对承揽人因完成工作造成自身损害承担责任。

用人者责任与定作人责任的区别主要在于，定作人责任是过错责任，而用人者责任是无过错责任。定作人只有在有定作、选任、指示过失时，才承担赔偿责任，并不对承揽人的所有行为承担责任。而用人者即使用人，需对被使用人在完成工作任务中的所有侵权行为承担无过错的赔偿责任。造成这种差别的原因是承揽合同交付的是劳动成果，而劳动合同及劳务合同交付的是劳动及劳务。定作人和承揽人之间不存在劳动或劳务关系，没有支配或从属关系，承揽人是依照自己的方式独立完成工作；而被使用人是按照使用人的要求提供劳动或劳务，在劳动内容、劳动时间、劳动地点、劳动方式等的选择方面，被使用人没有自由选择权，只能听从使用人的命令。《侵权责任法》并没有规定定作人责任，所以2003年《最高人民法院关于审理人身损害赔偿案件适用法律若干问题的解释》第10条可以继续适用。

（三）用人者责任与法人自己责任的关系

法人用人者责任是否为替代责任，是否包含替代责任，是否都是自己责任而无替代责任？这些问题的答案，取决于对法人自己行为的识别和判断。

根据法人实在说，法人、法定代表人因执行职务造成他人损害的，由法人承担责任，而且这是法人"自己责任"。其中法定代表人是依照法人章程规定对外代表法人从事活动的人，如公司的董事长、总经理等。人们一般对此不存在争议。法人通过法人机关来作为，机关的行为就是法人的行为，机关的人格被法人所吸收。法人承担责任是因为其本身侵权。法人的其他工作人员因执行职务侵害他人权益的，由法人承担责任，这种责任属于法人作为用人者的责任，是否也属于法人"自己责任"有不同看法。《民法通则》第43条是否规定了法人自己责任，学界也一直存在争议。然而，《最高人民法院关于审理人身损害赔偿案件适用法律若干问题的解释》第8条没有将法人"自己责任"从法人作为用人者的责任当中析出。上述两个条文都是将法定代表人和工作人员一并规定的。《侵权责任法》第34条统一用"用人单位"来概括，也没有将法人"自己责任"从法人作为用人者的责任当中析出，可以认为，第34条统一规定了法人用人者责任，其中包括法人"自己责任"，也可以认为法人用人者责任都是法人"自己责任"。

二、用人者责任的历史沿革与比较法观察

古罗马查士丁尼《法学总论——法学阶梯》中就有用人者责任的规定："同样，船长、客店主人或马厩主人对于在船舶上、客店内或马厩中，出于欺诈或由于失窃所发生的损害，视为根据准侵权行为负责，但以他本人并无不法行为，而是他所雇佣在船舶、客店或马厩内服务的人员所作不法行为者为限。对他所得行使的诉权，虽然不是根据契约而来，但是他雇佣坏人服务，在这一点上他确有过错，所以他被视为根据准侵权行为负责。有上述情形时，赋予被害人事实之诉的诉权，其诉权得由继承人继承，而不得向继承人提起。"[1] 这里的船长、客店主人、马厩主人等属于雇

---

[1] [古罗马] 查士丁尼. 法学总论——法学阶梯 [M]. 张企泰, 译. 北京: 商务印书馆, 1989.

主；雇员在执行职务时造成他人损害的，由雇主承担责任，此即雇主责任。

1804年《法国民法典》第1384条规定了雇主责任，其第1款规定："任何人不仅对其自己行为所致的损害，而且对应由其负责的他人的行为或在其管理之下的物件所致的损害，均应负赔偿的责任。"应由其负责的他人的行为就是雇员的行为，在该条第3款中明确规定："主人与雇佣人对仆人与提供劳务一方因执行受雇的职务所致的损害，应负赔偿的责任。"法国有学者认为这种雇主责任是过错责任，但这种过错是被推定的也是可以反驳的；也有学者认为这种雇主责任属于担保责任。

《德国民法典》草案拟定的雇主责任是过错责任，雇主如果在选任和监督方面尽到了合理的注意义务，就可以免责。但草案公布后遭到反对，随后立法者采用了过错推定责任。《德国民法典》第831条规定："雇佣他人执行事务的人，对受雇人在执行事务时不法地施加于第三人的损害，负赔偿的义务。雇佣人在受雇人的选任，并在其应提供设备和工具器械或应监督事务的执行时，对装备和监督已尽相当注意，或纵然已尽相当的注意也难免发生损害者，不负赔偿责任。"可见，雇主的过错是被推定的，雇主在选任、监督方面已尽注意义务的，可以不负赔偿责任。证明自己没有过错的责任在雇主一方。《德国民法典》第831条规定的过错推定责任是介于"过错责任"和"严格责任"之间的"灰色地带"，历经演变，在实践中向"严格责任"发展，但始终不属于"严格责任"。当初就其中免责事由的设置，主要是出于经济因素的考虑，即当初唯恐从事新兴产业的企业家以及小规模农场主因对其雇员侵权行为承担责任而受到毁灭性打击。❶

在世界范围内，从19世纪以来，越来越多的"雇主"成为公司。几乎在所有国家，公司雇员或公司机关实施的不法行为均会产生公司责任，但是这种责任并未以一种简单的一元化的方式予以设计，而是基于理论和实务上的原因被划分为两种情形。理论上的原因是公司机关与雇员不同，

---

❶ [荷] J. 施皮尔. 侵权法的统一：对他人造成的损害的责任 [M]. 梅夏英，高圣平，译. 北京：法律出版社，2009.

公司机关与公司本身无法分开。机关的行为被视为公司的行为，公司为这些行为承担的责任是直接责任和自己责任（而非转承责任或替代责任）。但有一个明显例外，即奥地利法律上的公司责任一般被认为是"替代责任"，公司因其机关或雇员的行为的不同，被立法设计为分别承担自己责任（严格责任）和雇主责任，这被认为是不合理的。因此，公司责任不因公司机关雇员而适用统一规则是个趋势。❶

我国传统理论认为，雇佣制劳动是私有制的特点，所以我国《民法通则》就没有规定雇主责任。值得注意的是，《民法通则》第43条规定："企业法人对它的法定代表人和其他工作人员的经营活动，承担民事责任。"第43条并不在《民法通则》第六章"民事责任"部分，就其所处的位置和文义解释方法来说，第43条当中的"经营活动"主要是指积极的民事法律行为等对外交往行为，当中的"民事责任"主要是指实施民事法律行为的结果。但是理论界认为该条解释也可以作为企业法人承担侵权责任的法律依据，司法解释也有这个意思，其中《最高人民法院关于贯彻执行〈中华人民共和国民法通则〉若干问题的意见（试行）》第58条规定："企业法人的法定代表人和其他工作人员，以法人名义从事的经营活动，给他人造成经济损失的，企业法人应当承担民事责任。"该条相比于《民法通则》第43条，多了"以法人名义"，在判断是否由法人承担责任上多了一个可执行的标准。

《民法通则》第121条规定："国家机关或者国家机关工作人员在执行职务中，侵犯公民、法人的合法权益造成损害的，应当承担民事责任。"《最高人民法院关于贯彻执行〈中华人民共和国民法通则〉若干问题的意见（试行）》第152条规定："国家机关工作人员在执行职务中，给公民、法人的合法权益造成损害的，国家机关应当承担民事责任。"该条与《民法通则》第121条相比，表述更为准确，但并没有新的内容。

《民法通则》只规定了企业法人和国家机关的责任，《最高人民法院关

---

❶ ［荷］J. 施皮尔. 侵权法的统一：对他人造成的损害的责任［M］. 梅夏英，高圣平，译. 北京：法律出版社，2009.

于贯彻执行〈中华人民共和国民法通则〉若干问题的意见（试行）》针对用人者责任作出进一步规定。《民法通则》与《最高人民法院关于贯彻执行〈中华人民共和国民法通则〉若干问题的意见（试行）》都只规定了企业法人与国家机关这两类用人单位的民事责任问题，无法有效应对司法实践的实际需要。2003年《最高人民法院关于审理人身损害赔偿案件适用法律若干问题的解释》区别了职务侵权与雇主责任，大大扩大了用人者责任的适用范围。该解释第8条规定的是职务侵权："法人或者其他组织的法定代表人、负责人以及工作人员，在执行职务中致人损害的，依照《民法通则》第一百二十一条的规定，由该法人或者其他组织承担民事责任。上述人员实施与职务无关的行为致人损害的，应当由行为人承担赔偿责任。属于《国家赔偿法》赔偿事由的，依照《国家赔偿法》的规定处理。"该解释第8条明确规定包括法人组织在内的各种社会组织就其工作人员职务行为承担赔偿责任，在逻辑上，一方面，因寻找的法律依据在"侵权的民事责任"一节而非民事主体"法人"一节，从而更加严密；另一方面，因规定"依照《民法通则》第一百二十一条的规定"，从而扩大了《民法通则》第121条规定的适用范围，却又显得不够严谨。值得注意的是，该解释第9条又专门规定了私有制下的雇主责任，被认为适用于私有企业使用劳务造成侵权的情形。《最高人民法院关于审理人身损害赔偿案件适用法律若干问题的解释》第9条第1款规定："雇员在从事雇佣活动中致人损害的，雇主应当承担赔偿责任；雇员因故意或者重大过失致人损害的，应当与雇主承担连带赔偿责任。雇主承担连带赔偿责任的，可以向雇员追偿。"与《民法通则》相比，2003年《最高人民法院关于审理人身损害赔偿案件适用法律若干问题的解释》确立了更为具体的用人者责任制度。

在《侵权责任法》起草时，关于用人单位责任主体的称谓有各种不同的意见，如使用人、用人者、雇主，有的建议延续司法解释的规定，将用人单位责任分为法人和雇主。但是也有观点主张采用"用人单位"这个概括的概念，其理由是：责任主体中有国家机关，国家机关与工作人员的关系不能用雇佣关系来认定；我国虽然是以公有制为主体的国家，但私有制经济正迅速发展，并且出现了各种混合经济，建立在公有和私有基础上的法人责任与雇主责任的划分并不符合我国国情。最终，《侵权责任法》没有继续采用2003年《最高人民法院关于审理人身损害赔偿案件适用法律若干问题的解释》区别法人与雇主的方法，统一用"用人单位"来概括国家机关、事业单位、企业法人、社会团体、个体经济组织、私有企业、合伙企业等各类用人单位。如此立法，符合民法的平等原则。另外，《侵权责任法》还规定了劳务派遣制度，迎合了现实需求，比2003年《最高人民法院关于审理人身损害赔偿案件适用法律若干问题的解释》更具有进步性。

我国《侵权责任法》用两个条文规定了用人者责任。《侵权责任法》第34条、第35条规定了用人者责任。《侵权责任法》第34条规定："用人单位的工作人员因执行工作任务造成他人损害的，由用人单位承担侵权责任。劳务派遣期间，被派遣的工作人员因执行工作任务造成他人损害的，由接受劳务派遣的用工单位承担侵权责任；劳务派遣单位有过错的，承担相应的补充责任。"《侵权责任法》第34条使用了用人单位的概念，但没有具体限定用人单位的范围。因此，其范围很广泛，既包括法人，如国家机关、社会团体、事业单位法人、企业法人，也包括非法人，如个体工商户、合伙企业、外资企业等。《侵权责任法》第35条规定："个人之间形成劳务关系，提供劳务一方因劳务造成他人损害的，由接受劳务一方承担侵权责任。提供劳务一方因劳务自己受到损害的，根据双方各自的过错承担相应的责任。"《侵权责任法》第34条规定的是职务侵权，第35条规定的是个人劳务侵权（规范自然人之间因提供劳务造成侵权的责任承担）。

第二节 用人者责任的归责原则

对于雇主就其雇员职务侵害行为承担的赔偿责任，德、日等国适用

"过错责任原则"并采用过错推定的办法。❶《德国民法典》第831条规定:"雇佣他人执行事务的人,对受雇人在执行事务时不法地施加于第三人的损害,负赔偿的义务。雇佣人在受雇人的选任,并在其应提供设备和工具器械或应监督事务的执行时,对装备和监督已尽相当注意,或纵然已尽相当的注意也难免发生损害者,不负赔偿责任。"《日本民法典》第715条规定:"因某事业雇佣他人者,对受雇人因执行其职务而加于第三人的损害,负赔偿责任。但是,雇佣人对受雇人的选任及对其事业的监督已尽相当的注意时,或即使尽相当注意损害仍会发生时,不在此限。"虽然德、日采用的是过错责任,但是在司法实践中,雇主很难通过证明自己尽到了注意义务而免责,实际上相当于无过错责任。

从我国《侵权责任法》第34条、第35条的规定可以看出,我国关于用人者责任适用的是无过错责任。只要用人单位的员工因执行工作任务造成他人损害,或者提供劳务一方因提供劳务造成他人损害,无论用人单位或者接受劳务一方有无过错,都要承担责任。

不过,就用人者的无过错责任而言,用人者就"用人"本身无过错不是不承担责任的充分条件,至于具体侵权案件中是否还需要考虑"过错"要件,则尚须考虑案件类型。具体而言,高度危险作业、产品缺陷致人损害、污染环境造成损害等案型的侵权不以过错为侵权构成要件,而其他如机动车之间侵权、医疗侵权、动物园动物侵权等仍以侵害人"过错"为必要条件(以被使用人"过错"判断为用人者"过错")。❷

员工或者提供劳务者因执行工作任务造成他人损害的,用人单位或者接受劳务的人无论其就"用人"本身有无过错都要承担责任。用人者承担这个意义上的"无过错责任",其理论依据主要包括以下几点。(1)用人者对被使用人有控制力,被使用人从事活动是依照用人者的指示做的,被使用人要服从用人者的管理,听从其命令,接受其监督。由用人者承担责任,能使用人者加强对被使用人的监督与管理,不断改进技术,提高管理

---

❶ 杨立新. 侵权责任法 [M]. 北京:法律出版社,2010.
❷ 张新宝. 民法分则侵权责任编立法研究 [J]. 中国法学,2017(3):49-70.

水平，采用各种措施防范被使用人侵权，有利于预防侵权和控制风险。（2）根据"利益与风险一致"的原则，享受利益者要承担利益带来的风险，用人者利用被使用人的劳动获取利润，提高竞争力，扩大业务范围，享受利益，因此要承担被使用人执行工作任务中可能带来的风险，这种风险包括雇员侵权。（3）"深钱袋"规则。用人者的财力更强，更有能力承担赔偿责任。被使用人处于弱势的经济地位，由用人者承担责任更有利于保护被侵权人的利益，符合现代法的趋势。（4）用人者能通过多种渠道来分散风险，提高产品的价格，投保责任保险等。由用人者承担责任并不会增加用人者的负担，符合公平原则，并且有利于社会的和谐稳定，对用人者、被使用人和这个社会都是有利的。

虽然用人者就其用人无论有无过错，都要对被使用人致人损害承担侵权责任，但是并非对被使用人任何侵害行为都承担侵权责任，是否应承担侵权责任，仍然要看是否符合法律关于具体侵害构成侵权的构成要件。例如，无论公证机构对于公证员的管理是否有过错，公证机构都对公证员因办理公证事项给当事人、公证事项的利害关系人造成损失承担赔偿责任。然而，根据《中华人民共和国公证法》（以下简称《公证法》）第43条的规定，公证行为造成当事人、公证事项的利害关系人损失的赔偿责任以公证机构过错为要件，也就是说公证侵权责任是过错责任，所以公证机构应最终承担过错责任。而公证机构以公证员的过错为机构的"过错"。对此，2014年《最高人民法院关于审理涉及公证活动相关民事案件的若干规定》第4条明确规定："当事人、公证事项的利害关系人提供证据证明公证机构及其公证员在公证活动中具有下列情形之一的，人民法院应当认定公证机构有过错：（一）为不真实、不合法的事项出具公证书的；（二）毁损、篡改公证书或者公证档案的；（三）泄露在执业活动中知悉的商业秘密或者个人隐私的；（四）违反公证程序、办证规则以及国务院司法行政部门制定的行业规范出具公证书的；（五）公证机构在公证过程中未尽到充分的审查、核实义务，致使公证书错误或者不真实的；（六）对存在错误的公证书，经当事人、公证事项的利害关系人申请仍不予纠正或者补正的；（七）其他违反法律、法规、国务院司法行政部门强制性规定的情形。"

总之,在用人者责任领域,所谓的"归责原则"以及所谓"过错"有两个层次,切不可混淆。

第三节 用人者责任的构成要件

用人者责任构成的特殊性在于用人关系的存在。用人者并不对被使用人的所有行为承担责任,只有被使用人的行为构成侵权时,用人者才需承担责任。进一步说,只有被使用人因执行工作任务的行为构成侵权时,用人者才需承担侵权责任。而判断被使用人因执行工作任务的行为是否构成侵权,仍依据不同案型或依一般侵权构成要件予以判断,或根据特殊侵权构成要件予以判断。一般侵权构成要件包括损害、不法行为、因果关系、过错。当然若是被使用人从事的是特殊侵权行为,则可能不考虑被使用人的过错。

总之,用人者责任的构成属于双层构造:其一是用人者就被使用人致人损害承担无过错责任;其二是这种"致人损害"的侵害行为本身构成侵权,也就是说,若不考虑用人关系,则被使用人这种"致人损害"的侵害行为也依然构成侵权。换言之,用人者的构成要件有三:一是使用人与被使用人形成劳动或劳务关系;二是被使用人因为完成工作任务造成他人损害;三是被使用人的行为被替换为无用人关系的相同侵害行为时也构成侵权。

一、用人者与被使用人之间存在劳动关系或者劳务关系

《侵权责任法》规定了两种使用人责任,第 34 条规定的是用人单位的责任,第 35 条规定的是个人劳务接受者的责任。用人单位范围比较广,《中华人民共和国劳动合同法》(以下简称《劳动合同法》)第 2 条规定的用人单位是指"中华人民共和国境内的企业、个体经济组织、民办非企业单位等组织"。《侵权责任法》的用人单位含义比《劳动合同法》用人单位的范围还要广,包含自然人之外的一切组织。工作人员既包括与用人

单位存在劳动关系的正式员工，也包括临时人员，还包括纳入国家行政编制，由国家财政负担工资的公务员和参照《公务员法》进行管理的人。依《劳动合同法》第 7 条，用人单位自用工之日起即与劳动者建立劳动关系。劳动关系的建立不以劳动合同的签订为标准。是否签订劳动合同不影响劳动关系的成立。

《侵权责任法》第 35 条规定所涉及的劳务关系是个人之间形成的劳务关系。劳务关系可能发生在自然人之间，也可能是由个人向单位提供劳务，《侵权责任法》第 35 条只适用于个人之间提供劳务时发生侵权问题的情形。在民事实践中，个人间的劳务关系可以是有偿的，也可以是无偿的。个人之间形成劳务关系的，包括聘请家庭保姆、家庭教师、钟点工等。劳务关系与劳动关系的区别主要在于：一是劳务关系属于《民法通则》和《合同法》的调整对象，而劳动关系则由《劳动法》规范调整；二是劳务关系中，接受劳务一方不必为提供劳务一方办理社会保险，而劳动关系的用人单位必须为职工购买社会保险；第三，在劳务关系中，报酬完全由双方当事人协商确定，在劳动关系中用人单位向员工支付的工资应当遵守当地有关最低工资标准的规定。

《侵权责任法》第 34 条的规定涉及劳务派遣。劳务派遣是指劳务派遣机构与接收劳务派遣的单位签订协议，由劳务派遣机构将工作人员派遣到接收劳务派遣的单位，工作人员要听从接受劳务派遣的单位的命令并接受其监督。劳务派遣中有三方主体：派遣机构、工作人员、接受派遣单位。劳务派遣单位虽然与劳动者建立劳动关系，但是没有实际用工，不直接管理和监督劳动者，劳务派遣单位是"用人单位"；接受劳务派遣的单位控制劳动者，可以命令管理劳动者，是"用工单位"。《劳动合同法》第 58 条规定："劳务派遣单位是本法所称用人单位，应当履行用人单位对劳动者的义务。劳务派遣单位与被派遣劳动者订立的劳动合同，除应当载明本法第十七条规定的事项外，还应当载明被派遣劳动者的用工单位以及派遣期限、工作岗位等情况。劳务派遣单位应当与被派遣劳动者订立二年以上的固定期限劳动合同，按月支付劳动报酬；被派遣劳动者在无工作期间，劳务派遣单位应当按照所在地人民政府规定的最低工资标准，向其按月支付报酬。"《劳动合同法》第 59 条规定："劳务派遣单位派遣劳动者应当与接受以劳务派遣形式用工的单位（以下称用工单位）订立劳务派遣协议。劳务派遣协议应当约定派遣岗位和人员数量、派遣期限、劳动报酬和社会保险费的数额与支付方式以及违反协议的责任。用工单位应当根据工作岗位的实际需要与劳务派遣单位确定派遣期限，不得将连续用工期限分割订立数个短期劳务派遣协议。"《劳动合同法》第 60 条规定："劳务派遣单位应当将劳务派遣协议的内容告知被派遣劳动者。劳务派遣单位不得克扣用工单位按照劳务派遣协议支付给被派遣劳动者的劳动报酬。劳务派遣单位和用工单位不得向被派遣劳动者收取费用。"

二、被使用人因执行工作任务造成他人损害

《侵权责任法》第 34 条中"因执行工作任务造成他人损害的"与第 35 条中"因劳务造成他人损害的"都表明被使用人造成他人损害是因执行工作任务所致。被使用人造成损害的行为与执行工作任务要有因果关系。若被使用人不是因执行工作任务造成他人损害，则不存在"用人者责任"问题。至于何为"执行工作任务"，有三种观点，形成了三种标准。（1）使用人主观说。该说以使用人的主观意思为准，若从事的工作是使用人授权或者指示范围内的，则指完成工作任务的行为，若超出指示范围，就不是完成工作任务的行为。（2）被使用人主观说。该说以被使用人的主观意思为准，被使用人若是为了使用人的利益从事的，就应该被认为属于执行工作任务的范围。（3）客观说。该说以执行工作任务的外在表现形态为标准，如果表现形式是履行职务或者与履行职务有内在关联，则应当被认定为执行工作任务。

使用人主观说过于注重使用人的意思表示，使用人（用人者）可能借此作为不承担责任的理由，不利于保护被使用人和被侵权人的利益，而被使用人主观说的标准过宽，使使用人承担过重的责任，不利于保护使用人的行为自由。客观说考虑到"表见"情形。从《最高人民法院关于审理人身损害赔偿案件适用法律若干问题的解释》相关规定来看，是兼顾适用使用人主观说与客观说的。

《最高人民法院关于审理人身损害赔偿案件适用法律若干问题的解释》第9条规定："雇员在从事雇佣活动中致人损害的，雇主应当承担赔偿责任；雇员因故意或者重大过失致人损害的，应当与雇主承担连带赔偿责任。雇主承担连带赔偿责任的，可以向雇员追偿。前款所称'从事雇佣活动'，是指从事雇主授权或者指示范围内的生产经营活动或者其他劳务活动。雇员的行为超出授权范围，但其表现形式是履行职务或者与履行职务有内在联系的，应当认定为'从事雇佣活动'。"可以看出，是否是执行工作任务的行为有两个标准：其一，是否在雇主授权或者指示范围内；其二，客观表现形式是否与履行职务有内在联系。如果雇员从事的活动是在授权或者指示范围内，无论该活动是否是生产经营活动，只要给他人造成损害，就是执行工作任务的行为，雇主要承担责任。此外，雇员的行为若是为了完成职务行为而进行的必要准备行为或者辅助行为，也属于授权或者指示范围的活动。行为人超出授权或者指示范围的活动是否属于执行职务的行为，要看其外在表现形式。在判断是否与履行职务有关联时，一般认为可以从行为的时间、地点、场合及雇主作为受益人的受益情况判断。

三、被使用人的行为被替换为无用人关系的相同侵害行为也构成侵权

用人者并不对被使用人的所有行为承担责任，只有在被使用人因执行工作任务的侵害行为构成侵权时，才承担侵权责任。也就是说，即使被使用人的侵害行为被替换为无用人关系的侵害行为也依然构成侵权，此种条件下用人者责任才成立。判断被使用人的行为是否构成侵权，看的是被使用人的"行为"（或者说"举动"）依据《侵权责任法》第6条或者第7条以及其他法律规定，是否构成过错侵权责任或者无过错侵权责任，而不考虑用人关系这种特殊情况。这里要特别注意以下两点。

第一，被使用人因执行工作任务的侵权行为给他人造成损害。这里的他人是指用人单位、工作人员、接受劳务的人及提供劳务的人之外的第三人。工作人员给用人单位造成损害，或者提供劳务的人给接受劳务的人造成损害的，不属于"用人者责任"。用人单位可依合同追究被使用人的违

约责任。工作人员和提供劳务的人在从事工作过程中造成自身损害的，涉及工伤保险和侵权责任的关系，而且理论上不归为"用人者责任"范畴。

第二，被使用人因执行工作任务的行为被剔除用人关系以后的"侵害行为"是否构成侵权，依有关侵权构成的通常标准予以判断。若被使用人的侵权是一般侵权问题，则依"四要件说"，分别判断损害后果、不法行为、因果关系、过错等要件是否具备。用人者是法人或者其他组织的，被使用人的过错识别为法人或者其他组织的"过错"；用人者是个人的，被使用人的过错无须也无法识别为用人者的"过错"，此时用人者承担替代责任而非自己责任。若被使用人的侵权是特殊侵权，如产品缺陷侵害、高度危险作业、污染环境造成他人损害等的侵权，则不考虑被使用人的"过错"。

第四节　用人者责任的具体承担

一、用人者责任承担的一般情形

《侵权责任法》第34条第1款规定了用人单位的职员因执行工作任务造成他人损害的，用人单位承担责任，没有规定工作人员自己的责任，也没有规定用人单位的求偿权。《侵权责任法》第35条规定了提供劳务一方因劳务造成他人损害的，由接受劳务一方承担侵权责任，同样没有规定提供劳务一方的责任。但是《最高人民法院关于审理人身损害赔偿案件适用法律若干问题的解释》第9条第1款规定："雇员在从事雇佣活动中致人损害的，雇主应当承担赔偿责任；雇员因故意或者重大过失致人损害的，应当与雇主承担连带赔偿责任。雇主承担连带赔偿责任的，可以向雇员追偿。"该条明确了雇员因故意或者重大过失致人损害时，应与雇主承担连带赔偿责任，这也就肯定了雇员自己的责任。本书认为，该条是可以继续适用的。如果雇员有故意或者重大过失，被侵权人可以请求其承担责任，也可以请求雇主承担责任。雇主承担责任后，可以向雇员追偿。很多国家都承认了被使用人"自己责任"，这样有利于保护被侵权人的利益。

《侵权责任法》就用人单位和接受劳务一方的个人对他人赔偿后的追偿权未作明确规定。立法机关的相关解释是："法律委员会经同有关部门反复研究认为，在什么情况下可以追偿，情况比较复杂。根据不同行业、不同工种和不同劳动安全条件，其追偿条件应有所不同。哪些因过错、哪些因故意或者重大过失可以追偿，本法难以作出一般规定。用人单位与其工作人员之间以及因个人劳务对追偿问题发生争议的，宜由人民法院在审判实践中根据具体情况处理。"❶《侵权责任法》没有规定追偿权并不是否定了雇主的追偿权。如果追偿权条件过于宽松，对劳动者不利，劳动者本来就是弱者，依靠用人单位而生活。但是，如果追偿权行使的条件过于严格，则不利于劳动者谨慎工作，不能激励劳动者尽量减少损害发生。因此，就追偿权行使的条件，需要法院根据法律规定和案件的具体情况来确定。

需指出的是，我国也有一些法律明确规定了用人者的追偿权。例如公证员是公证处工作人员，公证行为是公证处的证明活动，《公证法》第43条规定："公证机构及其公证员因过错给当事人、公证事项的利害关系人造成损失的，由公证机构承担相应的赔偿责任；公证机构赔偿后，可以向有故意或者重大过失的公证员追偿。当事人、公证事项的利害关系人与公证机构因赔偿发生争议的，可以向人民法院提起民事诉讼。"《中华人民共和国律师法》第54条规定："律师违法执业或者因过错给当事人造成损失的，由其所在的律师事务所承担赔偿责任。律师事务所赔偿后，可以向有故意或者重大过失行为的律师追偿。"该条与该法第25条规定相匹配，第25条规定："律师承办业务，由律师事务所统一接受委托，与委托人签订书面委托合同，按照国家规定统一收取费用并如实入账。律师事务所和律师应当依法纳税。"

---

❶ 张柏林. 全国人民代表大会法律委员会关于《中华人民共和国侵权责任法（草案）》审议结果的报告［R］. 北京：2009.

二、被使用人因执行工作任务自己受损的责任承担

我国《侵权责任法》第 34 条没有规定被使用人因执行工作任务自己受损的赔偿责任，但是《最高人民法院关于审理人身损害赔偿案件适用法律若干问题的解释》第 12 条第 1 款规定："依法应当参加工伤保险统筹的用人单位的劳动者，因工伤事故遭受人身损害，劳动者或者其近亲属向人民法院起诉请求用人单位承担民事赔偿责任的，告知其按《工伤保险条例》的规定处理。"所以，参加了工伤保险的用人单位的劳动者在工作中遭受人身损害的，不能请求用人单位承担责任，而是按照《工伤保险条例》的规定处理。但是如果损害是由第三人造成的，第三人侵权责任与工伤保险赔偿能否并存，法律没有明文规定。《最高人民法院关于审理人身损害赔偿案件适用法律若干问题的解释》第 12 条第 2 款规定："因用人单位以外的第三人侵权造成劳动者人身损害，赔偿权利人请求第三人承担民事赔偿责任的，人民法院应予支持。"应该认为，劳动者可以请求获得工伤赔偿，也可以要求第三人承担民事赔偿责任。但是如果劳动者已经获得其中一种方式的赔偿，能弥补自己所受损害，就不能再通过另一种方式获得赔偿，这样有利于保护劳动者权益，使其得到及时的救治。即使第三人下落不明，也可以得到工伤赔偿。工伤保险是为分散用人单位的风险而设立的，而不是为了减轻第三人责任，第三人实施了侵权行为，自然应当为自己的行为负责。工伤保险基金向员工支付赔偿后，可以向第三人追偿。《中华人民共和国社会保险法》第 42 条规定："由于第三人的原因造成工伤，第三人不支付工伤医疗费用或者无法确定第三人的，由工伤保险基金先行支付。工伤保险基金先行支付后，有权向第三人追偿。"

以上是使用者参加了工伤保险的情况。没有参加工伤保险的，则主要是自然人之间提供劳务的情况。《侵权责任法》第 35 条规定了提供劳务一方因劳务自己受到损害的，根据双方各自的过错承担相应的责任。该条改变了《最高人民法院关于审理人身损害赔偿案件适用法律若干问题的解释》的规定。《最高人民法院关于审理人身损害赔偿案件适用法律若干问题的解释》第 11 条规定："雇员在从事雇佣活动中遭受人身损害，雇主应

当承担赔偿责任。"也就是说无论雇主有无过错，都要承担责任。另外，《最高人民法院关于审理人身损害赔偿案件适用法律若干问题的解释》第13条规定："为他人无偿提供劳务的帮工人，在从事帮工活动中致人损害的，被帮工人应当承担赔偿责任。"而《侵权责任法》采用的是过错责任，作此规定的理由在于以下两点。第一，既然个人之间提供劳务的关系不属于依法必须参加工伤保险的情形，不适用《工伤保险条例》，就意味着无法通过保险机制来分散风险。如果要求接受劳务的一方无过错也要承担责任，过于苛刻，有失公允。第二，在实践中，因劳务遭受损害的情形比较复杂，只有区分不同的情况，根据双方的原因力大小以及过错程度来处理侵权纠纷，才比较公平和合理。

三、劳务派遣中的责任承担

《侵权责任法》第34条第2款规定，劳务派遣期间，被派遣的工作人员因执行工作任务造成他人损害的，由接受劳务派遣的用工单位承担侵权责任；劳务派遣单位有过错的，承担相应的补充责任。从中可以看出，接受劳务派遣的用工单位是第一顺序的责任承担人，有过错的劳务派遣单位是第二顺序的责任承担人。接受劳务派遣的单位对被派遣的工作人员进行管理、监督，对其分配工作，因此，当被派遣的工作人员因执行工作任务造成他人损害时，应由接受劳务派遣的用工单位承担责任。

劳务派遣单位承担与其过错相应的补充赔偿责任。首先，应由接受劳务派遣的单位承担全部责任。被侵权人直接请求劳务派遣单位承担责任的，劳务派遣单位有先诉抗辩权，要求其先向接受劳务派遣的单位提出赔偿请求；若接受劳务派遣的单位承担了全部赔偿责任，则劳务派遣单位不必再对被侵权人承担责任。其次，当接受劳务派遣的单位无力承担全部赔偿责任时，由劳务派遣单位赔偿。但是，劳务派遣单位也不是承担剩余的全部赔偿责任，只是在其过错程度范围内承担责任。

用工单位（接受劳务派遣的单位）承担赔偿责任后，能否向有过错的劳务派遣单位追偿？《侵权责任法》第34条没有明确规定。从因果关系角度来看，用工单位对外承担全部赔偿责任后，有权根据用工单位与劳务派遣单位之间的合同,向劳务派遣单位追偿,由劳务派遣单位承担与其过错相应的赔偿责任。若是劳务派遣单位已经对被侵权人承担了与其过错相应的赔偿责任,则接受劳务派遣的单位不能再对劳务派遣单位追偿。

第五节 用人者责任的典型案例

一、基本案情

汽车服务站员工郑某驾驶维修完毕的车辆送归车主冯某的途中,与骑行电动自行车的钱某发生交通事故,经交警部门认定,郑某负事故主要责任,钱某负事故次要责任。钱某诉请要求保险公司在交强险范围内承担赔偿责任,超出的部分由郑某和冯某承担80%的赔偿责任,并由汽车服务站承担连带责任。一审判决原告钱某所受的合理损失,由保险公司在交强险责任限额内按照实际损失赔偿,超出部分,由汽车服务站赔偿80%。汽车服务站上诉称,汽车服务站对修理完毕的汽车无上门送车的义务,郑某是在汽车服务站未授权、车主冯某授意的情况下,擅自送回车辆的,故郑某与冯某对事故发生均存有过错,要求二审改判该两人承担赔偿责任,汽车服务站承担连带赔偿责任。

二、裁判结果

一审法院认为冯某对钱某受伤并无过错。郑某的送车行为系与其工作内容相关的行为,可以认定为职务行为。用人单位的工作人员因执行工作任务造成他人损害的,由用人单位承担侵权责任。故判决原告钱某所受的合理损失,应由保险公司在交强险责任限额内按照实际损失赔偿,超出部分,由汽车服务站赔偿80%。❶

二审法院认为将修理完毕的车辆送回车主处不啻为汽车修理行业的一

---

❶ (2014)宝民二(商)初字第907号.

项服务内容，因汽车服务站对其主张未提供相应的依据，故二审法院认定郑某的行为系职务行为。雇员在履行职务行为过程中造成交通事故，经交警部门认定负事故主要责任，应认定其具有重大过失，依法应当与雇主承担连带赔偿责任。汽车服务站上诉要求郑某承担赔偿责任，有事实与法律依据，予以支持。汽车服务站上诉要求冯某亦承担赔偿责任，无事实依据，不予支持。原审法院未认定郑某具有重大过失，存有不妥之处，予以纠正。❶

---

❶ 张萍萍．从一起道路交通事故损害赔偿案件分析职务侵权案件法律适用问题[J]．法制与社会，2013（11）：88-89．

第三章 安全保障义务人责任

第一节 安全保障义务人责任概述

一、安全保障义务人责任的概念与性质

安全保障义务人责任,是指宾馆、商场、银行、车站、娱乐场所等公共场所的管理人或者群众性活动的组织者,未尽到安全保障义务,造成他人损害,而应当承担的侵权责任。我国《侵权责任法》第37条规定了安全保障义务人的责任:"宾馆、商场、银行、车站、娱乐场所等公共场所的管理人或者群众性活动的组织者,未尽到安全保障义务,造成他人损害的,应当承担侵权责任。因第三人的行为造成他人损害的,由第三人承担侵权责任;管理人或者组织者未尽到安全保障义务的,承担相应的补充责任。"

关于安全保障义务人责任的性质,学界有合同义务说、法定义务说等不同的观点。合同义务说认为安全保障义务是合同义务,可能是当事人明确约定的,也可能是合同法上的附随义务。法定义务说认为安全保障义务是法律规定的义务,违反安全保障义务的人承担侵权责任。[1] 本书认为,将安全保障义务解释为纯粹的合同义务或者纯粹的法定义务,都是片面的。

---

[1] 林少棠. 作为请求权基础的安全保障义务——兼论合理判断标准的建构 [J]. 时代法学, 2016(1): 52-60.

合同义务说的观点无法解释在当事人没有合同关系时或者合同中未约定或者约定不明时，被侵权人可依安全保障义务条款获得损害赔偿的问题。例如，准备在商场购物的顾客，因商场地滑而摔倒，此时顾客与商场还没有形成合同关系，但仍可以依《侵权责任法》第 37 条获得赔偿。此外，我国有些法律直接明确地规定了安全保障义务。如《中华人民共和国消费者权益保护法》第 18 条规定："经营者应当保证其提供的商品或者服务符合保障人身、财产安全的要求。对可能危及人身、财产安全的商品和服务，应当向消费者作出真实的说明和明确的警示，并说明和标明正确使用商品或者接受服务的方法以及防止危害发生的方法。宾馆、商场、餐馆、银行、机场、车站、港口、影剧院等经营场所的经营者，应当对消费者尽到安全保障义务。"

法定义务说忽视了当事人之间的合同关系，也不全面。有时候，安全保障义务就是合同的主给付义务或者附随义务。例如，房客因宾馆的设施而遭受损害，此时宾馆违反的就是主给付义务。再如，当事人订立了旅客运输合同，旅客的人身安全保障义务就是合同的主给付义务。安全保障义务是附随义务的情况，如餐饮服务的经营者向顾客提供服务，按照诚信原则，也应当保障顾客的人身安全。法律没有规定安全保障义务，但是当事人之间有特别约定的，或者当事人约定的安全保障标准、赔偿标准高于法律的规定的，应当依照合同的约定进行处理。

所以，安全保障义务，既可能源自法律的明确规定，也可以是当事人的约定，还可能因诚实信用原则而产生。也就是说，安全保障义务可能是法定义务，也可能是合同义务。

二、安全保障义务人责任的特征

（一）承担安全保障义务的责任人是特定主体

《侵权责任法》规定的主体有宾馆、商场、银行、车站、娱乐场所等公共场所的管理人或者群众性活动的组织者。在《侵权责任法》通过之前，2003 年《最高人民法院关于审理人身损害赔偿案件适用法律若干问题的解释》第 6 条也规定过安全保障义务人的责任。不过,《最高人民法院关于审理人身损害赔偿案件适用法律若干问题的解释》规定的主体是从事住宿、餐饮、娱乐等经营活动或者其他社会活动的自然人、法人、其他组织。与《最高人民法院关于审理人身损害赔偿案件适用法律若干问题的解释》相比,《侵权责任法》扩大了主体范围,不仅包括从事经营活动的主体,还包括从事非经营活动的公共场所的管理人。《侵权责任法》第 37 条对安全保障义务人的列举系不完全列举,飞机场、码头、餐馆、保险公司等都有安全保障义务。

(二) 安全保障义务人责任制度保障他人人身安全和财产权利

我国《侵权责任法》第 37 条保障的范围应被认为包括人身和财产安全,因为其条文用语为"损害",并没有限定范围,所以应被认为包括人身或者财产损害。在此之前的《最高人民法院关于审理人身损害赔偿案件适用法律若干问题的解释》将保护范围限定在人身安全,这对被侵权人并不能提供完全的保护。相比之下,《侵权责任法》对被侵权人更有利。如果侵权人造成他人人身或者财产损害,而负有安全保障义务的人有过错,则安全保障义务人应该承担责任。在司法实践中,很早就有关于安全保障义务人对他人人身损害或财产损害进行赔偿的案例。例如,2001 年 7 月 9 日,福建省厦门市集美大学学生董某在学校龙舟游泳池游泳时溺水身亡。龙舟游泳池是历史遗留下来的,长期免费向公众开放,面积是标准泳池的两倍,深、浅水区无明显标志,能见度低,也没有配备安全设施和救助人员。2002 年 6 月,董某的父母以其子在该游泳池遇险得不到及时救助而丧生为由,向集美区法院提起诉讼,要求集美大学校委会支付死亡赔偿金和精神损害赔偿金。法院最后判决,因被告没有尽到对董某的安全保障义务,构成侵权,但董某也有过失,故原告、被告按实际过错的大小以 8∶2 的比例分担责任。❶ 财产损害赔偿的典型案例,如 1995 年 10 月 14 日,密山市体委经密山市政府批准,在密山市举办"国际奥委会主席杯"全国百

---

❶ 案例来源:http://www.jcrb.com/n1/jcrb318/ca185020.htm,访问时间:2020 年 3 月 13 日。

城市自行车赛——密山赛区比赛。赛前，密山市体委考虑比赛时间不长，为不影响市民正常生活秩序，决定不将比赛路段所经过的公路封闭，也未设置警示标志。上午9时，运动员从密山市政府门前出发，沿密知公路段行驶，当行至约2000米处尚未拉开距离时，遇原告陈某驾驶一辆高尔夫轿车迎面驶来。陈某见对面一群自行车驶来，遂将车停住。代表市工业局参加团体赛的运动员被告兰某因车速快，周围运动员密集，无法避开停住的轿车，连车带人冲撞上了原告的轿车，将轿车的前右转向灯撞碎后，人的身体冲向车顶，头盔将车挡风玻璃撞碎，身体将前机器盖压塌，兰某本人受到轻伤。事后，原告陈某因修车花去4838.80元。原告向密山市人民法院起诉，要求被告密山市体委和被告兰某赔偿其上述损失。密山市人民法院认为：被告兰某无过错，不承担责任；被告密山市体委是本次比赛的组织者，未采取安全措施，应负主要责任。法院依据1986年《中华人民共和国民法通则》第117条、第131条之规定，于1996年3月19日判决被告密山市体委赔偿4112.98元，其余损失由原告自负。双方均未上诉。❶

（三）安全保障义务人侵权责任有两种类型

《侵权责任法》第37条规定了两种类型的安全保障义务人侵权责任。第一种是安全保障义务人就其自己行为造成他人损害时应该承担的侵权责任，此时没有第三人行为的介入，安全保障义务人的行为（违反安全保障义务的行为）是损害发生的全部原因。第二种是第三人的行为是损害发生的直接原因，安全保障义务人的行为是损害发生的间接原因。也就是说，在第二种情形下，作为侵权构成要件的因果关系有直接因果关系和间接因果关系。安全保障义务人没有尽安全保障义务，没有制止或预防损害的发生，承担与其过错相应的补充赔偿责任。第二种情形，从表面上看，是安全保障义务人就他人侵害行为承担侵权责任；但是在法律上，也是安全保障义务人就自己行为（违反安全保障义务的行为）承担侵权责任。

---

❶ 案例来源：http://www.gsfzb.gov.cn/FLFG/SFJS/200504/27159.shtml，访问时间：2020年3月13日.

第二节　安全保障义务人责任的归责原则

安全保障义务人承担过错侵权责任。虽然安全保障义务人负有安全保障义务，但是并不是说，只要发生损害，安全保障义务人就要承担责任。安全保障义务人有无过错，要看其是否尽到安全保障义务。安全保障义务人只有在其没有尽到安全保障义务时才被认为有过错，才就致他人的损害承担侵权责任。法律对于安全保障义务的规定，既是对某些特定主体行为的违法性判断设置标准，也是对这些主体作出一定行为时的主观过错的判断预设标准。违反安全保障义务就具有违法性，也判定为作出行为时具有过错。对于过错的举证，由被侵权人承担。只有在法律明确规定由安全保障义务人证明自己没有过错时，才适用过错推定方法。

第三节　安全保障义务人责任的构成要件

安全保障义务人责任的构成要件主要包括责任主体、主观过错、客观损害以及因果关系四个方面。❶

一、责任主体是公共场所的管理人或者是群众活动的组织者

《侵权责任法》第37条规定了承担安全保障义务的责任人为宾馆、商场、银行、车站、娱乐场所等公共场所的管理人或者群众性活动的组织者。在《侵权责任法》制定过程中，对安全保障义务人的范围意见不一。有的主张继续采用司法解释的规定，即"从事住宿、餐饮、娱乐等经营活动或者其他社会活动的自然人、法人、其他组织"，有的主张用"经营者及其他开启或者持续危险者"，有的主张用美国法"土地利益占有人"的概念。经过反复研究，立法者最终采用了公共场所的管理人或者群众活动

---

❶ 杨立新．侵权损害赔偿［M］．北京：法律出版社，2016．

的组织者的概念。❶

公共场所,就是公众都可以进入的地方,既包括以公众为对象的经营活动场所,也包括非经营性活动场所。❷ 除了《侵权责任法》第37条规定的宾馆、商场、银行、车站、娱乐场所外,还包括餐馆、公园、博物馆、图书馆、体育馆、机场、码头等公共场所。公共场所的管理人是管理控制公共场所的自然人、法人或者其他组织。群众性活动是指面向公众的或者向公众开放的活动,比如体育比赛活动、演唱会、音乐会、游园会、庙会、灯会、焰火晚会、展览、展销活动、招聘会等。群众性活动的组织者是组织负责群众性活动的人。

二、公共场所的管理人或者群众性活动的组织者没有尽到安全保障义务

安全保障义务人责任是过错责任,其过错表现在没有尽到安全保障义务。只有安全保障义务人没有尽到安保义务时才需承担责任,如果安全保障义务人已经尽到了义务,就没有过错,也不用承担责任。因此,判断安全保障义务的存在就十分重要。安全保障义务的内容主要源于法律的规定,也可能源于合同的约定,还有可能来源于诚实信用原则。不同行业、不同性质的安全保障义务人,其所从事的工作或活动不同,安全保障义务也就不同。具体来说,判断安全保障义务人是否履行了安全保障义务,要看安全保障义务人是否达到法律、法规、规章要求的安全义务标准,是否达到同行业通常的注意标准,是否达到一个诚信善良的管理人所应注意的标准。❸ 在司法实践中,法院通常要参考安全保障义务人所在行业的普通情况、法律法规的具体规定、组织活动的规模、安全保障义务人制止危险

---

❶ 全国人大常委会法制工作委员会民法室.《中华人民共和国侵权责任法》条文说明、立法理由及相关规定[M].北京:北京大学出版社,2010.
❷ 梁慧星.中国侵权责任法解说[J].北方法学,2011(1):5-20.
❸ 李仁玉.《侵权责任法》案例与制度研究[M].北京:法律出版社,2015.

的能力以及采取的应对措施等各种情况，进行综合判断。❶

（一）法律法规标准

有些法律、法规、规章对公共场所管理人或者群众活动的组织者的安全保障义务提出了明确要求。❷例如《中华人民共和国旅游法》第42条规定，景区开放应当具备下列条件，并听取旅游主管部门的意见：（1）有必要的旅游配套服务和辅助设施；（2）有必要的安全设施及制度，经过安全风险评估，满足安全条件；（3）有必要的环境保护设施和生态保护措施；（4）法律、行政法规规定的其他条件。第79条规定："旅游经营者应当严格执行安全生产管理和消防安全管理的法律、法规和国家标准、行业标准，具备相应的安全生产条件，制定旅游者安全保护制度和应急预案。旅游经营者应当对直接为旅游者提供服务的从业人员开展经常性应急救助技能培训，对提供的产品和服务进行安全检验、监测和评估，采取必要措施防止危害发生。旅游经营者组织、接待老年人、未成年人、残疾人等旅游者，应当采取相应的安全保障措施。"第80条规定："旅游经营者应当就旅游活动中的下列事项，以明示的方式事先向旅游者作出说明或者警示：（1）正确使用相关设施、设备的方法；（2）必要的安全防范和应急措施；（3）未向旅游者开放的经营、服务场所和设施、设备；（4）不适宜参加相关活动的群体；（5）可能危及旅游者人身、财产安全的其他情形。"第81条规定："突发事件或者旅游安全事故发生后，旅游经营者应当立即采取必要的救助和处置措施，依法履行报告义务，并对旅游者作出妥善安排。"这些规定构成判定旅游经营者安全保障义务的依据。《中华人民共和国消防法》第20条规定："举办大型群众性活动，承办人应当依法向公安机关申请安全许可，制定灭火和应急疏散预案并组织演练，明确消防安全责任分工，确定消防安全管理人员，保持消防设施和消防器材配置齐全、完好有效，保证疏散通道、安全出口、疏散指示标志、应急照明和消防车

---

❶ 程啸.侵权责任法［M］.北京：法律出版社，2015.
❷ 林少棠.作为请求权基础的安全保障义务——兼论合理判断标准的建构［J］.时代法学，2016（1）：52-60.

通道符合消防技术标准和管理规定。"国务院发布的《营业性演出管理条例》第 19 条规定："在公共场所举办营业性演出，演出举办单位应当依照有关安全、消防的法律、行政法规和国家有关规定办理审批手续，并制定安全保卫工作方案和灭火、应急疏散预案。演出场所应当配备应急广播、照明设施，在安全出入口设置明显标识，保证安全出入口畅通；需要临时搭建舞台、看台的，演出举办单位应当按照国家有关安全标准搭建舞台、看台，确保安全。"

（二）同行业通常标准

即使法律没有规定，公共场所的管理人或者群众性活动的组织者也应该达到同行业的通常标准，如对于进入经营场所或者参加社会活动的人，管理人或者组织者一般负有对隐蔽危险的告知义务。若告知尚不足以防范损害发生，安全保障义务人还应当采取相应的预防损害发生的措施。管理人或者组织者就其控制的设施、设备、场所等要有保障安全的设施和应对突发事件的预案。对于正在发生的第三人侵权行为，管理人或者组织者应当及时予以制止。

（三）善良管理人标准

即使法律标准和行业标准当中没有具体规定，安全保障义务人也应该尽到一个善良管理人或者组织者所应尽的安全保障职责。此种职责或安全保障义务，以社会上具有相当知识经验的人对相同或者类似事件的注意为标准，而客观地加以认定，至于安全保障义务人有无尽此注意的知识经验，则在所不问。

三、他人遭受了损害

安全保障义务人没有尽到安全保障义务，使他人遭受损害时才承担侵权责任。如果没有损害的发生，安全保障义务人当然就没有责任。损害包括人身损害和财产损害。人身损害是指被侵权人生命权、身体权、健康权等遭受损害的事实，也包括精神损害。财产损害一般指违反安全保障义务的行为直接造成的财产损失。

四、他人遭受损害与安保义务人未尽安全保障义务之间有因果关系

安全保障义务人侵权责任的构成，须安全保障义务人的行为与损害后果的发生有因果关系。安全保障义务人自己行为导致损害后果发生，没有第三人行为介入时，安全保障义务人未尽安全保障义务与他人遭受损失之间有直接因果关系的，安全保障义务人才承担侵权责任。❶ 因第三人的行为造成他人损害时，第三人的行为是损害发生的直接原因，安全保障义务人未尽安全保障义务是损害发生的间接原因的，安全保障义务人也要承担侵权责任。当然，如果即使安全保障义务人尽了安全保障义务，仍然不能避免损害结果发生的，安全保障义务人就因没有侵权意义上的因果关系而不承担侵权责任。

需要指出的是，非安全保障义务人自己致人损害的，第三人的行为构成侵权是安全保障义务人承担与其过错相当的侵权责任（补充责任）的前提条件。

第四节　安全保障义务人责任的具体承担

安全保障义务人责任承担中所涉及的具体问题主要包括不涉及第三人行为时的自己责任、就第三人致人损害有过错时承担的补充赔偿责任以及安全保障义务人的追偿权。

一、不涉及第三人行为时的自己责任

根据《侵权责任法》第 37 条第 1 款的规定，宾馆、商场、银行、车站、娱乐场所等公共场所的管理人或者群众性活动的组织者，未尽到安全保障义务，造成他人损害的，应当承担侵权责任。在这种情况下，安全保

---

❶ ［荷］J. 施皮尔. 侵权法的统一：因果关系［M］. 易继明，等译. 北京：法律出版社，2009.

障义务人因自己的过失造成他人损害的，自己承担责任，此时没有第三人行为的介入。自己责任的特点是：第一，安全保障义务人承担责任是因为没有尽到安全保障义务，是过错责任；第二，安全保障义务人自己的行为是损害发生的全部原因，安全保障义务人是直接侵权行为人；第三，安全保障义务人承担完全的赔偿责任。

二、就第三人致人损害有过错时承担的补充赔偿责任

根据《侵权责任法》第 37 条第 2 款的规定，第三人的行为造成他人损害的，由第三人承担侵权责任；管理人或者组织者未尽到安全保障义务的，承担相应的补充责任。2003 年《人身损害赔偿解释》第 6 条第 2 款规定："因第三人侵权导致损害结果发生的，由实施侵权行为的第三人承担赔偿责任。安全保障义务人有过错的，应当在其能够防止或者制止损害的范围内承担相应的补充赔偿责任。安全保障义务人承担责任后，可以向第三人追偿。赔偿权利人起诉安全保障义务人的，应当将第三人作为共同被告，但第三人不能确定的除外。"此处，第三人行为是损害发生的直接原因，安全保障义务人没有尽到安全保障义务是导致损害发生的间接原因。在这里，安全保障义务人的侵权责任也是过错责任，但是其所承担的是与其过错相当的补充赔偿责任。

《侵权责任法》第 37 条第 2 款所规定的"相应的补充责任"的含义包括以下两点。其一，第三人是第一顺序的责任人，安全保障义务人只承担第二顺序的责任。安全保障义务人只在第三人下落不明、没有赔偿能力时才承担赔偿责任；若第三人承担了全部赔偿责任，则安全保障义务人就不用再承担责任，第三人也不得再向安全保障义务人追偿，被侵权人也不能再要求从安全保障义务人处获得赔偿。其二，"相应的补充责任"还意味着安全保障义务人与第三人之间的责任并不是连带的，安全保障义务人只承担与其过错相当的那部分责任，即在其能够制止或者防止损害发生的范围内承担相应的赔偿责任。并不是说第三人无法赔偿时，就由安全保障义务人全部赔偿被侵权人无法从第三人处获得的那部分赔偿。

三、安全保障义务人的追偿权

在第三人侵权造成损害，安全保障义务人承担了与其过错相应的赔偿责任后，关于向第三人追偿的问题，按照2003年《最高人民法院关于审理人身损害赔偿案件适用法律若干问题的解释》第6条第2款的规定，安全保障义务人承担责任后，可以向第三人追偿。《侵权责任法》没有规定安全保障义务人的追偿权。本书认为，《最高人民法院关于审理人身损害赔偿案件适用法律若干问题的解释》第6条第2款规定的追偿权仍可适用。❶

第五节　安全保障义务人侵权责任的典型案例

一、基本案情

2011年8月14日16时40分左右，原告邓某到被告北京冀东兴汽车销售有限公司看车，后出门下台阶时摔倒受伤，事发时正在下雨。事发后，原告被送至北京德尔康尼骨科医院治疗，其伤经诊断为左踝关节骨折脱位、双侧髌骨关节病。原告于事发当日至同年8月30日在该院住院治疗，共计支出急诊、门诊及住院医疗费用18647.91元。另查明，被告于2011年8月15日出具事情经过一份，内容为："2011年8月14日下午16点40分左右，邓某来我店看车，在看完车以后，出门下台阶时，当时下小雨，台阶有些滑，邓某摔倒，造成左脚踝骨折，经陪同送往医院，事情经过基本上是这样（当时台阶上无防滑垫）。"被告于事发后已将其门口原有的二级台阶改造为三级台阶，并于庭审中提交照片两张，证明其已经尽到相关安全保障义务，原告对此不予认可，被告方未提交其他证据证实己方已尽安全保障义务。经司法鉴定，原告的伤残等级为十级（伤残率为10%）。

---

❶ 谢鸿飞. 违反安保义务侵权补充责任的理论冲突与立法选择［J］. 法学, 2019 (2): 42-58.

二、裁判结果

北京市石景山区法院认为，被告在经营活动中遇到下雨，其应在其经营范围内采取相关措施避免危险及损害的发生，现被告未在其门口台阶处采取防滑措施，导致原告摔伤，故被告对此有一定过错，应对原告因此造成的人身损害承担相应的赔偿责任。此外，原告作为完全民事行为能力人，在此次事件中亦负有一定过错。综合考虑本案案情及双方过错程度，按照被告承担原告损失80%的责任比例判定被告的责任。石景山区法院依照《中华人民共和国民法通则》第98条，《最高人民法院关于审理人身损害赔偿案件适用法律若干问题的解释》第6条的规定，作出如下判决：（1）北京冀东兴汽车销售有限公司于本判决生效后7日内赔偿邓某医疗费14918.33元、住院伙食补助费640元、营养费1600元、误工费108522.24元、护理费5128元、交通费400元、残疾赔偿金57920.96元、精神损害抚慰金4000元，以上共计193129.53元。（2）驳回邓某其他诉讼请求。❶

---

❶ 国家法官学院案例开发研究中心. 中国法院2014年度案例·侵权赔偿纠纷[M]. 北京：中国法制出版社, 2014.

第四章 教育机构责任

第一节 教育机构责任概述

一、教育机构责任的概念与法律渊源

教育机构责任，是指学校、幼儿园或者其他教育机构就无民事行为能力人或者限制民事行为能力人，在这些教育机构学习、生活期间受到人身损害所应当承担的侵权责任。其中，幼儿园通常指对三周岁以上学龄前幼儿实施保育和教育的机构；学校是指国家或者社会力量举办的全日制的中小学（含特殊教育学校）、各类中等职业学校以及高等学校；其他教育机构是指少年宫、培训班、辅导班等各类教育服务的提供者。❶

关于未成年人保护，法律规定了监护制度。与此同时，《中华人民共和国教育法》（以下简称《教育法》）、《中华人民共和国义务教育法》（以下简称《义务教育法》）、《中华人民共和国未成年人保护法》（以下简称《未成年人保护法》）等法律也规定了教育机构对学生的教育、管理和保护义务。

如《义务教育法》第24条规定："学校应当建立、健全安全制度和应急机制，对学生进行安全教育，加强管理，及时消除隐患，预防发生事故。县级以上地方人民政府定期对学校校舍安全进行检查；对需要维修、

---

❶ 韩强．"关于责任主体的特殊规定"特殊性辩驳——从"教育机构侵权责任"展开［J］．政治与法律，2014（10）：106-117．

51

改造的，及时予以维修、改造。学校不得聘用曾经因故意犯罪被依法剥夺政治权利或者其他不适合从事义务教育工作的人担任工作人员。"然而在实践中，幼儿园、学校、其他教育机构的学生之间互相侵害，幼儿园、学校、其他教育机构的工作人员侵害学生，校外第三人侵害学生的事故仍然时有发生。

《侵权责任法》第38~40条规定了教育机构责任。第38条规定："无民事行为能力人在幼儿园、学校或者其他教育机构学习、生活期间受到人身损害的，幼儿园、学校或者其他教育机构应当承担责任，但能够证明尽到教育、管理职责的，不承担责任。"第39条规定："限制民事行为能力人在学校或者其他教育机构学习、生活期间受到人身损害，学校或者其他教育机构未尽到教育、管理职责的，应当承担责任。"第40条规定："无民事行为能力人或者限制民事行为能力人在幼儿园、学校或者其他教育机构学习、生活期间，受到幼儿园、学校或者其他教育机构以外的人员人身损害的，由侵权人承担侵权责任；幼儿园、学校或者其他教育机构未尽到管理职责的，承担相应的补充责任。"

二、教育机构责任的特征

（一）受到侵害的主体是无民事行为能力人或者限制民事行为能力人

1988年《最高人民法院关于贯彻执行〈中华人民共和国民法通则〉若干问题的意见（试行）》第160条规定的主体是无民事行为能力人或者精神病人，无法涵盖精神正常的限制民事行为能力人。《最高人民法院关于审理人身损害赔偿案件适用法律若干问题的解释》第7条规定的主体是未成年人，无法涵盖因有精神病而属于无民事行为能力人或者限制民事行为能力人的成年人。1988年《最高人民法院关于贯彻执行〈中华人民共和国民法通则〉若干问题的意见（试行）》与《最高人民法院关于审理人身损害赔偿案件适用法律若干问题的解释》对被侵权主体范围的规定都不完全。《侵权责任法》规定的是无民事行为能力人和限制民事行为能力人，既包括未成年人，也包括精神病人，范围比前两者扩大了。

(二) 可适用于多种侵害实施主体

我国《侵权责任法》第38~40条只规定了无民事行为能力人或者限制民事行为能力人遭受损害时的责任问题，不管是遭受教育机构其他学生的侵害，还是教育机构工作人员的侵害甚至教育机构以外的人的侵害，都可以适用。但对于无民事行为能力人或者限制民事行为能力人侵害他人的责任则没有规定。而《最高人民法院关于审理人身损害赔偿案件适用法律若干问题的解释》第7条规定了未成年人致人损害时教育机构的责任承担问题。1988年《最高人民法院关于贯彻执行〈中华人民共和国民法通则〉若干问题的意见(试行)》第160条也规定了无民事行为能力人或者精神病人致人损害时单位的赔偿责任，第160条规定："在幼儿园、学校生活、学习的无民事行为能力人或者在精神病院治疗的精神病人，受到伤害或者给他人造成损害，单位有过错的，可以责令这些单位适当给予赔偿。"《侵权责任法》改变了司法解释的规定，没有继续单独规定无民事行为能力人或者限制民事行为能力人致人损害时的责任问题。

(三) 遭受的损害是人身损害，不包括财产损害

根据我国《侵权责任法》第38~40条的规定，无民事行为能力人或者限制民事行为能力人在教育机构学习、生活期间受到人身损害，教育机构未尽到教育、保护义务的，应承担责任。适用《侵权责任法》第38~40条的前提是无民事行为能力人或者限制民事行为能力人遭受的损害是人身损害，若是财产损害，则不适用此规定。《最高人民法院关于审理人身损害赔偿案件适用法律若干问题的解释》第7条也将损害限制在人身损害，第7条规定："对未成年人依法负有教育、管理、保护义务的学校、幼儿园或者其他教育机构，未尽职责范围内的相关义务致使未成年人遭受人身损害，或者未成年人致他人人身损害的，应当承担与其过错相应的赔偿责任。第三人侵权致未成年人遭受人身损害的，应当承担赔偿责任。学校、幼儿园等教育机构有过错的，应当承担相应的补充赔偿责任。"

第二节　教育机构责任的归责原则

就教育机构责任而言，争议最大的是"归责原则"。《侵权责任法》区别了三种情况，建立了教育机构独特的归责体系。无民事行为能力人在幼儿园、学校或者其他教育机构学习、生活期间受到人身损害的，幼儿园、学校或者其他教育机构应当承担责任，但能够证明尽到教育、管理职责的，不承担责任。《侵权责任法》对无民事行为能力人遭受教育机构以内的人的侵害采用过错推定原则。限制民事行为能力人在学校或者其他教育机构学习、生活期间受到人身损害，学校或者其他教育机构未尽到教育、管理职责的，应当承担责任，确定了限制民事行为能力人受到校内侵害的过错责任原则。教育机构以外的人侵害无民事行为能力人或者限制民事行为能力人的，幼儿园、学校或者其他教育机构未尽到管理职责的，承担相应的补充责任，即与其过错相当的补充赔偿责任。❶

《最高人民法院关于审理人身损害赔偿案件适用法律若干问题的解释》采用"过错责任原则"。学界对此意见各不相同。有的主张采用过错推定，有的主张采用过错责任。有的主张区分无民事行为能力人和限制民事行为能力人遭受损害的情形，采用不同的归责原则及方法。❷《侵权责任法》区别无民事行为能力人和限制民事行为能力人采用的是"过错推定"和一般的"过错责任原则"。

根据《侵权责任法》第38条的规定，无民事行为能力人受到校内侵权的，推定教育机构有过错，这是过错推定原则。被侵权人及其监护人不用证明教育机构的过错，教育机构要想免责就要证明自己无过错。对无民事行为能力人采用过错推定原则的主要原因是无民事行为能力人因为智力发展不成熟，对发生的事情无法准确描述，并且无民事行为能力人在学校

---

❶ 孟勤国，余卫. 论未成年学生伤害事故教育机构的责任 [J]. 河北法学，2016 (2)：2-9.

❷ 最高人民法院侵权责任法研究小组.《中华人民共和国侵权责任法》条文理解与适用 [M]. 北京：人民法院出版社，2010.

学习期间,监护人也无法得知事情的具体情况。由无民事行为能力人或者其监护人举证是困难的。根据《侵权责任法》第 39 条的规定,限制民事行为能力人受到校内侵权的,被侵权人或者其监护人要证明教育机构有过错,教育机构才承担责任,教育机构自己不用证明自己没有过错。这是过错责任原则。对限制民事行为能力人采用过错责任原则主要是因为限制民事行为能力人对事物有一定的认知能力,能在一定程度上理解自己行为的后果。如果采用过错推定原则,学校为了避免事故的发生,会限制学生的活动,有可能不利于学生的成长。《侵权责任法》第 40 条没有区分无民事行为能力人和限制民事行为能力人,规定了过错责任。

第三节 教育机构责任的构成要件

教育机构责任的构成要件主要包括无民事行为能力人或限制民事行为能力人遭受人身损害、教育机构未尽职责以及二者间因果关系三个方面。

一、无民事行为能力人或限制民事行为能力人受到人身损害

首先,被侵权主体是无民事行为能力人或者限制民事行为能力人。

其次,无民事行为能力人、限制民事行为能力人遭受了人身损害。《侵权责任法》第 38 条至第 40 条的规定只适用于遭受人身损害的情形,若是财产损害,则此三条不适用。

最后,无民事行为能力人、限制民事行为能力人是在教育机构学习、生活期间受到了损害。在校期间是指在正常的教学活动期间。损害应该发生在幼儿园、学校和其他教育机构的教育、教学活动中或者其管理的校舍、场地、其他教育设施、生活设施中。至于具体的范围,存在不同意见。实践中的个案也千差万别,在《侵权责任法》中作出统一的规定比较困难。一般认为,学生参加学校组织的活动,即使是在教育机构场所外进行,也应认为在教育机构学习、生活期间,也有一些法律文件规定了不属于在教育机构学习、生活期间的情形,如 2002 年教育部发布的《学生伤害事故处理办法》第 13 条规定,下列情形下发生的造成学生人身损害后

果的事故，学校行为并无不当的，不承担事故责任；事故责任应当按有关法律法规或者其他有关规定认定：（1）在学生自行上学、放学、返校、离校途中发生的；（2）在学生自行外出或者擅自离校期间发生的；（3）在放学后、节假日或者假期等学校工作时间以外，学生自行滞留学校或者自行到校发生的；（4）其他在学校管理职责范围外发生的。

二、教育机构未尽教育、管理职责

教育机构承担责任的条件是其未尽教育、管理职责。关于如何判断教育机构是否尽到教育、管理职责，《侵权责任法》没有具体规定，而《教育法》《未成年人保护法》《义务教育法》等法律法规具体规定了教育机构的教育、管理、保护义务。因此，在司法实践中，应当根据这些法律规定并结合具体案情，判断教育机构是否尽到了教育、管理职责。

《学生伤害事故处理办法》第9条规定："因下列情形之一造成的学生伤害事故，学校应当依法承担相应的责任：（一）学校的校舍、场地、其他公共设施，以及学校提供给学生使用的学具、教育教学和生活设施、设备不符合国家规定的标准，或者有明显不安全因素的；（二）学校的安全保卫、消防、设施设备管理等安全管理制度有明显疏漏，或者管理混乱，存在重大安全隐患，而未及时采取措施的；（三）学校向学生提供的药品、食品、饮用水等不符合国家或者行业的有关标准、要求的；（四）学校组织学生参加教育教学活动或者校外活动，未对学生进行相应的安全教育，并未在可预见的范围内采取必要的安全措施的；（五）学校知道教师或者其他工作人员患有不适宜担任教育教学工作的疾病，但未采取必要措施的；（六）学校违反有关规定，组织或者安排未成年学生从事不宜未成年人参加的劳动、体育运动或者其他活动的；（七）学生有特异体质或者特定疾病，不宜参加某种教育教学活动，学校知道或者应当知道，但未予以必要的注意的；（八）学生在校期间突发疾病或者受到伤害，学校发现，但未根据实际情况及时采取相应措施，导致不良后果加重的；（九）学校教师或者其他工作人员体罚或者变相体罚学生，或者在履行职责过程中违反工作要求、操作规程、职业道德或者其他有关规定的；（十）学校教师或者其他工作人员在负有组织、管理未成年学生的职责期间，发现学生行为具有危险性，但未进行必要的管理、告诫或者制止的；（十一）对未成年学生擅自离校等与学生人身安全直接相关的信息，学校发现或者知道，但未及时告知未成年学生的监护人，导致未成年学生因脱离监护人的保护而发生伤害的；（十二）学校有未依法履行职责的其他情形的。"《未成年人保护法》第21条规定："学校、幼儿园、托儿所的教职员工应当尊重未成年人的人格尊严，不得对未成年人实施体罚、变相体罚或者其他侮辱人格尊严的行为。"第22条规定："学校、幼儿园、托儿所应当建立安全制度，加强对未成年人的安全教育，采取措施保障未成年人的人身安全。学校、幼儿园、托儿所不得在危及未成年人人身安全、健康的校舍和其他设施、场所中进行教育教学活动。学校、幼儿园安排未成年人参加集会、文化娱乐、社会实践等集体活动，应当有利于未成年人的健康成长，防止发生人身安全事故。"在实践中，根据上述规定判断教育机构是否尽到教育、管理职责。

三、教育机构未尽教育管理职责与损害事实之间有因果关系

因果关系是一切侵权责任的构成要件。无论教育机构承担直接侵权责任，还是教育机构因未尽到教育、管理职责而就第三人侵权承担侵权责任，教育机构行为（包括作为或不作为）与损害结果之间均须有因果关系。

第四节 教育机构侵权责任的类型与承担

一、教育机构侵权责任的类型

教育机构侵权责任可以分为教育机构直接侵权的责任与第三人侵权时教育机构的责任两类。

（一）教育机构直接侵权的责任

教育机构直接侵权责任的构成，须教育机构的过错行为是损害发生的全部原因，没有第三人行为的介入，即教育机构没有尽到教育、管理职责造成无民事行为能力人和限制民事行为能力人人身损害的后果。《侵权责任法》第38~39条规定的就是直接侵权责任。

（二）第三人侵权时教育机构的责任

第三人侵权时教育机构的责任，是无民事行为能力人或者限制民事行为能力人在教育机构学习、生活期间，受到教育机构以外的人员人身损害时，教育机构没有尽到管理职责所应当承担的与其过错相应的补充责任。此时，第三人侵害行为是损害发生的直接原因，教育机构的不作为是间接原因。

教育机构直接侵权的责任与第三人侵权时教育机构的责任的区别有以下两点。

第一，损害发生原因不同。在教育机构直接侵权责任中，教育机构本身的过错是损害发生的全部原因。如学校的校舍、场地等公共设施有不安全因素，学校向学生提供的食品、饮用水不符合国家标准，教师体罚学生等。在第三人侵权时的教育机构责任中，第三人的行为是损害发生的直接原因，教育机构的行为是间接原因。

第二，责任承担不同。在教育机构直接侵权责任中，教育机构承担完全赔偿责任。而在第三人侵权时的教育机构的责任中，教育机构承担与过错相应的补充责任，是第二顺序的赔偿责任人。

二、教育机构侵权责任的承担

无民事行为能力人或者限制民事行为能力人在教育机构学习、生活期间受到人身损害的，教育机构未尽教育、管理职责的，应当承担侵权责任。无民事行为能力人或者限制民事行为能力人在教育机构学习、生活期间受到教育机构以外的人员人身伤害的，教育机构未尽到教育、管理职责的，承担相应的补充责任。相应的补充责任是指首先由第三人承担责任，第三人是第一顺序的责任人。若被侵权人只起诉教育机构，教育机构有先诉抗辩权。第三人承担了全部责任的，教育机构不再承担责任。无法找到第三人或者第三人无力承担责任时，教育机构在第三人无力承担的范围内承担与其过错相应的赔偿责任。教育机构并不是承担第三人无力承担的全部责任，只是在第三人无力承担的范围内承担与其过错相应的部分，超过其过错的部分不是教育机构应承担的责任。❶

在学生相互侵权的情形下，侵害行为人的监护人承担无过错责任，学校若有过错也要承担侵权责任。学校无过错时不承担责任，由监护人承担全部责任。学校有过错时，学校承担与其过错相当的责任，其余由监护人承担。教育机构的老师、保安等工作人员造成无民事行为能力人或者限制民事行为能力人人身损害时，有法律条文竞合的问题：一方面，教育机构作为用人单位要承担无过错责任；另一方面，依法也会产生教育机构责任。因为教育机构责任是过错责任或者过错推定责任，所以受害人选择《侵权责任法》第34条对自己更有利。

第五节　教育机构侵权责任的典型案例

一、基本案情

原告厉某某、被告盛甲、案外人吴乙均系被告××一小在校同班学生。被告盛乙、王某某系被告盛甲父母。2012年11月20日下午第二节课下课后，原告来到被告盛甲处要求与盛甲一起玩耍而盛甲没有同意，双方为此发生打闹，在此过程中，盛甲不慎以指甲划伤原告脸部。之后，班主任吴甲老师来到教室安排原告至医务室处理伤口，并向其他同学了解事件经过，且于放学时通知了双方家长。

2012年11月21日以及2013年3月9日，原告至上海交通大学医学院附属第九人民医院就诊并为此支出医疗费638.50元。2013年9月3日，

---

❶ 周友军. 侵权法学 [M]. 北京：中国人民大学出版社，2011.

经原告申请,华东政法大学司法鉴定中心对原告的休息、营养、护理期限进行鉴定。2013年9月10日,该中心出具鉴定意见如下:被鉴定人厉某某因外力作用致面部外伤,经对症等治疗,酌情给予营养3周,陪护1个月。原告为此支出鉴定费1000元。

原告诉至法院,要求被告赔偿原告医疗费、营养费、护理费、交通费、鉴定费、精神损害抚慰金等合计20000元,其中由盛甲及其法定代理人盛乙、王某某承担赔偿总额的80%,被告××一小承担赔偿总额的20%。

二、裁判结果

上海市闵行区人民法院经审理认为,根据法律规定,无民事行为能力人在幼儿园、学校或者其他教育机构学习、生活期间受到人身损害的,幼儿园、学校或者其他教育机构应当承担责任,但能够证明尽到教育、管理职责的,不承担责任。本案中,事发之时原告厉某某、被告盛甲等人均为就读于二年级的无民事行为能力人,被告××一小应当对其强化安全教育,并进行适当的管理和保护,现被告××一小未能及时发现、制止厉某某与盛甲的课间打闹行为,以避免伤害事件的发生,故被告××一小未能尽到教育、管理、保护的职责,对原告的损害后果负有责任。法院最终判决被告××一小赔偿原告厉某某1743.40元;被告盛甲以其个人财产赔偿原告厉某某1307.55元,不足部分,由被告盛乙、王某某赔偿。[1]

---

[1] (2013)闵少民初字第217号.

第二编

特定情境的侵权责任

本编涉及产品责任、机动车交通事故责任、医疗损害责任以及网络侵权责任，其共同特点在于侵权行为都是发生在特定情境中，虽然其中一些责任也涉及特定的承担主体，但主体并不是责任划分所依据的标准。例如，医疗损害责任必须发生在诊疗活动语境中，患者在就医时由于医院地面湿滑摔伤所受损害责任承担的主体也是医院，但该责任并不属于医疗损害责任。

特定情境中的侵权责任具有多维度的归责原则体系。在产品责任中，因产品存在缺陷造成他人损害的，生产者承担无过错责任，销售者对被侵权人承担无过错责任，而在销售者终局责任判断上适用过错责任原则。在机动车交通事故责任中，机动车之间发生交通事故时适用过错责任原则，机动车与非机动车、行人之间发生交通事故时适用无过错责任原则。在医疗损害责任中，总体上采取过错责任原则，特定情形下采取过错推定原则，这些特定情形包括：（1）违反法律、行政法规、规章以及其他有关诊疗规范的规定；（2）隐匿或者拒绝提供与纠纷有关的病历资料；（3）伪造、篡改或者销毁病历资料。网络侵权责任所涉及权利类型多样，归责原则体系更为复杂，对于网络服务提供者而言，判断其主观上是否为"明知或应知"网络用户实施了侵权行为，是决定其承担责任的类型与范围的关键。

特定情境即侵权行为的特殊发生场景，构成要件的诸多细节范畴不能直接套用《侵权责任法》一般规则，需要结合特别法、司法解释以及个案予以明确。产品责任涉及"产品"以及"产品缺陷"的界定；机动车交通事故责任涉及对"机动车"以及"道路"的界定；医疗损害责任涉及"损害事实"与"诊疗行为"的界定；网络侵权责任涉及"技术服务提供者"与"内容服务提供者"的区分。

此外，各特定情境在责任承担的主体、责任方式方面以及抗辩事由方面都存在个性化的规制，一些情境还涉及更为特殊的子情境，本编将在各章中具体展开论述。

第五章 产品责任

第一节 产品责任概述

一、产品责任的概念与理论基础

产品责任,是产品的生产者、销售者就其产品存在缺陷造成他人损害所应当承担的责任。广义的"产品责任"既包括缺陷产品致人损害侵权责任,也包括产品质量不合格所引起的不适当履行合同的违约责任;狭义的产品责任仅指产品侵权责任。[1]

在现代社会中,产品的种类和数量都极为丰富,一方面丰富了人民的物质生活,另一方面缺陷产品致人损害的事例也层出不穷,产品责任随即应运而生。在最早的合同法理论和实践中,采用明示担保责任说保护受害人权益。明示担保是指产品的生产者对产品作出的明示说明,产品的生产者应保证产品的质量符合其对产品作出的明示说明,如果不符合这一标准对他人造成损害的,就需要承担责任。明示担保理论存在明显的缺陷,它以受害人和加害人之间存在合同关系为前提。若没有相关合同,则受害人不能得到救济。后来,出现了默示担保理论。该理论不以产品生产者作出明示说明为前提,认为产品生产者应担保其产品的一般效用,并且不具有隐蔽瑕疵,否则,因产品存在缺陷造成他人损害的,产品生产者应该承担默示担保责任。明示担保理论和默示担保理论虽然在一定程度上都可以保

---

[1] 刘静. 产品责任论 [M]. 北京:中国政法大学出版社,2000.

护被害人的利益，但都是以被害人和加害人存在合同关系为前提的。如果缺陷产品的受害人不是产品的直接购买者，就不能依据合同法获得救济。

产品责任法的发展，解决了无合同关系的第三人因缺陷产品受损的赔偿问题，扩大了保护的范围。同时，受到损害的合同关系中的一方，既可以请求《合同法》上的违约赔偿，也可以依据《侵权责任法》请求侵权赔偿，给予受害人更为广泛的救济，更有利于保护权利。

二、产品责任的历史沿革与比较法观察

早期罗马法中，买者当心（caveat emptor）原则至上，除非销售者明确保证或者虚假陈述产品不存在缺陷，其不为任何产品缺陷承担责任。之后，在特定买卖中，关于销售者缺陷产品责任的一些基本原则开始产生，公元533年的《查士丁尼法典》提到与销售货物相伴随的对质量基本的默示担保，对销售缺陷产品适用严格责任。❶

法国就产品责任一开始适用过错责任原则，但法国最高法院在1897年和1914年的两个案例中确认了无过错责任原则。1985年《欧共体产品责任指令》公布，为了实施该指令，1998年法国修改了民法典，于第1386-1条至第1386-18条专门规定了"有缺陷的产品引起的责任"。

《德国民法典》没有对产品责任作出特别规定，产品责任适用侵权一般条款，即第832条第1款："因故意或过失，不法侵害他人的生命、身体、健康、所有权或其他权利者，对由此产生的损害应负赔偿责任。"1989年德国议会通过了《产品责任法》，将欧共体的指令纳入其中。该法采用严格责任原则，并规定了产品的范围、缺陷的认定、免责条件、侵权责任主体范围等。该法实施后，民法典的规则依然可以由当事人自己选择。

《日本民法典》也没有单独规定产品责任，产品责任适用一般条款（主要是第709条）。1994年国会通过了《制造物责任法》，该法确立了无

---

❶ ［美］戴维·G. 欧文. 产品责任法［M］. 董春华，译. 北京：中国政法大学出版社，2012.

过错责任原则，界定了产品的缺陷、责任主体、免责条款、损害赔偿等，是日本处理产品责任纠纷的主要依据。

美国产品责任法包括案例法和制定法，非常发达。其发展经历了从过失责任、担保责任到严格责任的变迁。1852 年 Thomas v. Winchester、1916 年 Macpherson v. Buick Motor Co.、1944 年 Escola v. Coca Cola Bottling Co.、1960 年 Hennigsten v. Bloomfield Motors Inc. 以及 1963 年 Greeman v. Yuba Power Product Inc. 等一系列案件就是产品责任从过失责任、担保责任发展到严格责任的标志。美国各州都有自己的产品责任法，美国联邦也通过了《联邦食品、药品、化妆品法》《消费品安全法》《玩具安全法》等一系列单行法。美国商务部 1979 年公布了《统一产品责任示范法》。此外，美国法律协会的产品责任重述也是我们了解美国产品责任制度的重要文献。❶

我国不同时期制定的《民法通则》《消费者权益保护法》和《产品质量法》都有缺陷产品造成他人损害的责任规定，但是制度体系尚待完善。《侵权责任法》以专章 7 个条文的形式比较集中地规定了产品责任，成为处理产品责任纠纷的主要法律依据。

《侵权责任法》第 41 条规定，因产品存在缺陷造成他人损害的，生产者应当承担侵权责任。第 42 条、第 45 条、第 46 条也使用了"侵权责任"的字眼。第 43 条还提及"被侵权人"。产品侵权责任，不以受害人和产品的生产者、销售者之间有合同关系为前提。也就是说，无论受害人与产品的生产者、销售者之间是否存在合同关系，只要产品存在缺陷造成自己人身或者财产损害，都可以提起侵权责任之诉。当《合同法》就违约责任采"无过错责任原则"时，物的瑕疵担保责任是违约责任的一种具体情形，也就是说，此时物的瑕疵担保责任是产品的质量不符合合同或者法律的规定时卖方所应承担的违约责任，也就是说，只有当事人之间有合同关系时，买方作为受损害的合同当事人才可以依据《合同法》《消费者权益保护法》《产品质量法》等有关法律，请求卖方承担物的瑕疵担保责任。

---

❶ 杨立新. 侵权责任法 [M]. 北京：法律出版社，2010.

第二节　产品责任的归责原则

产品侵权责任是一种特殊的侵权责任，主要体现在"归责原则"上比较特殊。产品责任广义上包括违约的责任和侵权的责任。从归责原则方面来说，经历了过错责任原则到无过错责任原则的发展过程，当然即使在当今社会，能够证明产品生产者或者销售者有过错的，依然可以按照过错责任来处理。

美国产品责任法经历了采用过失责任原则确定侵权责任到采用"事实说明自己"的证据法则减轻受害人的证明负担，再到确立无过错责任原则的理论变迁。不过，在现代美国，产品责任仍然视具体案情而根据合同法和侵权法予以解决，产品责任包括过失责任、担保责任（合同法上无过失责任）和严格责任（无过失侵权责任）等。在欧洲，1985通过的《欧洲经济共同体产品责任指令》（以下简称《欧共体产品责任指令》）也确立了产品制造者的无过错责任。❶

对于产品责任，我国《侵权责任法》规定了生产者、销售者的责任。《侵权责任法》第41条规定："因产品存在缺陷造成他人损害的，生产者应当承担侵权责任。"第43条规定："因产品存在缺陷造成损害的，被侵权人可以向产品的生产者请求赔偿，也可以向产品的销售者请求赔偿。产品缺陷由生产者造成的，销售者赔偿后，有权向生产者追偿。因销售者的过错使产品存在缺陷的，生产者赔偿后，有权向销售者追偿。"第44条规定："因运输者、仓储者等第三人的过错使产品存在缺陷，造成他人损害的，产品的生产者、销售者赔偿后，有权向第三人追偿。"以上三条关于生产者的责任，显然采用的是"无过错责任原则"。生产者是产品的制造者，产品的缺陷大多是生产者的原因造成的，采取"无过错责任原则"就能激励生产者严把质量关，减少缺陷产品的产生，而且生产者相对于消费

---

❶ 梁慧星．论产品制造者、销售者的严格责任［J］．法学研究，1990（5）：58-68.

者来说更有能力承受损害,生产者还能通过提高产品价格和投办产品责任保险来分散风险或者说减少对自己的损害。至于销售者的责任采用的"归责原则"是过错责任原则还是无过错责任原则,需要具体说明。有观点认为关于销售者的责任,法律采用"过错责任原则",理由是《侵权责任法》第42条第1款规定:"因销售者的过错使产品存在缺陷,造成他人损害的,销售者应当承担侵权责任。"其实,销售者向被侵权人承担的也是无过错责任,"过错责任原则"只是销售者承担终局责任的原则。其依据是《侵权责任法》第42条第1款和第43条第1款,即对于被侵权人来说,因产品缺陷造成了自己损害的,无须证明销售者和生产者的过错就可以要求销售者承担责任,也可以要求生产者承担责任,此时销售者、生产者不能以无过错主张免责。即使销售者无过错,此时也应先向被害人承担责任,之后再向生产者追偿。另外,第42条第2款规定:"销售者不能指明缺陷产品的生产者也不能指明缺陷产品的供货者的,销售者应当承担侵权责任。"因此,销售者对被侵权人承担的是无过错责任。若是销售者的过错使产品存在缺陷,则销售者向被侵权人承担责任后不得再向生产者追偿,此时销售者承担终局责任;若生产者向被侵权人承担了责任,生产者可以通过证明销售者的过错来向销售者追偿。如此看来,《侵权责任法》第42条规定的销售者过错只在销售者、生产者之间的终局责任的承担上才有决定性的意义。总之,销售者对被侵权人承担无过错责任,而在销售者终局责任判断上适用"过错责任原则"。

当然,如果原告能够证明产品生产者或者销售者存在过错,由此造成原告损害,生产者或者销售者承担过错责任。"无过错责任原则"并非指无过错才承担责任,而是指责任不以过错为构成要件。我国《侵权责任法》如此,美国产品责任法也是如此。❶

---

❶ [美]戴维·G.欧文.产品责任法[M].董春华,译.北京:中国政法大学出版社,2012.

第三节 产品责任的构成要件

产品责任的构成要件主要包括产品本身存在缺陷、造成他人损害以及两者间的因果关系,其中对上述第一个构成要件的判断最为复杂,既涉及对"产品"的界定,又涉及在此基础上对"产品缺陷"的界定。

一、产品存在缺陷

产品存在缺陷是产品责任中判断起来最为复杂的构成要件。然而我国《侵权责任法》没有对"缺陷"进行界定,所以应当继续适用《产品质量法》第46条关于缺陷的规定。《产品质量法》第46条规定:"本法所称缺陷,是指产品存在危及人身、他人财产安全的不合理的危险;产品有保障人体健康和人身、财产安全的国家标准、行业标准的,是指不符合该标准。"2013年《最高人民法院关于审理食品药品纠纷案件适用法律若干问题的规定》第5条规定:"消费者举证证明所购买食品、药品的事实以及所购食品、药品不符合合同的约定,主张食品、药品的生产者、销售者承担违约责任的,人民法院应予支持。消费者举证证明因食用食品或者使用药品受到损害,初步证明损害与食用食品或者使用药品存在因果关系,并请求食品、药品的生产者、销售者承担侵权责任的,人民法院应予支持,但食品、药品的生产者、销售者能证明损害不是因产品不符合质量标准造成的除外。"第6条规定:"食品的生产者与销售者应当对于食品符合质量标准承担举证责任。认定食品是否合格,应当以国家标准为依据;没有国家标准的,应当以地方标准为依据;没有国家标准、地方标准的,应当以企业标准为依据。食品的生产者采用的标准高于国家标准、地方标准的,应当以企业标准为依据。没有前述标准的,应当以食品安全法的相关规定为依据。"

产品缺陷构成要件在判断时通常需要两个步骤:第一,涉案对象是否属于"产品的范畴";第二,属于产品范畴对象所存在的问题是否为"产品缺陷"。

(一) 产品的范畴

产品责任的"产品"限于动产,不包括不动产,这是国际惯例。如在美国,产品责任的"产品"限于动产,其中包括食品和药品,甚至早期的产品责任案件很多是食品质量问题。❶《欧共体产品责任指令》第 2 条规定:"为本指令目的,产品指除初级农产品和狩猎产品以外的所有动产,即使已被组合在另一动产或不动产之内。初级农产品是指种植业、畜牧业、渔业产品,不包括经过加工的这类产品。产品亦包括电。"《法国民法典》第 1386-3 条规定:一切动产物品都是产品,即使其附和于不动产,其中包括土地的产品、畜产品、猎获物与水产品;电亦视为产品。德国 1989 年《产品责任法》第 2 条规定,产品是指一切动产,而且动产也包括构成另一动产或者不动产之一部的物,电被包括在产品之中,而未经初级加工的农产品和狩猎产品不在其内。《荷兰新民法典》第 187 条规定,产品责任的"产品",是指"动产",即使其已经与其他动产或者不动产相结合,也包括电力。关于不动产致人损害的情形,我国《侵权责任法》第 85~86 条作了相应规定。《侵权责任法》没有对"产品"下专门的定义,可以根据《产品质量法》的规定进行判断。我国《产品质量法》第 2 条第 2 款规定:"本法所称产品是指经过加工、制作,用于销售的产品。"由于初级农产品一般未经过加工,因此一般也不属于我国"产品责任法"上的农产品。第 2 条第 3 款规定:"建设工程不适用本法规定;但是,建设工程使用的建筑材料、建筑构配件和设备,属于前款规定的产品范围的,适用本法规定。"产品是经过加工、制作并用于销售的产品,未经过加工、制作的不是产品,不适用《侵权责任法》关于产品缺陷的规定。来源于大自然的原始物品,如原煤、原油、直接捕捞的鱼虾、飞禽走兽等因未经过加工都不是产品。产品未进入流通领域,产品的制造者也不承担责任。❷

---

❶ 张万朋. 试论产品责任法上的"产品"[J]. 法律科学, 1990 (6):23-28.
❷ 刘静. 产品责任论 [M]. 北京:中国政法大学出版社, 2000.

(二) 产品缺陷的类型与判断

1. 产品缺陷的类型

"产品缺陷"是产品责任判定方面的一个关键概念，对其范围界定的大小决定产品责任范围的大小，对其标准掌握的松紧程度决定产品责任的严格程度。❶ 产品缺陷含义及种类的制度设计，反映出产品责任制度的演进。从这一制度演进过程来看，"产品缺陷"的含义在某些时期有所收缩；但从整体上看，种类有所增加，对于各种缺陷的界定逐步清晰而具体。各国产品责任理论往往将产品责任表述为严格责任（无过错责任），而在具体制度层面和在司法实践中，"产品缺陷"含义的界定又表明从某种程度上看产品责任实际上往往是过错责任，甚至有些类型的缺陷产品致人损害的侵权只能是过错责任。❷ 美国《侵权责任法重述第三版：产品责任》将产品缺陷分为制造缺陷、设计缺陷、产品警示说明不充分，其实设计缺陷和产品警示缺陷的存在就表明缺陷产品提供者有过错，虽然这些种类的产品责任形式依然被说成"严格责任"。❸ 设计缺陷是一种被普遍承认的缺陷，对于制造缺陷和警示缺陷的称谓有很多，但是实质差异不大。在我国，产品缺陷除了制造缺陷、设计缺陷和警示缺陷以外，根据《侵权责任法》第46条的规定，理论上认为还有"跟踪观察缺陷"。其实可以认为第46条所规定的产品责任是过错责任，因为该条法律规定了生产者、销售者的售后警示、召回义务，如有违反，即可认为其有过错。

本节在此具体探讨制造缺陷、设计缺陷、警示缺陷和跟踪观察缺陷。

(1) 制造缺陷。

制造缺陷，是产品的零部件、原材料存在缺陷或者产品在加工、制作方面出现问题最终导致产品存在缺陷。认定产品是否具有制造缺陷的标准，是产品因制造上的原因存在危及他人人身、财产安全的危险性或者不

---

❶ 王家福. 中国民法学：民法债权 [M]. 北京：法律出版社，1991.

❷ [美] 玛格丽特·格里菲斯. 欧洲经济共同体产品责任中的瑕疵问题 [J]. 张新宝，译. 环球法律评论，1990 (1)：56–59.

❸ [美] 美国法律研究院. 侵权法重述第三版：产品责任 [M]. 肖永平，等译. 北京：法律出版社，2006.

符合保障人体健康的国家标准或者行业标准。同样地，应以产品的使用在符合产品用途的前提下来判断产品是否有制造缺陷。没有合理使用产品或者超过保质期使用，都不能认定产品存在制造缺陷。❶

（2）设计缺陷。

设计缺陷是指产品结构、配方等设计上的原因使产品存在不合理危险或者不符合保障人体健康的国家标准、行业标准。同样，考察设计缺陷也要结合产品的用途。如果将产品用于设计用途以外的用途，就不能因此认为产品存在设计缺陷。

（3）警示缺陷。

警示缺陷，是指对产品所具有的危险没有作出警告或者对产品的性能、使用方法等没有作出指示说明，使产品存在危及他人人身、财产安全的不合理危险，或者违反了保障人体健康和人身、财产安全的国家标准、行业标准。我国许多法律条文明确规定了生产者、销售者的警示义务。如《产品质量法》第27条规定："产品或者其包装上的标识必须真实，并符合下列要求：（一）有产品质量检验合格证明；（二）有中文标明的产品名称、生产厂厂名和厂址；（三）根据产品的特点和使用要求，需要标明产品规格、等级、所含主要成份的名称和含量的，用中文相应予以标明；需要事先让消费者知晓的，应当在外包装上标明，或者预先向消费者提供有关资料；（四）限期使用的产品，应当在显著位置清晰地标明生产日期和安全使用期或者失效日期；（五）使用不当，容易造成产品本身损坏或者可能危及人身、财产安全的产品，应当有警示标志或者中文警示说明。裸装的食品和其他根据产品的特点难以附加标识的裸装产品，可以不附加产品标识。"第28条规定："易碎、易燃、易爆、有毒、有腐蚀性、有放射性等危险物品以及储运中不能倒置和其他有特殊要求的产品，其包装质量必须符合相应要求，依照国家有关规定作出警示标志或者中文警示说明，标明储运注意事项。"生产者、销售者没有按照法律的要求作出适当的警示与说明，从而造成他人人身、财产损害的，可能就要认定产品存在

---

❶ 刘静.产品责任论［M］.北京：中国政法大学出版社，2000.

缺陷。当然，产品缺陷的认定，还要结合产品的用途，若使用人不是按照产品的用途使用的，即使受到损害，也不认为产品有缺陷。

（4）跟踪观察缺陷。

《侵权责任法》第46条规定："产品投入流通后发现存在缺陷的，生产者、销售者应当及时采取警示、召回等补救措施。未及时采取补救措施或者补救措施不力造成损害的，应当承担侵权责任。"

各国一般规定"将产品投入流通时的科学技术水平尚不能发现缺陷的存在的"作为免责事由，它在一定程度上鼓励产品研发，有利于推动科技进步。但是为了更好地维护消费者的利益，法律还要规定生产者、销售者的跟踪观察义务。生产者、销售者在发现缺陷后，应及时采取警示、召回等补救措施，否则应承担侵权责任。❶ 警示是指对产品有关的危险或者产品的正确使用方法给予说明和提醒，《产品质量法》《消费者权益保护法》都有关于警示义务的规定。召回，是指通过退货、修理、更换等方式以减少缺陷产品致人损害的可能性。我国很多法律都有关于缺陷产品召回的规定，如2009年《中华人民共和国食品安全法》（以下简称《食品安全法》）第53条规定："国家建立食品召回制度。食品生产者发现其生产的食品不符合食品安全标准，应当立即停止生产，召回已经上市销售的食品，通知相关生产经营者和消费者，并记录召回和通知情况。食品经营者发现其经营的食品不符合食品安全标准，应当立即停止经营，通知相关生产经营者和消费者，并记录停止经营和通知情况。食品生产者认为应当召回的，应当立即召回。食品生产者应当对召回的食品采取补救、无害化处理、销毁等措施，并将食品召回和处理情况向县级以上质量监督部门报告。食品生产经营者未依照本条规定召回或者停止经营不符合食品安全标准的食品的，县级以上质量监督、工商行政管理、食品药品监督管理部门可以责令其召回或者停止经营。"

2. 产品缺陷的具体判断

产品缺陷不同于产品瑕疵。首先，一般认为缺陷的外延小于瑕疵的范

---

❶ 杨立新. 侵权责任法［M］. 北京：法律出版社，2010.

围。产品质量不符合合同约定的质量标准或者质量说明,是产品的瑕疵,但是只有这种瑕疵存在危及他人人身、财产安全的不合理危险时才说明产品存在缺陷。其次,因物的瑕疵承担的责任是违约责任,承担责任的方式包括修理、更换、退货及赔偿损失。而产品缺陷责任则是存在违约责任和侵权责任竞合的责任,若受损害人主张产品的制造者或者销售者承担侵权责任,则这种责任包括赔偿责任;若尚未造成实际损失,则被侵权人可要求侵权人承担排除妨碍、消除危险的责任。

  在各国的产品责任法中,"缺陷"都是一个关键概念。《欧共体产品责任指令》第6条规定,"(1)考虑到所有下列情况,如果产品不能提供人们有权期待的安全,即属于产品缺陷:a.产品的说明;b.符合产品本来用途的合理的使用;c.产品投入流通的时间。(2)不得以后来投入流通的产品更好为由认为以前的产品有缺陷"。法国、德国、英国等关于产品缺陷的定义,也都与《欧共体产品责任指令》第6条的规定保持一致。《法国民法典》第1386-4条规定:"不能提供可以合理期待的安全性的产品,为有缺陷的产品。""在评判何为可期待安全性时,应当考虑各种情形,尤其要考虑产品的介绍与人们可以合理期待的用途以及产品投入流通的时间。""如果后来投入流通的产品在性能上更加完善,仅凭这一事实,不得就认为此前的产品有缺陷。"《德国产品责任法》第3条规定:"考虑到下列所有情况,产品不能提供人们有权期待的安全性,就是存在缺陷的产品:(1)产品的说明;(2)能够投入合理期待的使用;(3)投放流通的时间。不得仅以后来投入流通的产品更好为理由,认为以前的产品有缺陷。"《荷兰新民法典》第186条也规定:"考虑到包括以下情形在内的所有情形,产品未提供人们有权期待的安全的,该产品为有缺陷:该产品的说明;对该产品的可合理期待的使用;该产品投入流通的时间。""一种产品不能仅因随后有更好的产品投入流通而被认为有缺陷。"《英国1987年消费者保护法》第3条也规定:"依本条下述规定,为本章之目的,如果产品不具有人们有权期待的安全性,该产品即存在缺陷;对产品而言,安全性包括组合到另一产品之中的产品安全性以及在造成人身伤害、死亡危险方面的安全性……"1997年英国法律委员会在"瑕疵产品责任"的报告中明确指出，产品缺陷是指产品投入流通时未达到人们有权期待的合理安全的标准。《日本制造物责任法》第 2 条第 2 款规定："本法所称的缺陷，是指考虑该制造物的特性、其通常遇见的使用形态、其制造业等交付该制造物时其他与该制造物有关的事项，该制造物欠缺通常应有的安全性。"从比较法上可以看出，很多国家在产品缺陷上只确定了一个标准，就是产品不具有人们期待的安全性，存在不合理的危险。而我国确定的标准，从形式上看有两个，即产品存在不合理危险或者产品不符合国家标准、行业标准。

根据 1988 年《中华人民共和国标准化法》第 6 条第 1 款的规定："对需要在全国范围内统一的技术要求，应当制定国家标准。国家标准由国务院标准化行政主管部门制定。对没有国家标准而又需要在全国某个行业范围内统一的技术要求，可以制定行业标准。行业标准由国务院有关行政主管部门制定，并报国务院标准化行政主管部门备案，在公布国家标准之后，该项行业标准即行废止。"当产品有上述保障人体健康和人身、财产安全的国家标准、行业标准时，若产品质量不符合该标准，则产品存在缺陷。若产品质量符合保障人体健康和人身、财产安全的国家标准、行业标准，但是有危及人身、财产安全的不合理危险时，仍然判断为产品存在缺陷。当产品没有保障人体健康和人身、财产安全的国家标准、行业标准时，以产品是否存在危及他人人身、财产安全的危险为判断标准。

缺陷是一种不合理的危险，合理的危险不是缺陷的范畴。比如有一些产品本身存在不安全性，如炸药、硫酸，但这些产品并不必然是缺陷产品。再如，吸烟有害健康，烟是一种危险产品，但是能够为消费者所认知，在一定程度上能通过自己的预防减少损害的发生，是能够安全消费的，所以烟也不必然是缺陷产品。判断产品是否具有不合理危险的关键是产品能否满足人们期待的安全性。从比较法上也可以看出，不能满足人们期待的安全性的产品，就是缺陷产品。

产品的不合理的危险，是指产品在合理使用过程中出现的危及他人人身安全、财产安全的危险，因此判断使用人是否合理使用了产品显得尤为重要。但是，消费者因为自身知识的局限，可能不知道产品的合理使用方法，因此法律对生产者、销售者也规定了一些义务。如 2013 年《消费者权益保护法》第 18 条第 1 款规定，经营者应当保证其提供的商品或者服务符合保障人身、财产安全的要求。对可能危及人身、财产安全的商品和服务，应当向消费者作出真实的说明和明确的警示，并说明和标明正确使用商品或者接受服务的方法以及防止危害发生的方法。2013 年《中华人民共和国药品管理法》第 54 条规定："药品包装必须按照规定印有或者贴有标签并附有说明书。标签或者说明书上必须注明药品的通用名称、成份、规格、生产企业、批准文号、产品批号、生产日期、有效期、适应症或者功能主治、用法、用量、禁忌、不良反应和注意事项。麻醉药品、精神药品、医疗用毒性药品、放射性药品、外用药品和非处方药的标签，必须印有规定的标志。"此外，法律一般会要求生产者对危险产品作出警示或者提示说明。对于任何产品而言，如果消费者按照使用说明的方法使用了产品，但是仍然造成损害，就说明该产品存在缺陷。

二、他人受到损害

损害是所有侵权责任的构成要件，缺陷产品造成损害是指缺陷产品造成使用人或者第三人损害。这里的损害包括人身损害、财产损害以及其他重大损失。我国《产品质量法》第 41 条第 1 款规定："因产品存在缺陷造成人身、缺陷产品以外的其他财产（以下简称他人财产）损害的，生产者应当承担赔偿责任。"第 44 条规定："因产品存在缺陷造成受害人人身伤害的，侵害人应当赔偿医疗费、治疗期间的护理费、因误工减少的收入等费用；造成残疾的，还应当支付残疾者生活自助具费、生活补助费、残疾赔偿金以及由其扶养的人所必需的生活费等费用；造成受害人死亡的，并应当支付丧葬费、死亡赔偿金以及由死者生前扶养的人所必需的生活费等费用。因产品存在缺陷造成受害人财产损失的，侵害人应当恢复原状或者折价赔偿。受害人因此遭受其他重大损失的，侵害人应当赔偿损失。"从中可以看出，我国《产品质量法》规定的损害有人身损害、财产损害和其他重大损失。财产损害是否包括缺陷产品本身的损失存在争论。大多数国家产品责任中的财产损害不包括缺陷产品的损失。我国《产品质量法》第

41条的规定不包括缺陷产品本身的损失，但是我国《侵权责任法》没有再将缺陷产品本身的损害排除在产品损害赔偿范围之外。本书认为依据"新法优于旧法"的规则，应当适用《侵权责任法》的规定，缺陷产品自身的损失包括在产品责任赔偿范围内。

三、因果关系

产品责任中的因果关系，是指产品存在缺陷与损害事实之间有引起与被引起的关系，产品存在缺陷是受害人受损的原因，受害人受损是产品存在缺陷造成的结果。但是在实践中，要证明产品的缺陷与损害之间有因果关系并不容易，有些因果关系是现在的科技水平难以证明的；有时候损害与产品缺陷不一定是一因一果关系，可能是多因一果或者多因多果的关系。然而，法律并没有规定举证责任倒置，所以因果关系仍须原告证明。

原告首先须证明产品有缺陷，其次要证明缺陷产品是被告生产或者销售的，最后要证明因缺陷产品遭受了损害，其中证明因缺陷产品遭受了损害尤其困难。因此在司法实践中，在因果关系证明的最后阶段就采用"推定"的方法，即只要原告或者受害人证明了产品存在缺陷，即使不能确切证明缺陷与损害之间存在因果关系，只要证明这种缺陷通常可以造成这种损害，就推定或认定因果关系成立。当然，生产者、销售者可以证明因果关系不存在或者证明存在免责情形，以主张自己不承担责任或者免除自己的责任。

第四节　产品责任的具体承担

产品责任承担中所涉及的具体问题主要涉及责任主体、责任方式以及抗辩事由。

一、责任主体

（一）生产者的认定

《侵权责任法》第41条规定了生产者的严格责任："因产品存在缺陷

造成他人损害的,生产者应当承担侵权责任。"《产品质量法》第41条第1款也规定了生产者的责任:"因产品存在缺陷造成人身、缺陷产品以外的其他财产(以下简称他人财产)损害的,生产者应当承担赔偿责任。"《民法通则》第122条规定的是产品制造者的责任:"因产品质量不合格造成他人财产、人身损害的,产品制造者、销售者应当依法承担民事责任。运输者、仓储者对此负有责任的,产品制造者、销售者有权要求赔偿损失。"但是这些法律都没有对"生产者"的概念作出界定。原则上,产品的生产者包括产品的设计者、制造者、生产商。此外,还有一些比较特殊的情况。

第一,当产品的缺陷是该产品的一个组成部分造成,而该部分是其他人生产时,如何确定产品的责任主体?对此,我国法律没有作出明确规定。从充分保护被侵权人的角度出发,应该认为该产品的最终生产者和用于制造最终产品的中间产品或者部件的提供者都应当作为生产者,就最终产品的质量负责。

第二,将自己的姓名、名称、商标或者可识别的其他标识体现在产品上的,为产品的制造者或者生产者。《最高人民法院关于产品侵权案件的受害人能否以产品的商标所有人为被告提起民事诉讼的批复》(法释〔2002〕22号)规定,任何将自己的姓名、名称、商标或者可识别的其他标识体现在产品上,表示其为产品制造者的企业或个人,均属于《民法通则》第122条的"产品制造者"和《产品质量法》规定的"生产者"。

第三,产品的进口商视为产品的生产者。为了保护被侵权人,避免其因管辖权的障碍无法对外国产品生产者起诉而无法获得救济,当产品是由国外进口时,产品的进口商应当作为产品的生产者对产品质量负责。

第四,销售者不能指明缺陷产品的生产者,也不能指明缺陷产品的供货者的,销售者视为生产者,承担责任。这要求销售者要谨慎选择货源,选择可靠的生产者和供货商。我国《产品质量法》和《食品安全法》等法律都对销售者的进货作出原则性规定,以保障产品安全,保护产品使用者和消费者。如《产品质量法》第33条规定:"销售者应当建立并执行进货检查验收制度,验明产品合格证明和其他标识。"

（二）销售者的认定

产品销售者是指将产品投入流通领域的生产者外的经销商。《侵权责任法》第42条规定："因销售者的过错使产品存在缺陷，造成他人损害的，销售者应当承担侵权责任。销售者不能指明缺陷产品的生产者也不能指明缺陷产品的供货者的，销售者应当承担侵权责任。"销售者包括产品的批发商、零售商、以融资租赁方式销售产品的人、提供产品作为奖品的人等。

（三）生产者与销售者之间的不真正连带责任

根据《侵权责任法》第43条的规定，被侵权人既可以向产品的生产者请求赔偿，也可以向产品的销售者请求赔偿。产品缺陷由生产者造成的，销售者赔偿后，有权向生产者追偿。因销售者的过错使产品存在缺陷的，生产者赔偿后，有权向销售者追偿。生产者和销售者之间是不真正连带责任关系，对外，两者都是责任人，被侵权人可以选择其一或者要求两者一起承担连带责任；但是生产者和销售者之间，若要确定追偿权，还要确定终局责任人。❶

（四）产品生产者、销售者以外的主体对侵权责任的承担

产品生产者、销售者就产品缺陷致人损害承担无过错侵权责任，这是产品责任制度的核心。此外，还有一些民事主体依法要承担侵权责任。❷例如，2013年《最高人民法院关于审理食品药品纠纷案件适用法律若干问题的规定》（以下简称《规定》）就集中规定了一些经营者所要承担的相关责任。

其中，上述《规定》第8条规定："集中交易市场的开办者、柜台出租者、展销会举办者未履行食品安全法规定的审查、检查、管理等义务，

---

❶ 席书旗．论产品质量纠纷中供货者的责任［J］．山东师范大学学报（人文社会科学版），2008（5）：152-157．

❷ 高圣平．论产品责任的责任主体及归责事由——以《侵权责任法》"产品责任"章的解释论为视角［J］．政治与法律，2010（5）：2-9．

发生食品安全事故，致使消费者遭受人身损害，消费者请求集中交易市场的开办者、柜台出租者、展销会举办者承担连带责任的，人民法院应予支持。"在此，集中交易市场的开办者、柜台出租者、展销会举办者承担的是过错责任。

上述《规定》第9条规定："消费者通过网络交易平台购买食品、药品遭受损害，网络交易平台提供者不能提供食品、药品的生产者或者销售者的真实名称、地址与有效联系方式，消费者请求网络交易平台提供者承担责任的，人民法院应予支持。网络交易平台提供者承担赔偿责任后，向生产者或者销售者行使追偿权的，人民法院应予支持。网络交易平台提供者知道或者应当知道食品、药品的生产者、销售者利用其平台侵害消费者合法权益，未采取必要措施，给消费者造成损害，消费者要求其与生产者、销售者承担连带责任的，人民法院应予支持。"网络交易平台提供者不能提供食品、药品的生产者或者销售者的真实名称、地址与有效联系方式的，并不意味着其对损害结果的发生有原因力和有过错，但是其经营管理存在疏漏，对消费者不能追究生产者、销售者民事责任还是存在过错，因此，网络交易平台提供者承担的依然是过错责任。网络交易平台提供者知道或者应当知道食品、药品的生产者、销售者利用其平台侵害消费者合法权益，未采取必要措施，即为存在过错，故网络交易平台承担过错责任。

上述《规定》第10条规定："未取得食品生产资质与销售资质的个人、企业或者其他组织，挂靠具有相应资质的生产者与销售者，生产、销售食品，造成消费者损害，消费者请求挂靠者与被挂靠者承担连带责任的，人民法院应予支持。消费者仅起诉挂靠者或者被挂靠者的，必要时人民法院可以追加相关当事人参加诉讼。"被挂靠者允许未取得食品生产资质与销售资质的个人、企业或者其他组织挂靠，即有过错，故被挂靠者承担过错责任。

上述《规定》第11条规定："消费者因虚假广告推荐的食品、药品存在质量问题遭受损害，依据消费者权益保护法等法律相关规定请求广告经营者、广告发布者承担连带责任的，人民法院应予支持。社会团体或者其他组织、个人，在虚假广告中向消费者推荐食品、药品，使消费者遭受损害，消费者依据消费者权益保护法等法律相关规定请求其与食品、药品的生产者、销售者承担连带责任的，人民法院应予支持。"虚假广告经营者、发布者、推荐者承担的是无过错责任。

上述《规定》第12条规定："食品、药品检验机构故意出具虚假检验报告，造成消费者损害，消费者请求其承担连带责任的，人民法院应予支持。食品、药品检验机构因过失出具不实检验报告，造成消费者损害，消费者请求其承担相应责任的，人民法院应予支持。"很显然，这里所规定的食品、药品检验机构承担的责任是过错责任。

上述《规定》第13条规定："食品认证机构故意出具虚假认证，造成消费者损害，消费者请求其承担连带责任的，人民法院应予支持。食品认证机构因过失出具不实认证，造成消费者损害，消费者请求其承担相应责任的，人民法院应予支持。"很明显，食品认证机构承担过错责任。

然而，运输者、仓储者即使对产品缺陷存在过错，也并不直接对受损害人承担责任，而只是承担终局责任。根据《侵权责任法》第44条的规定，因运输者、仓储者等第三人的过错使产品存在缺陷，造成他人损害的，产品的生产者、销售者赔偿后，有权向第三人追偿。从该条规定中可以看出，产品的运输者、仓储者并不对被侵权人直接承担赔偿责任，因运输者、仓储者等第三人的过错使产品存在缺陷，造成他人损害的，仍然由生产者或者销售者先向被侵权人承担赔偿责任；生产者或者销售者赔偿后，有权向运输者、仓储者等第三人追偿。

二、责任方式

传统产品责任的责任方式主要包括损害赔偿以及排除妨碍与消除危险。近年来，为了提高对消费者的保护力度，各国又纷纷引入了惩罚性赔偿。

（一）赔偿损失

因产品缺陷造成他人损害的，受害人可以向产品的生产者要求赔偿，也可以向产品的销售者要求赔偿。赔偿损失是最普遍的侵权责任承担方式。缺陷产品造成他人人身伤亡的，侵权人应当赔偿医疗费、误工费、护理费等；造成残疾的，还要支付残疾赔偿金、残疾生活辅助具费；造成死亡的，要支付丧葬费、死亡赔偿金等费用。缺陷产品造成他人财产损失的，应当赔偿损失。

（二）排除妨碍、消除危险

依据《侵权责任法》第45条的规定，因产品缺陷危及他人人身、财产安全的，被侵权人有权请求生产者、销售者承担排除妨碍、消除危险等侵权责任。该条提供了预防性保护措施，适用于损害尚未实际发生的情形，能有效预防损害，为民事主体提供更为全面的保护。

（三）惩罚性赔偿

《侵权责任法》第47条规定："明知产品存在缺陷仍然生产、销售，造成他人死亡或者健康严重损害的，被侵权人有权请求相应的惩罚性赔偿。"惩罚性赔偿主要在于对侵权人进行惩罚和威慑，而不是对被害人进行补偿，因此其具体的赔偿数额不是依被害人的损失而定，而是要结合侵权人主观上的可非难程度、获利数额等因素加以综合确定。

适用惩罚性赔偿的条件有：（1）生产者、销售者明知产品存在缺陷仍然生产、销售，主观状态上必须是明知；（2）损害结果上必须是造成他人死亡或者健康严重受损。❶

除了《侵权责任法》，我国还有其他法律规定了惩罚性赔偿。如2013年《消费者权益保护法》第55条规定："经营者提供商品或者服务有欺诈行为的，应当按照消费者的要求增加赔偿其受到的损失，增加赔偿的金额为消费者购买商品的价款或者接受服务的费用的三倍；增加赔偿的金额不足五百元的，为五百元。法律另有规定的，依照其规定。经营者明知商品或者服务存在缺陷，仍然向消费者提供，造成消费者或者其他受害人死亡

---

❶ 胡兰玲，王怒蕾．论惩罚性赔偿在产品责任中的适用［J］．理论与现代化，2000（4）：118-122．

或者健康严重损害的,受害人有权要求经营者依照本法第四十九条、第五十一条等法律规定赔偿损失,并有权要求所受损失二倍以下的惩罚性赔偿。"第49条规定的是经营者提供商品或者服务造成消费者或者其他受害人人身伤害、残疾或者死亡的赔偿标准;第51条规定的是经营者侵害消费者或者其他受害人人身权益造成严重精神损害的"精神损害赔偿"。2009年《食品安全法》第96条规定:"违反本法规定,造成人身、财产或者其他损害的,依法承担赔偿责任。生产不符合食品安全标准的食品或者销售明知是不符合食品安全标准的食品,消费者除要求赔偿损失外,还可以向生产者或者销售者要求支付价款十倍的赔偿金。"

三、抗辩事由

《产品质量法》第41条第2款规定:"生产者能够证明有下列情形之一的,不承担赔偿责任:(一)未将产品投入流通的;(二)产品投入流通时,引起损害的缺陷尚不存在的;(三)将产品投入流通时的科学技术水平尚不能发现缺陷的存在的。"

(一)未将产品投入流通

未将产品投入流通,是指产品没有进入流通领域或者产品进入流通领域不是因为生产者的意愿。出售、出租、抵押、质押等都是投入流通。产品的生产者生产了缺陷产品,但是产品没有投入流通的,生产者不承担赔偿责任。

(二)产品投入流通时引起损害的缺陷尚不存在

产品投入流通时,产品没有缺陷的,生产者不承担赔偿责任。但此处的"不承担赔偿责任"并不是免除直接责任,而是免除终局责任。产品投入流通后,可能因为运输者、销售者的原因使产品产生缺陷,依据《侵权责任法》的相关规定,受害人仍可以向生产者请求赔偿,生产者赔偿后再对销售者或者运输者、仓储者追偿。所以,这里所谓的产品投入流通时"引起损害的缺陷尚不存在的"情形下的生产者不承担赔偿责任应作狭义解释,对于因运输者、仓储者、销售者的原因使产品产生缺陷的,被侵权人仍然有权要求生产者承担赔偿责任，但生产者不承担终局责任。因受害人自己的原因使产品存在缺陷的，生产者不承担赔偿责任。

（三）将产品投入流通时的科学技术水平尚不能发现缺陷的存在

如果生产者要为产品投入流通时科技水平无法发现的缺陷承担赔偿责任的话，不利于生产者研发新产品，不利于科学技术的进步。

除上述的生产者不承担责任的事由以外，产品缺陷和受害人或受害人应对之负责的人的过错共同导致损害发生的，减轻或免除生产者的责任。例如，当受害人不正确使用缺陷产品也是损害发生的原因时，应根据原因力大小和过错大小以判断是免除还是减轻生产者责任。其理由是因果关系和受害人或受害人应对之负责的人的过错；而其法律依据是《侵权责任法》第26条、第27条的规定。

第五节　产品缺陷判断的典型案例

一、基本案情

2003年6月，原告武某的母亲张某从被告丽婴房公司设在被告上海第一八佰伴有限公司的柜台购买了一个由被告贝亲株式会社生产的微波炉奶瓶消毒盒。该奶瓶消毒盒内有一给水盘用于盛水以供微波炉加热成水蒸气后消毒。给水盘在结构上内侧低、外侧高，内侧边缘可以卡在盒身内底侧一凸起部位之下，使用时奶瓶架置于给水盘之上，可以在一定程度上压住给水盘，如奶瓶架上再放置奶瓶则可以基本固定给水盘的位置；给水盘外侧有一道边缘，如盒盖被打开且受较大压力导致给水盘下滑，给水盘的外侧边缘可以卡在打开的盒盖上，再加上奶瓶架的阻隔，除非消毒盒整体翻起，否则给水盘中的水不会大量溢出；消毒盒的盒身与盒盖连接处有一段长约3厘米、弧度约20度的向上弯曲部分，如盒身基本保持水平，则可以防止盒内底部积水的溢出；盒身底部设置了一个放水孔，用于打开盒盖前放出盒内的残留水；相比盒盖，盒身的体积较大、重量较重，接近盒盖盒身连接处的盒身底部有两个凸起的支点，这样在一定程度上有利于消毒盒盒身重心的稳定。该奶瓶消毒盒配有中日文说明书各一份。中文说明书第一部分配合图示介绍了消毒盒的各个部件的名称，第二部分介绍了产品的特征，第三部分按顺序并配合示意图分8点就使用流程进行说明，第四部分为注意事项，第五部分对产品的规格作了说明。其中，"使用说明"第3点要求在给水盘中放入约50毫升的水；第7点要求在消毒后将消毒盒继续置于微波炉内一段时间等待冷却，然后用双手水平取出，并提示消毒后消毒盒将变得十分烫手；第8点要求将消毒盒放在水平面上，打开放水栓并倾斜盒身将残余的水放出，并当心热水烫手。"注意事项"第1点要求一定加50毫升水入给水盘内，绝不要空加热；第4点要求从微波炉中放入或取出消毒盒时一定要保持水平，否则水会流出。日文说明书比中文说明书详细，警示说明中有一句日文为"勿让儿童靠近"，但该表述在中文说明中并未出现。

2003年7月，原告出生后，原告的家人即使用该奶瓶消毒盒为原告的奶瓶消毒。在近21个月的使用期间内，原告的家人按照该产品的中文使用说明书进行操作，未发生任何问题。2005年4月17日，原告的家人在使用该产品进行奶瓶消毒的过程中，在经微波炉加热后，未遵守在微波炉内进行冷却的操作规程，而是打开了微波炉炉门；在消毒盒尚未冷却的情况下，又打开了消毒盒盒盖，且未按使用说明的要求在打开盒盖前将盒内残余的水放掉。随后，原告的母亲张某在厨房中取奶粉打算为原告冲奶粉。这时，原告进入厨房，伸手抓到打开了盒盖的奶瓶消毒盒，导致该奶瓶消毒盒整体翻起，盒内覆出的热水将原告的脸部、颈部、前胸部多处烫伤。原告的家人随即用冷水对原告进行了紧急处理，然后叫救护车将原告送上海市医疗急救中心救治。2005年4月19日起，原告前往医院多次治疗。

二、裁判结果

上海市浦东新区人民法院认为：生产者承担产品责任的前提是产品存在缺陷，同时该缺陷与损害具有因果关系。所谓缺陷，是指产品存在危及他人人身、财产安全的不合理的危险。本案所涉奶瓶消毒盒，其工作原理为通过微波炉加热盒内给水盘的水，使之产生高温水蒸气，以达到消毒的效果。经过加热的消毒盒在一段时间内尚处于高温状态，此时该消毒盒无疑存在一定的危险，但该危险是消毒盒达到其功能的必然结果，故属于合理的危险。作为本身具有一定合理危险的产品，其使用规程具有相当之重要性，判断其是否存在缺陷不能与使用规程相分离，尤其是不能与防范危险转化为现实的基本规程相分离。本案所涉消毒盒的中文说明书明确指示了两个重要的操作步骤：一是要求消毒后消毒盒继续置于微波炉内一段时间等待冷却，二是要求将消毒盒放在水平面上，打开放水栓并倾斜盒身将残余的水放出。且该两个操作步骤均作了防烫警示。同时，中文说明书注意事项部分还对从微波炉中取出消毒盒时一定要保持水平作了专门提示。上述操作步骤和注意事项提示，系为防止烫伤事件发生而设定的关键的也是基本的使用规程，而且操作起来并无难度。使用者应当遵守产品的基本使用规程，是生产者合理的期待；对生产者在产品设计方面是否已经尽到足够的审慎注意义务的衡量，不能脱离这一合理期待。本案所涉奶瓶消毒盒在结构设计上，通过给水盘与奶瓶架、奶瓶、盒盖、盒体内底侧的凸起物的空间位置关系、给水盘本身的形状、消毒盒盒身的弧度部分、盒盖与盒身的重量比较、支点位置等设计细节，已经足以保障在使用者基本遵守使用规程的前提下不会发生烫伤的危险。故认定本案所涉产品并无生产设计上的缺陷。本案所涉消毒盒的中文产品说明书，已经通过文字结合图示的方法，对产品的结构、使用步骤、注意事项作了明确的说明。一个正常的成年人，通过参阅该中文说明书，已经足以安全使用该产品。原告的家人在原告烫伤前长达21个月的时间内，遵守了中文说明书的要求使用该产品，未发生任何问题，便是明证。中文说明书对于使用该消毒盒的成年人亦多次提出防烫的警示，而让缺乏认知能力的幼儿远离高温状态下的该消毒盒，是一个正常成年人没有理由不知晓的常识。说明书中有否"勿让儿童靠近"的警示语，并不构成一个正常成年人尽到该项注意义务的依据。故此，日文说明书中关于"勿让儿童靠近"的警示语在中文说明书中未出现，只能说明日文说明书更加完善，但不能即得出中文说明书存在指示缺陷的结论,故认定本案所涉产品无指示上的缺陷。被告贝亲株式会社还生产有另一种型号的奶瓶消毒盒,但该产品为其新开发的类型,与本案所涉产品有很大的差异,而非对本案所涉产品的纠正。该新产品的存在,并不构成本案所涉产品存在缺陷的证明。综上,本案所涉产品并不存在我国《产品质量法》第 46 条所规定的缺陷。原告之所以被烫伤,是因为事故当日原告的家人未遵守奶瓶消毒盒的基本操作步骤,而且也没有尽到监护的注意义务所致。该事故的发生,与三被告无法律上的因果关系。故此,原告要求三被告承担产品责任,缺乏事实和法律的依据。依照《中华人民共和国产品质量法》第 46 条之规定,一审判决原告武某的诉讼请求不予支持。一审宣判后,原告和三被告均未提起上诉。❶

---

❶ (2005)浦民一(民)初字第 16681 号.

第六章 机动车交通事故责任

第一节 机动车交通事故责任概述

根据2011年《中华人民共和国道路交通安全法》（以下简称《道路交通安全法》）第119条的规定，"交通事故"，是指车辆在道路上因过错或者意外造成的人身伤亡或者财产损失的事件。因此，机动车交通事故就是机动车在道路上造成人身伤亡、财产损失的事件。机动车交通事故责任就是机动车保有人因机动车交通事故承担的责任。

机动车交通事故责任具备以下三个特征。

（一）机动车交通事故责任发生在道路交通领域

机动车交通事故责任发生在道路中，是在道路交通活动中发生的机动车之间、机动车与行人或者机动车与非机动车之间的人身伤亡或者财产损害事故。不发生在道路上的事故不属于机动车交通事故。所谓"道路"，是指公路、城市道路和虽在单位管辖范围但允许社会机动车通行的地方，包括广场、公共停车场等用于公众通行的场所。

（二）机动车交通事故责任中至少有一方责任主体为机动车

机动车交通事故责任是发生在机动车之间或者机动车与非机动车、行人之间的事故，非机动车之间、非机动车与行人之间的事故责任不适用机动车交通事故责任。

（三）机动车交通事故责任既有专门法调整也有基本法调整

《道路交通安全法》是调整机动车交通事故责任的专门法律，该法对机动车交通事故责任的归责原则、构成要件、免责事由等都作了专门规定。故《侵权责任法》第48条规定："机动车发生交通事故造成损害的，依照道路交通安全法的有关规定承担赔偿责任。"除了专门法之外，基本法也对机动车交通事故责任作出调整。《侵权责任法》设专章（第六章）"机动车交通事故责任"对机动车特殊责任主体作出了规定。因此，在适用法律时，既要适用专门法的规定，也要适用基本法的规定。❶

另外，机动车交通事故责任，既包括人身损害赔偿责任，也包括财产损害赔偿责任。其中，人身损害赔偿问题更为复杂。

第二节　机动车交通事故责任的归责原则

机动车交通事故责任的归责原则经过了一个发展过程，大体上可以分为三个阶段。

第一个阶段是按照过错责任原则来处理的。受害人只有证明侵权人有过错才能获得相应赔偿，否则侵权人不承担责任。

第二个阶段是按照无过错责任或者过错推定责任来处理交通事故赔偿问题的。学理上认为采用无过错责任或者过错推定责任的主要理由有三点：第一，导致交通事故发生的原因是多方面的，不只是驾驶员的过错，天气状况、交通设施状况、车辆的性能等都能引起交通事故的发生。第二，发生交通事故，行人或者非机动车一方处于相对弱势地位，容易受到伤害，机动车在行驶中对行人、非机动车一方具有危险性。加重机动车一方的责任更能避免事故的发生。第三，在道路交通中，机动车一方享受了机动车带来的便利，作为受益者，也要承担更多的风险。

第三阶段是在无过错责任或者过错推定责任制度的基础上，同时建立第三者责任强制保险和商业性质的自愿保险等制度，来解决道路交通事故赔偿问题。虽然无过错责任原则或者过错推定责任原则相比于过错责任原

---

❶ 刘娇．机动车交通事故损害赔偿责任比较研究［D］．大连：大连海事大学，2012．

则，能更好地保护受害人的利益，但是仍然存在问题。一是耗时长，受害人要从加害人处获得赔偿往往要经历很长时间，受害人得不到及时的救济。二是机动车交通事故通常后果严重，责任重大，机动车一方可能没有能力赔偿。为了解决这一难题，多数国家开始建立第三者责任强制保险制度，事故发生后，原则上无论机动车一方有无过错，受害人都能在第三者责任强制保险的范围内从保险公司获得赔偿。机动车一方当事人通常还同时办理自愿的商业保险，来分散和化解风险，增强事故发生时的赔偿能力。此外，我国还规定了道路交通事故社会救助基金制度。❶

目前，机动车交通事故责任的归责原则是一个二元体系，即机动车之间发生交通事故时适用过错责任原则，机动车与非机动车、行人之间发生交通事故时适用无过错责任原则。❷

一、机动车之间发生交通事故时适用过错责任原则

根据《道路交通安全法》第76条第1款第（1）项的规定，机动车之间发生交通事故造成人身伤亡、财产损失的，由保险公司在机动车第三者责任强制保险责任限额范围内予以赔偿；不足的部分，由有过错的一方承担赔偿责任；双方都有过错的，按照各自过错的比例分担责任。即机动车之间发生交通事故，第三者责任强制保险责任限额范围外的部分依"过错责任原则"赔偿。有过错就有责任，无过错就没有责任。采用"过错责任原则"的原因是机动车之间没有强弱之分，不存在采用"无过错责任原则"保护所谓"弱势"的受损人的客观基础。

---

❶ 王利民，刘娇. 机动车交通事故损害赔偿的归责原则 [J]. 辽宁大学学报（哲学社会科学版），2012（6）：112-119.

❷ 杨立新. 我国道路交通事故责任归责原则研究 [J]. 法学，2008（10）：109-118.

二、机动车与非机动车、行人之间发生交通事故时适用无过错责任原则

根据《道路交通安全法》第76条第1款第（2）项的规定，机动车与非机动车驾驶人、行人之间发生交通事故，造成人身伤亡、财产损失的，由保险公司在机动车第三者责任强制保险责任限额范围内予以赔偿；不足的部分，按照下列规定承担赔偿责任：非机动车驾驶人、行人没有过错的，由机动车一方承担赔偿责任；有证据证明非机动车驾驶人、行人有过错的，根据过错程度适当减轻机动车一方的赔偿责任；机动车一方没有过错的，承担不超过10%的赔偿责任。从该项规定可以看出，即使机动车一方没有任何过错，也要承担不超过10%的责任，并且侵权人只有在法定的免责事由下才能免责。所以，机动车与非机动车、行人之间的交通事故适用无过错责任原则。

第三节　机动车交通事故责任的构成要件

与归责原则的二元体系相对应，机动车交通事故责任的构成要件也可以分为机动车之间发生交通事故责任的构成要件以及机动车与非机动车、行人之间发生交通事故责任的构成要件。

一、机动车之间发生交通事故责任的构成要件

机动车之间发生交通事故责任的构成要件包括：肇事行为、损害、因果关系与过错四个方面。

（一）机动车的当事人在道路上实施了肇事行为

机动车在道路上是界定"交通"概念的核心要素，也是构成交通事故责任的状态条件。也就是说，界定机动车与道路的范围，决定着是否适用机动车交通事故责任的有关规定。若是非机动车之间发生的或者非机动车与行人间发生的交通事故，则不适用机动车交通事故责任的有关规定，而

适用一般侵权行为规则；与此同时，若不是发生在道路上的侵权事故，则不会产生"机动车交通事故责任"，而应按照一般侵权行为处理。此外，只有车辆在运行中发生交通损害事故才产生机动车交通事故责任。机动车没有运动但是仍然处于交通中并且机动车产生的危险状态仍然存在的，也视为机动车处于运行中。

机动车交通事故侵权责任的构成，以机动车一方或者双方的违法行为（违反道路交通安全法规的违法行为）为要件。《道路交通安全法》以及其他相关法律、法规规定了机动车驾驶人要遵守的规则，这些规则都是为了保护交通安全。机动车驾驶人不遵守这些规则就构成交通违法行为。

需要说明的是，肇事行为要件是否构成的关键还在于识别"机动车"与"道路"这两个概念。

1. 机动车

根据《道路交通安全法》第119条第（3）项的规定，"机动车"是指以动力装置驱动或者牵引，上道路行驶的供人员乘用或者用于运送物品以及进行工程专项作业的轮式车辆。轮式车辆是以车轮作为运行形式的车辆，因此履带式机动车不包括在内，履带式机动车造成交通事故适用一般侵权责任规则。动力装置驱动是指以机械、电力等动力驱动车辆，不同于人力和畜力驱动，以人力或者畜力驱动的是非机动车。第119条第（4）项则规定，"非机动车"是指以人力或者畜力驱动，上道路行驶的交通工具，以及虽有动力装置驱动但设计最高时速、空车质量、外形尺寸符合有关国家标准的残疾人机动轮椅车、电动自行车等交通工具。因此，凡是以人力或者畜力驱动的，如自行车、板车、三轮车等都不是机动车。气垫船一般也不被认为是机动车。轨道通行的机动车虽然属于机动车，但不适用机动车交通事故责任法，而适用《侵权责任法》规定的高速轨道运输工具侵权的规定。❶ 具体来说，适用《道路交通安全法》《侵权责任法》的机

---

❶ 刘士国. 侵权责任法重大疑难问题研究 [M]. 北京：中国法制出版社，2009.

动车，主要包括汽车、摩托车、电车、拖拉机以及轮式专用机械车。❶

2. 道路

根据《道路交通安全法》第 119 条第（1）项的规定，"道路"是指公路、城市道路和虽在单位管辖范围但允许社会机动车通行的地方，包括广场、公共停车场等用于公众通行的场所。公路是指城市间、城乡间、乡间供汽车行驶的具备一定技术标准的道路。城市道路是指城市中供车辆、行人通行的具备一定技术条件和设施的道路。单位管辖范围内的道路若不对外开放，则不是道路，只有这些单位范围内的道路准许社会机动车通行才是道路，这种条件下才适用《道路交通安全法》处理机动车侵权事故。

（二）造成损害

损害包括人身损害和财产损害。财产损害是受害人因交通事故而遭受的财产方面的损失，因人身受到侵害而发生的各种财产损失的赔偿属于财产损害赔偿。人身损害是交通事故导致的受害人生命权、身体权、健康权等人身方面的损害，人身受到伤害的，受害人还可以依法请求精神损害赔偿。

机动车造成的损害既包括本车上人员的损害，也包括其他机动车上人员的损害。

（三）肇事行为与损害之间有因果关系

损害必须是因为机动车的运行所致，即机动车一方或者双方肇事与损害的发生有因果关系。若没有肇事行为，就不会有损害的发生，则肇事行为是损害发生的原因。如果损害的发生并不是因为机动车的运行而是因为其他原因，如车上物件掉落或车本身自燃致他人财产或人身损害，就不是机动车侵权责任，而为物件责任或者产品责任。

（四）行为人具有过错

机动车之间的交通事故责任采用过错责任原则，只有加害人对损害的

---

❶ 刘娇. 机动车交通事故损害赔偿责任比较研究［D］. 大连：大连海事大学，2012.

发生有过错时才需承担责任，双方都无过错的，都不承担责任。对过错的认定采用的是客观标准，即行为人是否违反了道路交通安全法律、法规、规章。在司法实践中，法院主要是通过公安机关道路交通管理部门的《交通事故责任认定书》作为判断行为人有无过错的依据。

二、机动车与非机动车、行人之间发生交通事故责任的构成要件

机动车对非机动车、行人侵权的构成要件包括：一是机动车处于运行中；二是非机动车、行人一方遭受了损害，损害是一切侵权责任的构成要件，在机动车交通事故责任中也是如此；三是机动车的运行与损害有因果关系，机动车处于运行中是损害发生的直接原因。机动车致行人、非机动车损害的责任的构成要件与机动车之间的事故责任的构成要件不同的是，不考虑机动车一方的过错，即机动车致行人、非机动车损害的侵权责任不以机动车一方有过错为要件。依据《道路交通安全法》第76条的相关规定，机动车与非机动车、行人发生交通事故，机动车一方没有过错的，承担不超过10%的赔偿责任，有证据证明非机动车、行人有过错的，根据过错程度适当减轻机动车一方的赔偿责任。从该条可以看出，机动车一方侵权责任的构成与该方当事人有无过错没有关系。机动车驾驶行为是一种高度危险"作业"，"无过错原则"是各国普遍采用的原则。

第四节　机动车交通事故责任的具体承担

机动车交通事故责任的承担中涉及很多特殊情况与具体细节，本节将在探讨责任承担所涉及的一般问题的基础上，对各特殊情境展开分析。

一、机动车交通事故责任承担的一般问题

（一）责任主体的认定

机动车责任主体是对交通事故承担赔偿责任的主体。一般情况下，机

动车的所有人就是责任主体。依据《道路交通安全法》第 8 条的规定，"国家对机动车实行登记制度。机动车经公安机关交通管理部门登记后，方可上道路行驶。尚未登记的机动车，需要临时上道路行驶的，应当取得临时通行牌证"。因此，我们可以通过机动车的登记来判断使用人是否是机动车所有人。但是有时机动车所有人和使用人并不是同一人，在两者分离的情况下，如何确定责任主体呢？《道路交通安全法》第 76 条规定了机动车交通事故责任，但是对责任主体的规定并不明确，只是使用了"机动车一方"的表述，在使用人与所有人分离的情况下，如何界定机动车一方显得尤为困难。

目前，关于机动车交通事故责任主体的认定，学界和实务界大都认同从运行支配与运行利益归属两方面进行考量。所谓运行支配就是对发生事故的机动车的运行有事实上的支配和控制权利；所谓运行利益就是从机动车的运行中获得利益。最高人民法院的司法解释也体现了以运行利益和运行支配作为认定机动车交通事故责任主体的立场。❶

（二）减责与免责事由

机动车之间的交通事故采用过错责任原则，并且根据双方的原因力大小和过错轻重判断各自责任。机动车与行人、非机动车之间的交通事故采用无过错责任原则，当有证据证明非机动车、行人一方有过错时，根据过错程度适当减轻机动车一方的责任；当机动车一方无过错时，承担不超过 10% 的责任。

法定的免责事由规定在《道路交通安全法》第 76 条第 2 款，交通事故的损失是由非机动车驾驶人、行人故意碰撞机动车造成的，机动车一方不承担赔偿责任。非机动车、行人故意碰撞机动车主要指被侵权人自杀、自残或者"碰瓷"的情况。机动车一方应就被侵权人故意碰撞机动车负举证责任。如果被侵权人故意违反交通法规，但是并没有故意碰撞机动车造成交通事故，机动车一方就不能免责，只能将被侵权人的行为作为减责

---

❶ 李新天，印通. 论机动车交通事故责任的赔偿主体 [J]. 时代法学，2014 (6)：20-26.

事由。

2012年《最高人民法院关于审理道路交通事故损害赔偿案件适用法律若干问题的解释》第9条第2款规定："依法不得进入高速公路的车辆、行人，进入高速公路发生交通事故造成自身损害，当事人请求高速公路管理者承担赔偿责任的，适用侵权责任法第七十六条的规定。"《侵权责任法》第九章"高度危险责任"第76条规定："未经许可进入高度危险活动区域或者高度危险物存放区域受到损害，管理人已经采取安全措施并尽到警示义务的，可以减轻或者不承担责任。"

二、机动车交通事故责任承担的特殊情境

（一）挂靠与套牌中的责任承担

2012年《最高人民法院关于审理道路交通事故损害赔偿案件适用法律若干问题的解释》第3条明确规定："以挂靠形式从事道路运输经营活动的机动车发生交通事故造成损害，属于该机动车一方责任，当事人请求由挂靠人和被挂靠人承担连带责任的，人民法院应予支持。"

2012年《最高人民法院关于审理道路交通事故损害赔偿案件适用法律若干问题的解释》第5条明确规定："套牌机动车发生交通事故造成损害，属于该机动车一方责任，当事人请求由套牌机动车的所有人或者管理人承担赔偿责任的，人民法院应予支持；被套牌机动车所有人或者管理人同意套牌的，应当与套牌机动车的所有人或者管理人承担连带责任。"

（二）租赁、借用机动车情形下的责任承担

机动车出租人将机动车出租给承租人[1]，发生交通事故的，究竟是机动车所有人与使用人共同承担责任还是由使用人单独承担责任呢？对此，有三种不同的观点。第一种观点认为该情形是为了出租方和承租方的共同

---

[1] 这里的机动车出租，仅指"光车出租"，即出租公司仅出租机动车，并不附带驾驶人。"出租"机动车，并将驾驶人连带"出租"的，名为"出租"，实为运输，应由机动车所有人一方就机动车侵权承担无过错责任。

利益而从事经营活动,按照运行利益理论,由出租人和承租人承担连带责任。第二种观点认为机动车出租后,承租人是机动车的运行支配者和运行利益的享有者,应由承租人承担责任。第三种观点认为出租人是机动车的保有者,应由出租人承担责任,承租人负过错责任。

另外,借用机动车一般发生在亲友、熟人之间,借用人在驾驶机动车发生交通事故的时候,是由借用人承担责任还是借用人与所有人一起承担责任呢?

《侵权责任法》第49条对租赁和借用的问题作出了规定:"因租赁、借用等情形机动车所有人与使用人不是同一人时,发生交通事故后属于该机动车一方责任的,由保险公司在机动车强制保险责任限额范围内予以赔偿。不足部分,由机动车使用人承担赔偿责任;机动车所有人对损害的发生有过错的,承担相应的赔偿责任。"即租赁、借用的情况下,发生交通事故的,先由保险公司在机动车强制保险责任限额内予以赔偿,不足部分,由使用人即承租人、借用人承担责任。机动车所有人有过错的,承担相应的赔偿责任。至于使用人有过错的具体情形,2012年《最高人民法院关于审理道路交通事故损害赔偿案件适用法律若干问题的解释》第1条有明确规定:"机动车发生交通事故造成损害,机动车所有人或者管理人有下列情形之一,人民法院应当认定其对损害的发生有过错,并适用侵权责任法第四十九条的规定确定其相应的赔偿责任:(一)知道或者应当知道机动车存在缺陷,且该缺陷是交通事故发生原因之一的;(二)知道或者应当知道驾驶人无驾驶资格或者未取得相应驾驶资格的;(三)知道或者应当知道驾驶人因饮酒、服用国家管制的精神药品或者麻醉药品,或者患有妨碍安全驾驶机动车的疾病等依法不能驾驶机动车的;(四)其他应当认定机动车所有人或者管理人有过错的。"法律作此规定的理由在于:出租人、出借人在将机动车出租、借用给他人时,就丧失了对机动车是否会给他人带来损害的直接控制力。承租人、借用人作为机动车的使用人,既有运行支配力,也享有机动车运行带来的利益,因此成为责任主体。

虽然法律将租赁、借用规定在一个条文中,但是租赁和借用实际上是有区别的。机动车租赁是有偿的,而机动车借用是无偿的。出租人获得租金，获得物质利益，而出借人一般不会获得物质利益。出租人可以通过定价机制等转移风险，而出借人往往没有相应的风险转嫁机制。出租人往往是专业的经营者，其专业知识、危险防范能力也往往高于出借人。因此，出租人应当承担比出借人更大的责任，在判断出租人的过错时应该持更为宽松的标准，即应在更多场合及情形下判断出租人为有"过错"。

2012年《最高人民法院关于审理道路交通事故损害赔偿案件适用法律若干问题的解释》第2条明确规定："未经允许驾驶他人机动车发生交通事故造成损害，当事人依照侵权责任法第四十九条的规定请求由机动车驾驶人承担赔偿责任的，人民法院应予支持。机动车所有人或者管理人有过错的，承担相应的赔偿责任，但具有侵权责任法第五十二条规定情形的除外。"

（三）转让机动车所有权但没有办理所有权转移登记的责任承担

依据《道路交通安全法》，机动车实行登记制度。在现实生活中，存在机动车已经通过买卖、赠与、继承、以物抵债等方式转让但是没有办理所有权的转移登记的情形，甚至还有连环转让但都没有办理转移登记的情形，也有机动车所有人与他人恶意串通，借虚假买卖机动车逃避交通事故责任，使得机动车管理机关登记的所有人与实际使用人不一致。当发生交通事故时，谁承担责任？

对于这个问题，《最高人民法院关于连环购车未办理过户手续，原车主是否对机动车发生交通事故致人损害承担责任的请示的批复》中明确指出："连环购车未办理过户手续，因车辆已经交付，原车主既不能支配该车的营运，也不能从该车的营运中获得利益，故原车主不应对机动车发生交通事故致人损害承担责任。但是，连环购车未办理过户手续的行为，违反有关行政管理法规的，应受其规定的调整。"该批复的立场是由受让人承担责任。《侵权责任法》第50条规定："当事人之间已经以买卖等方式转让并交付机动车但未办理所有权转移登记，发生交通事故后属于该机动车一方责任的，由保险公司在机动车强制保险责任限额范围内予以赔偿。不足部分，由受让人承担赔偿责任。"这一规定再次明确了由受让人承担责任。

本书认为该规定的合理之处在于以下几点。首先，根据《中华人民共和国物权法》（以下简称《物权法》）的相关规定，登记并不是机动车转让的生效要件，而只是对抗要件。机动车作为动产，其所有权在交付时转移，未经登记不能对抗善意第三人。所以，在当事人转让并交付了机动车但是没有办理转移登记的情况下，机动车的所有权已经转移，原车主已经不是机动车的所有权人。其次，《物权法》中的权属登记是为了保护交易中善意第三人，并不是确认交通事故的责任人。最后，按照运行支配和运行利益的判断标准，机动车转让并交付后，原车主就不再控制机动车运行的风险，也不再从机动车的运行中获得利益，机动车的运行支配力和运行利益已经属于受让人，由原车主承担责任是不公平的，赔偿义务人应该为对机动车有实质支配力的受让人。

2012年《最高人民法院关于审理道路交通事故损害赔偿案件适用法律若干问题的解释》第4条明确规定："被多次转让但未办理转移登记的机动车发生交通事故造成损害，属于该机动车一方责任，当事人请求由最后一次转让并交付的受让人承担赔偿责任的，人民法院应予支持。"

（四）附所有权保留的分期付款买卖机动车的责任承担

附所有权保留的分期付款买卖机动车是指买受人将应付总价款按照一定期限分批向出卖人支付，出卖人将机动车交付给买受人占有、使用，在价款的一部分或者全部清偿前，由出卖人享有机动车的所有权。若买受人违约，出卖方可要求买受人返还机动车。只有双方约定的条件成就后，才由买受人享有所有权。由于在买受人没有完全履行义务前，机动车的所有权属于出卖方，在公安机关交通管理部门登记的所有人也是出卖方。那么在受让人驾驶机动车并发生交通事故后，由谁承担责任呢？

《最高人民法院关于购买人使用分期付款购买的车辆从事运输因交通事故造成他人财产损失，保留车辆所有权的出卖方不应承担民事责任的批复》（法释〔2000〕第38号）明确规定："采用分期付款购车，出卖方在购买方付清全部车款前保留车辆所有权的，购买方以自己名义与他人订立货物运输合同并使用该车运输时，因交通事故造成他人财产损失的，出卖方不承担民事责任。"该规定与《侵权责任法》第50条有异曲同工之妙。在所有权保留的分期付款买卖中，虽然出卖人仍享有所有权，但是机动车的运行支配和运行利益已经归属于买受人。所以，发生交通事故时，由买受人承担责任比较合理。

（五）转让拼装或者已达报废标准的机动车时的责任承担

拼装车是指使用报废汽车发动机、方向机、变速器、前后桥、车架以及其他零配件组装的机动车。报废机动车是指达到国家报废标准，或者虽未达到国家报废标准，但发动机或者底盘严重损坏，经检验不符合国家机动车运行安全技术条件或者国家机动车污染物排放标准的机动车。拼装机动车和报废机动车不能达到上路行驶的安全标准，会给他人带来损害，所以《道路交通安全法》禁止任何单位和个人拼装机动车。并且，国家实行机动车强制报废制度，对报废机动车的回收、拆解和机动车的修理实行严格的监督管理。《道路交通安全法》第100条规定："驾驶拼装的机动车或者已达到报废标准的机动车上道路行驶的，公安机关交通管理部门应当予以收缴，强制报废。对驾驶前款所列机动车上道路行驶的驾驶人，处二百元以上二千元以下罚款，并吊销机动车驾驶证。出售已达到报废标准的机动车的，没收违法所得，处销售金额等额的罚款，对该机动车依照本条第一款的规定处理。"

转让拼装或者已达到报废标准的机动车属于严重违法行为，驾驶拼装车或者已达到报废标准的机动车更具有极大危险性。对此，《侵权责任法》第51条规定："以买卖等方式转让拼装或者已达到报废标准的机动车，发生交通事故造成损害的，由转让人和受让人承担连带责任。"法律规定由转让人和受让人承担连带责任，适用无过错责任原则且没有法定免责事由是为了更好地保护人民群众的生命财产安全，预防并制止转让拼装或者已达到报废标准的机动车的行为。2012年《最高人民法院关于审理道路交通事故损害赔偿案件适用法律若干问题的解释》第6条明确规定："拼装车、已达到报废标准的机动车或者依法禁止行驶的其他机动车被多次转让，并发生交通事故造成损害，当事人请求由所有的转让人和受让人承担连带责任的，人民法院应予支持。"

（六）盗窃、抢劫或者抢夺机动车的责任承担

机动车被盗窃、抢劫或者抢夺也会导致机动车所有人与实际使用人不一致。机动车被盗窃、抢劫或者抢夺后，发生交通事故的，由谁承担赔偿责任？《最高人民法院关于被盗机动车辆肇事后由谁承担损害赔偿责任问题的批复》规定，"使用盗窃的机动车辆肇事，造成被害人物质损失的，肇事人应当依法承担损害赔偿责任，被盗机动车辆的所有人不承担损害赔偿责任"。《侵权责任法》第52条也规定："盗窃、抢劫或者抢夺的机动车发生交通事故造成损害的，由盗窃人、抢劫人或者抢夺人承担赔偿责任。保险公司在机动车强制保险责任限额范围内垫付抢救费用的，有权向交通事故责任人追偿。"法律如此规定也是考虑到机动车被盗窃、抢劫、抢夺后，机动车所有人丧失了对机动车的运行控制与运行利益。有学者认为还需要考虑机动车所有人是否尽到保管义务，如果机动车所有人没有尽到保管义务，如忘记关车门、拔钥匙等，机动车所有人还要承担过错范围内的赔偿责任。

（七）机动车交通事故责任与交通事故责任强制保险

1. 机动车交通事故责任强制保险的概念

机动车交通事故责任强制保险也称机动车第三者责任强制保险，是指由保险公司对保险机动车发生道路交通事故造成本车人员、被保险人以外的受害人的人身伤亡、财产损失，在责任限额内予以赔偿的强制性责任保险。机动车交通事故责任强制保险是解决道路交通事故赔偿问题的重要措施，能使受害人得到及时的救济，分散机动车驾驶人的风险。在减少社会矛盾、促进社会稳定方面具有重大意义。

《道路交通安全法》第17条规定，国家实行机动车第三者责任强制保险制度。根据《机动车交通事故责任强制保险条例》第2条的规定，在中华人民共和国境内道路上行驶的机动车的所有人或者管理人，应当依照《中华人民共和国道路交通安全法》的规定投保机动车交通事故责任强制

保险。从以上规定可以看出，机动车交通事故责任强制保险具有强制性，不仅体现在合同订立上的强制性，而且在合同条款、最低投保金额、保险费率等方面也有强制性。从《道路交通安全法》第76条的规定可以看出机动车交通事故责任强制保险赋予了被害人直接请求权，发生交通事故后，保险公司在责任限额内有义务直接对受害人给付赔偿金，被害人可以直接请求保险公司支付保险金，保险公司针对投保人的抗辩权不能对受害人行使。

2. 机动车交通事故责任强制保险的范围

（1）赔偿范围。

依《道路交通安全法》第76条第1款的规定，机动车第三者责任强制保险的赔偿范围包括人身伤亡赔偿和财产损害赔偿。

（2）受害人范围。

根据《机动车交通事故责任强制保险条例》的有关规定，机动车交通事故责任强制保险，是指由保险公司对被保险机动车发生道路交通事故造成本车人员、被保险人以外的受害人的人身伤亡、财产损失，在责任限额内予以赔偿的强制性责任保险。投保人，是指与保险公司订立机动车交通事故责任强制保险合同，并按照合同负有支付保险费义务的机动车的所有人、管理人。被保险人，是指投保人及其允许的合法驾驶人。将被保险人排除在外主要是为了防范道德风险。本车人员是指交通事故发生时置身于机动车上的除驾驶人以外的人员。将本车人员排除在外，是制度设计问题，另有承运人责任险解决本车人员的赔偿问题。

3. 机动车交通事故责任与保险责任的竞合

《最高人民法院关于审理道路交通事故损害赔偿案件适用法律若干问题的解释》第16条明确规定："同时投保机动车第三者责任强制保险（以下简称"交强险"）和第三者责任商业保险（以下简称"商业三者险"）的机动车发生交通事故造成损害，当事人同时起诉侵权人和保险公司的，人民法院应当按照下列规则确定赔偿责任：（一）先由承保交强险的保险公司在责任限额范围内予以赔偿；（二）不足部分，由承保商业三者险的保险公司根据保险合同予以赔偿；（三）仍有不足的，依照道路交通安全法和侵权责任法的相关规定由侵权人予以赔偿。被侵权人或者其近亲属请求承保交强险的保险公司优先赔偿精神损害的,人民法院应予支持。"

《最高人民法院关于审理道路交通事故损害赔偿案件适用法律若干问题的解释》第13条明确规定:"多辆机动车发生交通事故造成第三人损害,当事人请求多个侵权人承担赔偿责任的,人民法院应当区分不同情况,依照侵权责任法第十条、第十一条或者第十二条的规定,确定侵权人承担连带责任或者按份责任。"第21条明确规定:"多辆机动车发生交通事故造成第三人损害,损失超出各机动车交强险责任限额之和的,由各保险公司在各自责任限额范围内承担赔偿责任;损失未超出各机动车交强险责任限额之和,当事人请求由各保险公司按照其责任限额与责任限额之和的比例承担赔偿责任的,人民法院应予支持。依法分别投保交强险的牵引车和挂车连接使用时发生交通事故造成第三人损害,当事人请求由各保险公司在各自的责任限额范围内平均赔偿的,人民法院应予支持。多辆机动车发生交通事故造成第三人损害,其中部分机动车未投保交强险,当事人请求先由已承保交强险的保险公司在责任限额范围内予以赔偿的,人民法院应予支持。保险公司就超出其应承担的部分向未投保交强险的投保义务人或者侵权人行使追偿权的,人民法院应予支持。"

(八)机动车交通事故责任与道路交通事故社会救助基金

道路交通事故社会救助基金,是指依法筹集用于垫付机动车道路交通事故中受害人人身伤亡的丧葬费用、部分或者全部抢救费用的社会专项基金。《道路交通安全法》第17条规定:"国家实行机动车第三者责任强制保险制度,设立道路交通事故社会救助基金。具体办法由国务院规定。"《机动车交通事故责任强制保险条例》第24条规定:"国家设立道路交通事故社会救助基金(以下简称救助基金)。有下列情形之一时,道路交通事故中受害人人身伤亡的丧葬费用、部分或者全部抢救费用,由救助基金先行垫付,救助基金管理机构有权向道路交通事故责任人追偿:(一)抢救费用超过机动车交通事故责任强制保险责任限额的;(二)肇事机动车未参加机动车交通事故责任强制保险的;(三)机动车肇事后逃逸的。"第

25条规定:"救助基金的来源包括:(一)按照机动车交通事故责任强制保险的保险费的一定比例提取的资金;(二)对未按照规定投保机动车交通事故责任强制保险的机动车的所有人、管理人的罚款;(三)救助基金管理机构依法向道路交通事故责任人追偿的资金;(四)救助基金孳息;(五)其他资金。"

《侵权责任法》第53条也有关于道路交通事故社会救助基金的规定:"机动车驾驶人发生交通事故后逃逸,该机动车参加强制保险的,由保险公司在机动车强制保险责任限额范围内予以赔偿;机动车不明或者该机动车未参加强制保险,需要支付被侵权人人身伤亡的抢救、丧葬等费用的,由道路交通事故社会救助基金垫付。道路交通事故社会救助基金垫付后,其管理机构有权向交通事故责任人追偿。"机动车驾驶人发生交通事故后逃逸的,该机动车参加了强制保险的,首先由保险公司在机动车强制保险责任范围内予以赔偿,保险公司必须无条件赔偿。如果机动车不明,即机动车权属不明或者没有参加强制保险,受害人不能得到强制保险的赔偿时,为了充分保护受害人的利益,法律规定由道路交通事故社会救助基金先行垫付。道路交通事故社会救助基金垫付的并不是全部损害,根据《侵权责任法》第53条的规定和《机动车交通事故责任强制保险条例》第24条的规定,道路交通事故社会救助基金垫付的只是被侵权人人身伤亡的抢救、丧葬等费用,以挽救被侵权人的生命或者在被侵权人死亡后使其得到安息。除此之外的任何损失都不由道路交通事故社会救助基金给付。社会救助基金给付后,其管理机构有权向交通事故责任人追偿。❶

第五节 机动车交通事故责任的典型案例

机动车交通事故责任较为复杂,因此本节在此选取三个案例予以综述,分别涉及机动车对机动车侵权问题、机动车侵权案件中因果关系的具体判断以及车辆修理、保管期间发生交通事故的责任承担。

---

❶ 王利明,等. 侵权责任法疑难问题研究 [M]. 北京:中国法制出版社,2012.

一、机动车对机动车侵权问题

阳朔县个体司机陈某于 2013 年 12 月 28 日驾驶货车由桂林市阳朔县白沙镇往龙胜县三门镇方向行驶，在超越前方同向行驶的车辆时与原告某控股有限公司的劳斯莱斯（幻影加长版）轿车相剐碰，造成两车不同程度损坏。龙胜各族自治县公安局交通警察大队作出《道路交通事故认定书》，认定陈某承担此次道路交通事故的全部责任。

某控股有限公司要求陈某赔偿原告车辆损失费 1250000 元、车辆折旧损失费 62500 元、拖车费 6500 元、处理交通事故人员误工费和交通费 50000 元，车辆无法使用期间替代性交通工具费 10000 元，共计 1379000 元。

经法院审理查明，陈某所驾货车的所有人是陈某自己，其挂靠在被告桂林某运输有限责任公司名下营运，并在被告天平汽车保险股份有限公司桂林中心支公司投保了机动车交通事故责任强制保险（财产损失赔偿限额为 2000 元）和第三者责任保险（每次事故责任限额为 200000 元）。

法院于 2014 年 9 月 29 日作出如下判决：（1）被告天平汽车保险股份有限公司桂林中心支公司赔偿原告某控股有限公司损失人民币 202000 元；（2）被告陈某赔偿原告某控股有限公司损失人民币 1050500 元；（3）被告桂林某运输有限责任公司承担连带赔偿责任。[1]

二、机动车侵权案件中因果关系的具体判断

2013 年 9 月 15 日，衢州市民方先生骑着电瓶车靠右行驶，途中一路段右侧为一堵石墙，突然一辆货车从方先生的左侧超车，把方先生夹在了车和石墙中间。由于缝隙过窄，等车过后，方先生由于受惊吓失去控制，连人带车翻倒在地。当时，货车驾驶员看到了这个情况，短暂停留了一会儿，之后就开车逃逸了。事故发生后，方先生因翻车导致尾骨骨折并住院治疗。经司法鉴定，方先生的伤情已构成九级伤残。

---

[1] （2014）雁民初字第 167 号.

2014年5月,方先生向衢州市衢江区人民法院提起诉讼,要求货车司机邱先生和被告保险公司赔偿各项损失106545.10元。

交警经过现场勘查对比,认为两车没有发现明显的碰撞痕迹。据此,被告保险公司对交通事故责任认定有异议,认为在两辆车没有发生碰撞的情况下,被告邱先生在本次事故中不应承担责任,所以保险公司按照交强险保险条例,也不应承担赔偿责任。邱先生的逃逸行为,保险公司在商业险保险范围内不承担责任。

2014年8月20日,衢州市衢江区人民法院一审认为,这起事故,虽无证据证明双方发生过直接碰撞,但被告在超车时违反了文明驾驶的规定,未做到文明驾驶,即机动车在超越非机动车和行人时,要礼让非机动车和行人,在确保安全的情况下才能超车和超越。同时,从事故现场、证人证言综合分析,即便是两车未剐擦碰撞,但被告在超越原告骑的电瓶车过程中距离过近,机动车行驶中所产生的气浪、声音、振动等,均可成为产生事故的原因,客观上给原告造成了危险。法院遂依法作出一审判决:被告保险公司在机动车交通事故责任强制保险范围内,赔偿原告方先生交通事故损害经济损失97000元;被告邱先生赔偿原告方先生交通事故损害经济损失3000元。

被告保险公司不服一审判决提出上诉,衢州市中级人民法院2014年12月29日依法作出"驳回上诉,维持原判"的终审判决。[1]

三、车辆修理、保管期间发生交通事故责任的承担

2007年12月6日1时40分许,被告邓某酒后驾驶鲁E-FE976号轿车与张某某相撞,撞击后车辆又对人体产生碾压,导致张某某当场死亡,造成交通事故。涉案交通事故责任认定书认定邓某无证驾驶车辆,承担全部责任,张某某不负事故责任。被告简某所有的鲁E-FE976号轿车在中国人民财产保险股份有限公司东营市分公司投保了机动车交通事故责任强制保险,投保人与被保险人均为简某,车主为简某,保险期间为2007年10月

---

[1] (2014) 浙衢民终字第503号.

12日至2008年10月11日。邓某系东营黄河口汽配中心的业主,门头标牌为南方电喷车专业维修。简某所有的鲁E-FE976号轿车停放在该维修店修车期间,邓某未经简某同意,擅自开车发生交通事故。原告裴某、刘某、张某等系死者张某某的亲属。

一审判决:保险公司开发区支公司于本判决生效之日起十日内支付死者张某某的死亡赔偿金等50000元。检察机关提出了抗诉。二审法院判决维持原判。❶

---

❶ (2008)东民再终字第29号.

第七章 医疗损害责任

第一节 医疗损害责任概述

医疗损害责任,是指医疗机构及其医务人员在诊疗活动中由于过错侵犯患者的权益造成患者损害,医疗机构应当承担的损害赔偿责任。医疗侵权发生于医疗活动中,而医疗关系是非常特殊的民事关系;除个别场合的强制医疗、无因管理的医疗以外,医疗关系是医疗服务合同关系。而医疗目的的实现和医疗行为的效果有赖于医疗服务水平,也有赖于医患双方的信赖和患者的积极配合。医患关系和谐促进医患双赢,医患关系紧张易造成双输。所以,因医疗活动的侵权责任的严宽应该适度,这是制度完善的出发点。《侵权责任法》在医疗侵权责任归责原则的制度设计方面就考虑了医患双方之间的特殊关系,兼顾了医患双方各自的利益。

伦理关系和医患关系和谐,对于医疗服务关系来说非常重要。医患关系以患者对医疗机构及其工作人员的信赖为基础,医患双方若相互挑剔、相互指责或者互不信任,医疗服务就无法有效进行。因此,要在和谐中追求双方的尊严和平等地位,而不能态度强硬或者强硬地强调法律文本,否则双输而没有赢者。

在医疗侵权纠纷中,患者作为受害人是弱势群体。医疗机构作为救死扶伤的场所,承担着救治患者的义务,也承担着发展医学以进一步造福人类的使命。医疗服务是一种具有探索性、复杂性的活动,如果规定医疗机构承担过重的责任,出于自我保护的考虑,医护人员及医疗机构更有可能采取过度检查、过度医疗或者过于保守的医疗措施,这就不利于患者的康

复和医学的发展。所以要维护医患和谐，建立和维护良好的医患伦理关系，维护双方的平等地位，兼顾双方的利益诉求。❶

医疗损害责任是一种特殊的侵权责任，其特殊性在于：

第一，医疗机构就其医务人员致人损害承担责任；

第二，医疗损害责任被认为是"专家责任"，法律规定医务人员需尽比普通人更高的注意义务，以使这些人员应在从事其医疗活动时达到当时当地的医疗水平，否则，医疗机构就要承担相应的责任；

第三，就赔偿采用过错责任原则，但是在法律有特别规定（《侵权责任法》第58条规定）的三种情形下采用过错推定的办法；

第四，医疗损害责任往往存在侵权责任与违约责任的竞合。

第二节　医疗损害责任的归责原则

我国在历史上对医疗侵权赔偿责任，曾一度采用"过错推定原则"，在《侵权责任法》颁布之后，则在总体上采用"过错责任原则"，而在特定情形下采用"过错推定原则"。

一、总体上的"过错责任原则"

2001年颁布的《最高人民法院关于民事诉讼证据的若干规定》曾对医疗侵权纠纷的归责原则采取了"过错推定"的立场，其中第4条第1款第（8）项规定："因医疗行为引起的侵权诉讼，由医疗机构就医疗行为与损害结果之间不存在因果关系及不存在医疗过错承担举证责任。"而2009年颁布的《侵权责任法》在第54条规定："患者在诊疗活动中受到损害，医疗机构及其医务人员有过错的，由医疗机构承担赔偿责任。"《侵权责任法》采取了总体上"过错责任原则"的立场，只在第58条所列举的几种特定情形下采用"过错推定"的方法。2019年《最高人民法院关于民事

---

❶ 刘雪玲．医疗侵权行为的民事责任与举证责任［J］．齐鲁医学杂志，2002(3)：267-268．

诉讼证据的若干规定》修正时，与《侵权责任法》保持了一致，删除了上述条款。

本书认为，医疗侵权纠纷适用一般的"过错责任原则"比较合理。因为诊疗活动是一门具有探索性、经验性的活动，同时又具有一定程度的不确定性，部分疾病是今天的医疗技术难以治愈的。并且，每个人的体质不一样，同样的疾病发生在不同患者身上，其治疗效果往往不一样。如果一律采用"过错推定"，医疗机构及医务人员就倾向于采取"保守医疗"或"过度医疗"，不利于医疗的合理探索和医术水平的提高，最终不利于医患关系和谐，不利于患者及整个社会。

采用过错责任原则，既能够体现医疗公平，又能够实现医疗法制的正义要求，是实现和谐医患关系和维持恰当医患伦理关系的法律措施。根据"过错责任原则"，医疗机构有过错时才承担侵权责任，医疗机构并不对患者的所有损害都承担责任，这使得医疗机构的责任适中。医疗机构承担过错责任的理由还包括：医疗机构提供的是服务，这种服务具有不精确性，并且具有社会福利性质，因此不宜承担严格责任。❶

这里有一个具体问题，即《侵权责任法》第54条规定中的"过错"是否应作限缩解释，对诊疗过错限定为"过失"？似乎可以这样认为，医务人员在诊疗中以故意心态发生损害后果，则构成故意杀人或故意伤害罪，其行为人的活动不属于医疗活动。似乎还可以认为，医务人员在过失的情况下，只是违反了注意义务，其行为在医疗机构的职责范围内，由医疗机构作为侵权人承担责任才合适。但是，故意与过失有时难以区分，而且判断为"故意"而责令医务人员个人承担责任往往因其财产不足以赔偿而对受害人不公平。

二、特定情形下的"过错推定原则"

《侵权责任法》第58条规定："患者有损害，因下列情形之一的，推定医疗机构有过错：（一）违反法律、行政法规、规章以及其他有关诊疗

---

❶ 徐爱国. 名案中的法律智慧 [M]. 北京：北京大学出版社，2005.

110

规范的规定；（二）隐匿或者拒绝提供与纠纷有关的病历资料；（三）伪造、篡改或者销毁病历资料。"只有在这三种情况下，才适用过错推定原则，原告不用证明医疗机构的过错，除此之外的情况，都适用一般过错责任原则。

医疗活动是一种专业性很强的服务活动，如果医疗机构违反了法律、行政法规、规章及其他有关诊疗规范的规定，就推定其有过错。病历资料是指医务人员在医疗活动过程中形成的文字、符号、图表、影像、切片等资料的总和，包括门（急）诊病历和住院病历中的住院志（入院记录）、体温单、医嘱单、化验单（检验报告）、医学影像检查资料、特殊检查（治疗）同意书、手术同意书、手术及麻醉记录单、病理报告、护理记录、出院记录，以及国务院卫生行政部门规定的其他病历资料。医疗机构隐匿、拒绝提供、伪造、篡改病历资料的推定其有过错。

第三节 医疗损害责任的构成要件

医疗损害赔偿责任的构成要件包括：患者遭受损害；医疗机构及其医务人员实施了违法诊疗行为；损害与医疗机构及其医务人员的违法行为之间有因果关系；医疗机构及其医务人员有过错。

一、患者遭受损害

这里的损害，就是医疗机构及其医务人员违反诊疗规定，侵害患者生命权、健康权、身体权等人身权益，造成患者生命健康的损害、财产损害以及精神损害。具体表现为：一是被侵权人的生命、身体、健康受到的侵害，二是被侵权人生命、身体、健康受到伤害后带来的财产利益的损失，包括为治疗损害所实际支付的和因人身损害而减少的收入，三是因为被侵权人人身受到伤害导致的被侵权人或者其近亲属的精神损害。

医疗损害赔偿责任构成要件的损害事实，不仅应包括对患者身体健康权的侵害，也包括对其自主决定权、知情同意权的侵害（对患者在医疗活动中知道自己的病情、医疗机构的医疗方案并自主考虑决定取舍的权利的侵害），还包括纯粹的精神损害，如将普通病情误诊为癌症或者将一般皮肤病误诊为性病等给患者及其家属造成的精神痛苦和精神伤害。只要患者的合法权益在医疗过程中遭致侵害且有受损害的事实即构成医疗"损害"要件，并非一定构成"医疗事故"。但是这里的"损害"不包括实施正常的医疗行为无法避免的患者机体损伤或者功能障碍。❶

二、医疗机构实施了具有违法性的侵害行为

医疗侵权以医疗机构实施了具有违法性的侵害行为为要件。医疗机构及其医务人员是实施诊疗活动的主体，医疗机构是指依照《医疗机构管理条例》的规定，取得《医疗机构执业许可证》，从事医疗活动的机构。医务人员是指经过考核和卫生行政机关批准或承认，取得相应资格的各级各类卫生技术人员以及从事医疗管理、后勤服务等人员。法律明确规定了从事医疗活动的主体资格，没有主体资格的人从事医疗活动就是非法行医，非法行医造成损害的侵权责任是一般侵权责任，不是此处的医疗损害责任。关于何谓诊疗活动，《侵权责任法》没有作出明确规定。《医疗机构管理条例实施细则》第88条规定："诊疗活动：是指通过各种检查，使用药物、器械及手术等方法，对疾病作出判断和消除疾病、缓解病情、减轻痛苦、改善功能、延长生命、帮助患者恢复健康的活动。"

医疗机构及其医务人员的违法行为主要是违反了医疗规范、规章、规程的行为。其主要表现形式有：错误诊断，误诊是最为常见的一种医疗损害行为；错误治疗，如错误手术、错误处方；护理不当；等等。

不属于诊疗行为的，即使造成损害，也不构成"医疗损害责任"。非法行医致人损害的、医生故意伤害患者且与医疗机构工作任务无关的、医院管理疏漏导致抱错婴儿的、医院建筑物或其他设施造成患者损害的，这些情形下的侵权不属于诊疗行为造成损害的"医疗侵权"。

诊疗行为非法，才构成医疗损害责任。这里的行为违法性，是指未尽到与当时的医疗水平相应的诊疗义务或者违反告知义务或者违反保密义务等。

---

❶ 艾尔肯. 论医疗损害 [J]. 北方法学, 2008 (2): 46-53.

三、医疗机构的诊疗行为与损害的发生有因果关系

因果关系是一种引起与被引起的关系,即损害的发生必须是因为诊疗活动引起的,诊疗活动是损害发生的原因。如果损害的发生不是因为诊疗活动,则医疗机构不承担责任。通常判断因果关系的标准是:如果没有医疗机构及其医务人员的行为,损害不会发生,则医疗机构及其医务人员的行为就是损害发生的原因;如果没有医疗机构及其医务人员的行为,损害仍会发生,则医疗机构及其医务人员的行为就不是损害发生的原因。当然,这不是唯一绝对的判断标准。

《最高人民法院关于民事诉讼证据的若干规定》第4条第1款第8项规定:"因医疗行为引起的侵权诉讼,由医疗机构就医疗行为与损害结果之间不存在因果关系及不存在医疗过错承担举证责任。"第4条规定了因果关系推定。但是《侵权责任法》没有再规定因果关系推定,所以原告仍要证明因果关系。在大多数案件中,因果关系比较容易证明,但是有一些案件,因果关系的证明是极不容易的,需要经过专门的医疗方面的鉴定。

四、医疗机构及其医务人员有过错

我国《侵权责任法》对医疗损害责任采取的是过错责任原则,因此,确定医疗损害责任需证明医疗机构及其医务人员的过错,当然法律另有规定的除外。过错的举证责任由原告承担,原告需证明医疗机构及其工作人员有过错。

《侵权责任法》第54条规定:"患者在诊疗活动中受到损害,医疗机构及其医务人员有过错的,由医疗机构承担赔偿责任。"这里的过错主要是指过失;但是在极端情况下也包括故意,例如,某医生为其前女友作阑尾切割术,因有前嫌,在实施阑尾切割手术的同时,将患者的子宫切除,该医生构成故意伤害罪,医疗机构仍需承担侵权的民事责任。❶ 医务人员

---

❶ 最高人民法院侵权责任法研究小组.《中华人民共和国侵权责任法》条文理解与适用[M].北京:人民法院出版社,2010.

作为医疗机构的工作人员，因执行工作任务给患者造成损失的，由医疗机构承担无过错的赔偿责任，此时不考虑医疗机构本身的过错。在判断医疗机构及其医务人员的过错时，不以治愈为判断标准，而要看医疗机构及其医务人员是否尽了与当时医疗水平相当的诊疗义务。判断医疗机构及其医务人员是否有过错主要看其是否违反了法律规定的注意义务。注意义务可以分为两类：一类是说明及取得同意，另一类是符合当时水平的诊疗义务。除了法律规定的注意义务外，《侵权责任法》还列举了过错推定的情形。在过错推定情形下，不需要原告证明医疗机构及其医务人员的过错。

第四节 医疗损害责任的具体承担

医疗责任的承担涉及主体问题、医疗损害责任与违约责任的竞合以及特定的免责事由。

一、医疗侵权责任主体

在医疗侵权纠纷中，虽然具体实施侵权的是医务人员，但是法律规定的承担责任的主体是医疗机构。在劳动人事关系方面，医疗机构作为用人单位，对医务人员具有支配力，医务人员从属于医疗机构。所以由医疗机构承担无过错的替代责任，医疗机构不得以无选任之过错和已尽监督管理职责而主张免责。

二、医疗损害责任与违约责任的竞合

医疗机构的义务主要是提供诊疗服务，而提供诊疗服务的标准，本来是"合理注意义务"，因医护人员是"专家"，因此提供医疗服务的标准具体判断为"高度注意义务"和"忠实义务"。医患关系的建立，主要是医疗服务合同，但不限于医疗服务合同，也有无因管理和强制医疗的特殊情形。

一方面，不能不考虑合同的因素；另一方面，医疗服务合同无论在其

成立、权利义务内容还是合同责任等方面，都有其特殊性。医患之间的权利义务，有很多是法律、法规、规章直接规定的，还有习惯和伦理的因素。在责任方面，往往存在违约责任和侵权责任竞合。

有学者认为，与其说当事人是与专业人士通过讨价还价的方式订立合同，倒不如说是基于对专家的信赖而将其重大利益乃至生命安全托付给专业人士。❶医方从患者那里得到两种意义上的信赖。其一，应认为医方有对其专门领域的工作具备最低基准的能力的保证；其二，信赖医方关于其裁量的判断，在治疗行为存在几个选择方案的情况下，患者只能信赖医方作为专家的判断，委由医师选择治疗方案。❷因第一点，医疗机构必须尽到与其专业技术相一致的高度注意义务，以高度谨慎、勤勉的态度为病人诊治，遵循有关法律、法规、行业和医院管理规章制度、各种操作规程以及医务工作者的职业道德要求等进行诊疗护理。因第二点，医方负有与患者的信赖一致的为患者的利益而为的忠实义务，即在整个合同履行过程中，应维护就诊方的合法权益，选择最合理的医疗方案。❸我国《合同法》第6条规定："当事人行使权利、履行义务应当遵循诚实信用原则。"医疗服务机构的高度注意义务和忠实义务就是诚实信用原则在医疗服务合同关系中的具体表现。

从给付义务：医疗机构应详细告知就诊方有关服务的情况，提供相关材料及有关医疗费的票据等。医疗机构对患者的检查结果、病情、诊断结果、治疗方案的告知义务等，均在于辅助诊疗利益的实现，所以都属于从给付义务而非附随义务。

疗养指导说明义务也属于从给付义务。患者在停止医院的直接治疗而转为疗养阶段时，医院的诊疗义务作为主给付义务一般也相应终止，但此时医院仍应履行疗养指导说明义务。医院应对一些注意事项如服药时间、饮食情况以及复查时间、复查项目等，还有一些特殊疾病的疗养的注意事

---

❶ 张新宝. 中国侵权行为法 [M]. 北京：中国社会科学出版社，1995.
❷❸ [日] 能见善久. 论专家的民事责任——其理论架构的建议 [J]. 梁慧星，译. 外国法评译，1996（2）：22-29.

项进行说明，使患者以及亲属能掌握相关的疗养和保护知识，巩固疗效，避免损害发生。这种指导说明义务旨在巩固疗效，所以属于从给付义务。

医疗服务合同中医方的附随义务包括保护义务、告知说明义务以及保密义务。

保护义务，亦称照顾义务，是指契约当事人一方，于契约履行过程中负有的顾及契约相对人人身、财产等权益不受侵害的义务。其中包括以下两点。第一，保护患者生命健康安全。例如，医院有义务将患有传染病的病人进行隔离治疗等。第二，遗体保护义务。医院的诊疗义务随患者的死亡而终止，但是根据诚实信用和善良风俗原则，医院未经患者家属同意，不得随意捐赠、买卖遗体、器官，也不得擅自对遗体进行解剖或者实验。

医方所负有的告知说明义务与患者所享有的知情权相匹配。其目的主要在于改变患者在诊疗过程中所处的弱势或从属地位。这里附随义务的告知应仅限于保护患者的合法权益及辅助给付义务的履行，具体应包括：医疗机构是否具备合法资质、医疗工作者的基本情况、各个专业科室的分布情况、医疗机构的设备技术情况、医疗技术水平等，以及术前风险通知、转诊告知、仪器及药物的副作用及其危险性。

除法定传染病须向国家有关部门通报之外，病人在接受治疗期间的病情及治疗情况，病人心理或生理上存在的异常状态以及其他个人信息资料等属于"个人隐私"范畴。医院因过失或故意暴露患者个人隐私的，须承担相应的责任。此时构成违约与侵权的竞合。❶

三、免责事由

除《侵权责任法》第三章规定的免责或者部分免责事由外❷，《侵权责任法》第60条规定了医疗机构不承担责任的几种情形："患者有损害，

---

❶ 我国《侵权责任法》第62条规定："医疗机构及其医务人员应当对患者的隐私保密。泄露患者隐私或者未经患者同意公开其病历资料，造成患者损害的，应当承担侵权责任。"

❷ 《侵权责任法》第26~29条规定，可以根据具体案情适用于医疗侵权纠纷，但是第30条规定的正当防卫和第31条规定的紧急避险无法适用于医疗侵权案件。

因下列情形之一的，医疗机构不承担赔偿责任：（一）患者或者其近亲属不配合医疗机构进行符合诊疗规范的诊疗；（二）医务人员在抢救生命垂危的患者等紧急情况下已经尽到合理诊疗义务；（三）限于当时的医疗水平难以诊疗。前款第一项情形中，医疗机构及其医务人员也有过错的，应当承担相应的赔偿责任。"

（一）患者或者其近亲属不配合医疗机构进行符合诊疗规范的诊疗

理解该项要和《侵权责任法》第60条第2款结合起来，患者或者其近亲属不配合医疗机构进行符合诊疗规范的诊疗，并且医务人员没有过错的，医疗机构才能免责。确定患者是否不配合医疗机构进行诊疗的前提是医务人员向患者履行了告知说明义务。只有医务人员履行了说明告知义务并且在诊疗活动中没有违反规定的行为时，患者或者其近亲属不配合治疗的，医疗机构才可以免责。患者或者其近亲属不配合治疗，医疗机构也存在过错的，医疗机构仍要承担责任，但是可以根据原因力大小以及医患双方过错大小等因素，适当减轻医疗机构的责任。

（二）医务人员在抢救生命垂危的患者等紧急情况下已经尽到合理诊疗义务

对患者进行紧急治疗是医疗机构及其医务人员的职责。《中华人民共和国执业医师法》第24条规定："对急危患者，医师应当采取紧急措施进行诊治；不得拒绝急救处置。"紧急情况是指患者因疾病发作、突然外伤受害及异物侵入体内，身体处于危险状态或者异常痛苦的状态，在临床上表现为急性外伤、脑挫伤、意识消失、大出血、心绞痛、急性中毒、呼吸困难、各种原因所致的休克等。紧急情况表现为时间上的紧急性和事项上的紧急性：一方面，客观上给医师的诊疗时间非常短，在技术上不可能作出十分全面的部署；另一方面，患者的生命正受到伤病的威胁，这种威胁是实际存在和正在发生的，而不是医师主观臆想的。

根据规定，医务人员在抢救生命垂危的患者等紧急情况下，尽到了合理诊疗义务的可以免责。在判断合理诊疗义务时，要考虑紧急情况客观上使得医务人员无法作出准确的检查、诊断，难以要求医务人员具有与通常情形一样的判断能力和预见能力。也就是说，这种紧急情况下对医务人员注意程度的要求要低于通常情形下医务人员进行医疗时的注意义务要求。当然，即使在这种紧急情况下医务人员也要尽到"合理诊疗"义务，只不过判断这种"合理诊疗"义务时要考虑紧急情况。医务人员尽到"合理诊疗义务"的证明责任在医院一方，如果医疗机构不能证明已经尽到合理诊疗义务的，医疗机构就不能免责。

（三）限于当时的医疗水平难以诊疗

医疗活动具有复杂性、探索性，医疗水平是不断进步而非固定不变的，有许多疾病是现今的医疗科技也无法治愈的，然而将来有可能治愈。如果医疗机构尽到了与当时医疗水平相当的合理诊疗义务，就可以依法免责。需要指出的是，医疗服务不是承揽合同，也不是买卖合同，医疗机构及其医务人员对患者进行诊疗，并不负有保证患者治愈的义务（事实上也无法保证治愈每一个患者），不能以患者是否治愈来判断医疗机构及其医务人员的过错。从法律实施的效果方面来看，如果法律对医疗机构规定过重的责任，可能导致医务人员在诊疗活动中保守治疗或者过度检查及过度医疗，最终不利于医学的发展，当然也不利于患者和整个社会。医疗活动的特殊性，要求和谐的相互信赖的医患关系。❶

第五节 医疗损害责任的典型案例

一、基本案情

2009年9月，原告林某出现左眼视力下降，自行购买眼药水治疗无效后在被告某附属医院门诊部治疗，被诊断为"视神经病变"，予"激素"等治疗，改善不佳。同年10月15日，在被告某附属医院住院治疗，入院诊断：（1）双眼视神经炎；（2）双眼视神经萎缩。被告某附属医院使用

---

❶ 杨立新. 医疗损害责任研究 [M]. 北京：法律出版社，2009.

的药物中有泼尼松等糖皮质激素，原告也自备使用了激素。同年12月31日，原告林某到某附属医院住院治疗，确诊mt-DNA14484突变阳性。出院诊断：Leber's遗传性视神经病变。原告林某隐瞒曾在被告某附属医院治疗的情况，于2010年2月22日，到被告某眼科医院住院治疗37天。入院诊断：双眼遗传性视神经突变。被告某眼科医院使用的药物中有泼尼松等糖皮质激素。2011年4月7日至2011年4月28日，原告林某因髋部疼痛到郴州市第一人民医院住院治疗，被诊断为双侧股骨头缺血坏死。

湖南省临武县人民法院委托湖南省芙蓉司法鉴定中心对某眼科医院和某附属医院对林某的诊疗过程中是否存在过错，三方医疗过错责任大小进行鉴定。其鉴定意见为：医方某眼科医院、某附属医院在给患者林某诊疗过程中，使用糖皮质激素不当，存在医疗过错，与患者双侧股骨头坏死存在因果关系，医疗过错责任比例酌情考虑为70%，其中医方某眼科医院承担55%，医方某附属医院承担15%，患者林某未向某眼科医院提供在某附属医院诊治并使用激素的情况，对某眼科医院采取治疗措施有一定影响，且糖皮质激素引起骨质疏松、股骨头坏死也存在个体差异，两家医院使用糖皮质激素治疗累计也未超过6个月，因此医方存在部分免责因素。

二、裁判结果

临武县人民法院经审理认为：患者在医疗机构就医时，由于医疗机构及其医务工作人员的过错，在诊疗护理活动中受到损害，医疗机构应当承担侵权损害赔偿责任。结合本案，原告林某在某附属医院和某眼科医院治疗眼部疾病时，因医院违反医疗常规，长时间使用糖皮质激素治疗，用药不当且未履行书面告知注意义务，导致林某股骨头坏死。经芙蓉司法鉴定中心认定某附属医院、某眼科医院在给原告林某治疗过程中，使用糖皮质激素不当，存在医疗过错，与林某双侧股骨头坏死有因果关系，为此某附属医院、某眼科医院应对原告林某遭受的经济损失承担民事责任；但原告林某未向某眼科医院提供在某附属医院治疗并使用激素的情况，对眼科医院采取治疗措施有一定的影响，且糖皮质激素引起骨质疏松、股骨头坏死也存在个体差异，两家医院使用糖皮质激素也未超过6个月，因此医方存在部分免责因素,可适当减轻被告某眼科医院、某附属医院的赔偿责任。湖南省临武县人民法院依照《侵权责任法》第12条、第16条、第26条、第54条等,作出如下判决:原告林某的医疗费、精神损失费等经济损失共计426294.28元,由被告某眼科医院承担55%,即234461.85元,被告某附属医院承担15%,即63944.14元;其余部分由原告林某自理。❶

---

❶ (2011)临民初字第539号.

第八章　网络侵权责任

互联网技术的发展带来许多新的商业模式与业态，也给侵权责任法带来挑战：一方面需要应对如信息网络传播权、"数据权"等传统民法之外权益的保护诉求；另一方面需要处理搜索引擎、视频分享平台、网络购物平台、聚合类新媒体等新场景中的侵权问题。网络侵权责任所涉及的权利类型多样，没有统一的归责原则与构成要件。❶ 本章将在概述网络侵权责任的概念、特征以及保护范围的基础上，重点展开分析网络技术服务提供者责任的承担。

第一节　网络侵权责任概述

一、网络侵权责任的概念与特征

网络侵权行为是指发生在互联网上的侵害他人民事权益的行为。《侵权责任法》第36条规定了网络侵权责任："网络用户、网络服务提供者利用网络侵害他人民事权益的，应当承担侵权责任。""网络用户利用网络服务实施侵权行为的，被侵权人有权通知网络服务提供者采取删除、屏蔽、断开链接等必要措施。网络服务提供者接到通知后未及时采取必要措施的，对损害的扩大部分与该网络用户承担连带责任。""网络服务提供者知道网络用户利用其网络服务侵害他人民事权益，未采取必要措施的，与该

---

❶ 孟强.网络侵权，侵权责任法应当如何规制？[N].检察日报，2009-03-23（6）.

网络用户承担连带责任。"

网络侵权相比于一般侵权而言,侵权发生的地点和场所以及侵权对象、侵权方式等都比较特殊。具体而言,网络侵权的特点包括以下六个方面。

(一) 侵权发生于网络

顾名思义,网络侵权,就是利用互联网实施侵权,或者说侵权发生于网络。网络侵权伴随着互联网的产生而产生,随着互联网的发展而变化。互联网,音译为因特网,又称网际网路,是网络与网络之间所串连成的庞大网络,这些网络以一组通用的协定相连,形成逻辑上的单一巨大国际网络。将计算机网络互相连接在一起的方法可称作"网络互联",在这基础上发展出覆盖全世界的全球性互联网络称"互联网",即"互相连接在一起的网络"。❶

(二) 侵权行为具有隐蔽性

若不实行网络实名制,网络用户可以采用匿名、假名在网上从事活动,利用网络实施侵权行为后就不容易被发现。因互联网本身的特性使然,网络用户自己可进行删除、编辑、上传、下载的操作,使得侵权证据不易被保存,不像书面材料那样容易留下痕迹。❷

(三) 损害后果容易迅速扩大

以现代技术为基础的网络能将世界上所有人联系起来,这种联系的便捷性使得消息的传播更为迅速。互联网的开放性与自由性在给人们生活带来便捷的同时,也使侵权信息迅速蔓延,接触侵权信息的人数可达海量,损害后果也往往无法估量。即使侵权人删除了侵权信息,也因其信息可能已经被复制转载而难以完全消除。

---

❶ 毛志远. 跨国网络侵权行为法律适用评述 [J]. 淮阴师范学院学报 (哲学社会科学版), 2010 (4): 546-549.

❷ 朱泉斌, 马宏, 张博. 信息不对称下的网络侵权 [J]. 法制与社会, 2009 (15): 104-105.

（四）侵权主体复杂

网络侵权涉及网络服务提供者和网络用户。网络服务则包括网络中介技术服务和网络内容服务，而网络用户更为复杂。由于网络技术的不断发展，使用范围极为广泛，利用网络从事侵权的主体各种各样，任何一个懂得网络基本操作的人都可以利用网络实施侵权行为。《侵权责任法》规定了网络用户和网络服务提供者的侵权责任。❶

（五）因果关系复杂

在网络侵权纠纷案件中，因果关系可能有直接因果关系和间接因果关系之分，例如，网络用户侵权，网络服务提供者知道而不及时采取措施，网络用户侵害行为与损害结果之间形成直接因果关系，而网络服务提供者知道而不及时采取措施的行为与扩大的损害结果之间有间接因果关系。

（六）网络侵权纠纷的处理涉及公共政策和多方利益

网络与生产、经营、工作、学习、生活以及社会交往日益密切，网络涉及技术、经济、知识产权、文化教育等各个方面。网络侵权频繁发生，因涉及多方利益，法律在设立侵权责任规则时要在科技发展、经济利益和民事权益保护之间找到恰当的平衡点，既要给网络技术发展予以一定的空间，又要保护人身权、知识产权和其他民事权益。当然，还要维护公共利益和善良风俗。

二、网络侵权责任保护的范围

《侵权责任法》规定的适用范围是民事权益，不仅包括知识产权，还包括其他财产权益和人身权益。例如，2014年《最高人民法院关于审理利用信息网络侵害人身权益民事纠纷案件适用法律若干问题的规定》第1条规定："本规定所称的利用信息网络侵害人身权益民事纠纷案件，是指利用信息网络侵害他人姓名权、名称权、名誉权、荣誉权、肖像权、隐私权

---

❶ 张新宝，任鸿雁．互联网上的侵权责任：《侵权责任法》第36条解读[J]．中国人民大学学报，2010（4）：17-25．

等人身权益引起的纠纷案件。"

利用网络侵害他人民事权益，主要包括以下几类。

(一) 侵害人身权益

主要是侵害自然人姓名权，如盗用、假冒他人姓名，侵害法人名称权，侵害他人肖像权，如未经他人同意使用他人肖像，侵害他人名誉权，如故意以侮辱、诽谤方式诋毁他人，侵害他人荣誉权、隐私权等。

(二) 侵害知识产权

主要是侵害著作权、商标权和专利权。如抄袭他人享有著作权的作品，注册和他人类似的商标以使消费者混淆，或者通过网络销售或者许诺销售专利产品或者使用专利方法。其中著作权的网络侵权尤为突出。

(三) 侵害他人其他财产权益

如盗取他人银行卡号及密码窃取资金，窃取游戏装备、虚拟货币等。互联网和金融、商业以及其他产业密切结合，互联网中知识产权以外的财产权益的保护也日益突出，相关侵权问题也不能忽视。

三、网络侵权责任的类型

我国《侵权责任法》第36条第1款规定了网络用户、网络服务提供者利用网络侵害他人民事权益的侵权责任。该条第1款规定网络用户、网络服务提供者单独实施的侵权行为，各自为自己的侵权行为负责。网络用户包括任何使用互联网的自然人、法人和其他组织。在《侵权责任法》起草过程中，对网络服务提供者的具体含义有不同的观点。有的认为仅指技术服务提供者，包括网络接入服务、缓存服务、信息存储空间服务、搜索引擎服务四种。有的认为不仅包括技术服务提供者，还包括内容服务提供者。

本章认为，网络服务提供者的责任可以分为技术服务提供者的责任与内容服务提供者的责任。

所谓技术服务提供者，是指提供接入服务、缓存服务、信息存储空间服务和搜索链接服务的网络主体。网络技术服务提供者只是按照用户的指令在两点或者多点之间建立联系，并不对内容进行审查、筛选。❶

网络内容服务提供者是利用网络为用户提供各种信息服务的网络主体，其主要对各种信息进行筛选、审查，如各种新闻网站、学术网站的信息。此外，还有一些网络主体既是技术服务提供者，又是内容服务提供者，如新浪、搜狐等各种综合型门户网站。

需要指出的是，适用《侵权责任法》第36条第2款、第3款规定的连带责任的仅为技术服务提供者，而不包括内容服务提供者。网络内容服务提供者侵权是因为其提供了侵害他人民事权益的信息，没有尽到审查义务，此时，网络内容服务提供者已经构成侵权，不可能因事后采取措施就免责。第2款规定的是"通知—取下规则"，网络用户实施侵权行为，网络技术服务提供者在接到被侵权人的通知后采取了删除、屏蔽、断开链接等措施的，就不用承担责任，否则就需对扩大的损失与侵权人一起承担连带责任。第3款规定的是网络技术服务提供者知道侵权人的行为而不采取措施，需与侵权人一起承担连带责任。

第二节 网络技术服务提供者责任的具体承担

我国《侵权责任法》第36条第1款对相关案件的裁判并没有比较具体的指示，就网络侵权赔偿采取何种归责原则并无指示。该款的法律意义主要是价值宣示。第2款和第3款既是行为规范，又是裁判规范。

相关侵权问题，还是要依据《侵权责任法》第6条和其他有关规定以及《民法通则》有关人身权规定或者著作权法相关规定进行处理。判断是否构成网络侵权赔偿责任，要判断的构成要件包括：存在损害结果；网络用户、网络服务提供者利用网络实施了侵害行为；侵害行为与损害结果之间有因果关系；网络用户、网络服务提供者有过错。

---

❶ 王迁, 王凌红. 知识产权间接侵权研究 [M]. 北京：中国人民大学出版社, 2008.

网络技术服务提供者连带责任承担的规则比较复杂，《侵权责任法》第 36 条第 2 款和第 3 款进行了规定，本节将具体探讨"网络技术服务提供者没有依被侵权人的通知采取措施"以及"网络服务提供者明知网络用户实施了侵权行为"这两种情形。

一、网络技术服务提供者没有依被侵权人的通知采取措施

根据《侵权责任法》第 36 条第 2 款的规定，网络服务提供者承担责任的条件有：网络用户实施了侵权行为；被侵权人通知了网络服务提供者；网络服务提供者接到通知后没有及时采取必要措施。

根据《侵权责任法》第 36 条第 2 款的规定，只有当被侵权人通知网络服务提供者采取措施而网络服务提供者在接到通知后没有及时采取措施时，才需对扩大的损失与网络用户一起承担连带责任。这里涉及"通知—取下"规则，即被侵权人在获知网络用户侵权事实后，可以向提供信息存储空间服务和信息定位服务等的网络服务提供者发出符合法律规定的侵权通知，网络服务提供者在接到侵权通知后，应当及时采取删除、屏蔽、断开链接等必要措施。❶ 国务院《信息网络传播权保护条例》第 14 条、第 15 条规定了此规则，其中第 14 条规定："对提供信息存储空间或者提供搜索、链接服务的网络服务提供者，权利人认为其服务所涉及的作品、表演、录音录像制品，侵犯自己的信息网络传播权或者被删除、改变了自己的权利管理电子信息的，可以向该网络服务提供者提交书面通知，要求网络服务提供者删除该作品、表演、录音录像制品，或者断开与该作品、表演、录音录像制品的链接。通知书应当包含下列内容：（一）权利人的姓名（名称）、联系方式和地址；（二）要求删除或者断开链接的侵权作品、表演、录音录像制品的名称和网络地址；（三）构成侵权的初步证明材料。权利人应当对通知书的真实性负责。"第 15 条规定："网络服务提供者接到权利人的通知书后，应当立即删除涉嫌侵权的作品、表演、录音录像制品，或者断开与涉嫌侵权的作品、表演、录音录像制品的链接，并同时将

---

❶ 杨立新. 侵权责任法 [M]. 北京：法律出版社，2010.

通知书转送提供作品、表演、录音录像制品的服务对象；服务对象网络地址不明、无法转送的，应当将通知书的内容同时在信息网络上公告。"2006年《最高人民法院关于审理涉及计算机网络著作权纠纷案件适用法律若干问题的解释》第4条曾经规定："提供内容服务的网络服务提供者，明知网络用户通过网络实施侵犯他人著作权的行为，或者经著作权人提出确有证据的警告，但仍不采取移除侵权内容等措施以消除侵权后果的，人民法院应当根据民法通则第一百三十条的规定，追究其与该网络用户的共同侵权责任。"（该司法解释已经废止）。2012年《最高人民法院关于审理侵害信息网络传播权民事纠纷案件适用法律若干问题的规定》第13条规定："网络服务提供者接到权利人以书信、传真、电子邮件等方式提交的通知，未及时采取删除、屏蔽、断开链接等必要措施的，人民法院应当认定其明知相关侵害信息网络传播权行为。"这条规定是对以前有关规定的总结，也是对2009年《侵权责任法》第36条第2款规定在侵害信息网络传播权民事纠纷案件中的运用和具体化。

何为合格的通知，《侵权责任法》没有明确规定，《信息网络传播权保护条例》第14条规定了通知书的三个方面的内容。2014年《最高人民法院关于审理利用信息网络侵害人身权益民事纠纷案件适用法律若干问题的规定》第5条也规定了通知的内容："依据侵权责任法第三十六条第二款的规定，被侵权人以书面形式或者网络服务提供者公示的方式向网络服务提供者发出的通知，包含下列内容的，人民法院应当认定有效：（一）通知人的姓名（名称）和联系方式；（二）要求采取必要措施的网络地址或者足以准确定位侵权内容的相关信息；（三）通知人要求删除相关信息的理由。""被侵权人发送的通知未满足上述条件，网络服务提供者主张免除责任的，人民法院应予支持。"被侵权人发出的通知是否合格成了网络服务提供者是否承担连带责任的关键。

至于何为及时采取措施，《侵权责任法》也没有具体标准。2012年《最高人民法院关于审理侵害信息网络传播权民事纠纷案件适用法律若干问题的规定》第14条规定："人民法院认定网络服务提供者采取的删除、屏蔽、断开链接等必要措施是否及时，应当根据权利人提交通知的形式，通知的准确程度，采取措施的难易程度，网络服务的性质，所涉作品、表演、录音录像制品的类型、知名度、数量等因素综合判断。"2014年《最高人民法院关于审理利用信息网络侵害人身权益民事纠纷案件适用法律若干问题的规定》第6条规定："人民法院适用侵权责任法第三十六条第二款的规定，认定网络服务提供者采取的删除、屏蔽、断开链接等必要措施是否及时，应当根据网络服务的性质、有效通知的形式和准确程度，网络信息侵害权益的类型和程度等因素综合判断。"从以上规定可以看出，判断是否及时需要根据具体情况来判断。

根据《最高人民法院关于审理利用信息网络侵害人身权益民事纠纷案件适用法律若干问题的规定》第7条规定："其发布的信息被采取删除、屏蔽、断开链接等措施的网络用户，主张网络服务提供者承担违约责任或者侵权责任，网络服务提供者以收到通知为由抗辩的，人民法院应予支持。""被采取删除、屏蔽、断开链接等措施的网络用户，请求网络服务提供者提供通知内容的，人民法院应予支持。"第8条规定："因通知人的通知导致网络服务提供者错误采取删除、屏蔽、断开链接等措施，被采取措施的网络用户请求通知人承担侵权责任的，人民法院应予支持。""被错误采取措施的网络用户请求网络服务提供者采取相应恢复措施的，人民法院应予支持，但受技术条件限制无法恢复的除外。"根据以上两条规定，如果网络服务提供者接到通知后及时采取了删除、屏蔽、断开链接等措施，则其不用再承担责任，即使该通知是错误的，错误通知造成的损害赔偿责任由错误通知人承担。

网络服务提供者承担连带责任是对损害扩大部分承担责任，对于接到通知前的损害，由实施侵权的网络用户自己承担全部责任。❶ 扩大部分的损失是指网络服务提供者在接到被侵权人通知后因没有采取措施而导致侵权损害后果扩大的部分。

---

❶ 杨立新. 网络平台提供者的附条件不真正连带责任与部分连带责任 [J]. 法律科学，2015（1）：166-177.

二、网络服务提供者明知网络用户实施了侵权行为

根据《侵权责任法》第36条第3款的规定，网络服务提供者知道网络用户实施了侵权行为而没有采取措施的，应与网络用户一起承担由此产生的责任。此种责任的构成要件有：网络用户实施了侵害他人权益的行为，构成侵权，网络服务提供者知道这种情况，但没有采取措施。

以"知道"还是以"知道或者应当知道"为标准判断网络服务提供者"过错"是一个难题，如何判断网络服务提供者是否"知道"更是一个难题。[1] 侵权责任法草案第一次审议稿和第二次审议稿中都规定以"明知"为主观要件，在《侵权责任法》起草过程中，也有学者主张用"知道或者应当知道"，但是最终立法者用了"知道"。《侵权责任法》第36条的"知道"应作何解释？首先，不能仅解释为"明知"，若只是"明知"，立法者最终为何把"明知"改为"知道"。能否解释为包括应知而不知呢？如果解释为既包括明知，又包括应知而不知，则应避免赋予网络服务提供者主动审查义务。该条"知道"是否可以解释为包括明知和推定知道呢？"推定知道"与"应知而不知"的标准一样，也很模糊，同样会使法律的运用者面临另一个难题，也应该避免赋予网络服务提供者主动审查义务。总之，第36条的"知道"不限于"明知"，此外还应包括"应知而不知"或"推定知道"或者某些具体情形，但应该避免赋予网络服务提供者主动审查义务。[2]

2012年《最高人民法院关于审理侵害信息网络传播权民事纠纷案件适用法律若干问题的规定》具体解释了网络技术服务提供者的过错责任。该司法解释第6条规定："原告有初步证据证明网络服务提供者提供了相关作品、表演、录音录像制品，但网络服务提供者能够证明其仅提供网络服

---

[1] 章忠信. 网络服务业者之著作权侵害责任 [J]. 万国法律, 1998 (2): 16-22.

[2] 管育鹰. 美国 DMCA 避风港规则适用案例之研究 [J]. 知识产权, 2013 (11): 94-101.

务，且无过错的，人民法院不应认定为构成侵权。"在判定"过错责任"时，还要考虑到网络技术服务本身的快捷、高效以及网络信息的海量特点，只提供技术平台服务的当事人无法事先一一审查网络用户上传的信息，如同报摊无法事先审查所卖报纸、杂志的内容有无侵权一样。也就是说，网络技术服务提供者的义务不能如同其自己上传信息时的审查义务。2012年《最高人民法院关于审理侵害信息网络传播权民事纠纷案件适用法律若干问题的规定》第7条第2款规定："网络服务提供者以言语、推介技术支持、奖励积分等方式诱导、鼓励网络用户实施侵害信息网络传播权行为的，人民法院应当认定其构成教唆侵权行为。"第3款规定："网络服务提供者明知或者应知网络用户利用网络服务侵害信息网络传播权，未采取删除、屏蔽、断开链接等必要措施，或者提供技术支持等帮助行为的，人民法院应当认定其构成帮助侵权行为。"司法解释根据网络民事活动、相关司法实践经验、知识产权理论研究成果以及侵权责任法原理和逻辑，作出了上述规定。司法解释规定，通过判断网络服务提供者的过错进而判断教唆、帮助侵权行为。《最高人民法院关于审理侵害信息网络传播权民事纠纷案件适用法律若干问题的规定》第8条规定："人民法院应当根据网络服务提供者的过错，确定其是否承担教唆、帮助侵权责任。网络服务提供者的过错包括对于网络用户侵害信息网络传播权行为的明知或者应知。网络服务提供者未对网络用户侵害信息网络传播权的行为主动进行审查，人民法院不应据此认定其具有过错。网络服务提供者能够证明已采取合理、有效的技术措施，仍难以发现网络用户侵害信息网络传播权行为的，人民法院应当认定其不具有过错。"目前，对网络用户提供作品、表演、录音录像制品是否侵害信息网络传播权，网络服务提供者有一定程度的注意义务而非没有任何防止侵权义务，但是这种注意义务应在合理、适度的范围内，否则不利于技术、经济和文化发展。当然，技术日新月异，当技术条件发展到可以自动对所提供的作品、表演、录音录像制品进行检测进而自动判断是否侵权的时候，法律赋予网络服务提供者主动审查义务将成为合理的立法选择。

"过错"虽然属于行为人主观心理活动状态，但是判断"过错"可以而且只能采用客观标准，即以行为人的行为及相关客观事实、客观因素以及客观表现为判断标准。❶ 对于网络用户侵害信息网络传播权行为的明知或者应知的判断，也应该如此。对此，《最高人民法院关于审理侵害信息网络传播权民事纠纷案件适用法律若干问题的规定》第9条规定："人民法院应当根据网络用户侵害信息网络传播权的具体事实是否明显，综合考虑以下因素，认定网络服务提供者是否构成应知：（一）基于网络服务提供者提供服务的性质、方式及其引发侵权的可能性大小，应当具备的管理信息的能力；（二）传播的作品、表演、录音录像制品的类型、知名度及侵权信息的明显程度；（三）网络服务提供者是否主动对作品、表演、录音录像制品进行了选择、编辑、修改、推荐等；（四）网络服务提供者是否积极采取了预防侵权的合理措施；（五）网络服务提供者是否设置便捷程序接收侵权通知并及时对侵权通知作出合理的反应；（六）网络服务提供者是否针对同一网络用户的重复侵权行为采取了相应的合理措施；（七）其他相关因素。"第10条规定："网络服务提供者在提供网络服务时，对热播影视作品等以设置榜单、目录、索引、描述性段落、内容简介等方式进行推荐，且公众可以在其网页上直接以下载、浏览或者其他方式获得的，人民法院可以认定其应知网络用户侵害信息网络传播权。"这些规定是对有关实践经验教训的总结，是有关理论研究成果的确认，也使相关争论暂时告一段落。这些规定，主要是判断"应知"进而判定网络服务提供者的过错，其中也有一些规定涉及因果关系判断。

更为明显、"过错"程度更高的，是对网络用户侵害信息网络传播权行为的"明知"。对此，《最高人民法院关于审理侵害信息网络传播权民事纠纷案件适用法律若干问题的规定》第13条规定："网络服务提供者接到权利人以书信、传真、电子邮件等方式提交的通知，未及时采取删除、屏蔽、断开链接等必要措施的，人民法院应当认定其明知相关侵害信息网络传播权行为。"第14条规定："人民法院认定网络服务提供者采取的删除、

---

❶ 冯术杰. 论网络服务提供者间接侵权责任的过错形态 [J]. 中国法学，2016（4）：179-197.

屏蔽、断开链接等必要措施是否及时,应当根据权利人提交通知的形式,通知的准确程度,采取措施的难易程度,网络服务的性质,所涉作品、表演、录音录像制品的类型、知名度、数量等因素综合判断。"这两条规定是对以前有关规定的总结,也是对《侵权责任法》第 36 条第 2 款规定在侵害信息网络传播权民事纠纷案件中的运用和具体化。

从上文分析可知,《最高人民法院关于审理侵害信息网络传播权民事纠纷案件适用法律若干问题的规定》将《侵权责任法》第 36 条第 2 款和第 3 款的关系,解释为在外延上第 3 款包含第 2 款。

关于《侵权责任法》第 36 条第 2 款和第 3 款的关系,有的主张是递进关系,有的主张为并列关系,有的解释为包含关系。无论理论见解如何,在实践中,当被侵权人能证明网络服务提供者知道网络用户的侵权行为时,均可依第 3 款规定,直接请求网络服务提供者和网络用户一起承担连带责任,网络服务提供者不能以被侵权人未通知为由抗辩。因为网络服务提供者在知道网络用户侵权的情况存在时,有义务采取措施,其不能因为被侵权人没有通知就放任侵权行为的发生。若被侵权人没有证据证明网络服务提供者知道,则可依第 2 款的规定发出通知,若网络服务提供者接到通知后没有及时采取删除、屏蔽、断开链接措施,则可因此被判定为有过错,从而应当就扩大的损失承担连带责任。

2014 年《最高人民法院关于审理利用信息网络侵害人身权益民事纠纷案件适用法律若干问题的规定》的解释路径,则是通过细化认定"知道"的标准进而判断网络服务提供者是否"知道"。该解释第 9 条规定:"人民法院依据侵权责任法第三十六条第三款认定网络服务提供者是否'知道',应当综合考虑下列因素:(一)网络服务提供者是否以人工或者自动方式对侵权网络信息以推荐、排名、选择、编辑、整理、修改等方式作出处理;(二)网络服务提供者应当具备的管理信息的能力,以及所提供服务的性质、方式及其引发侵权的可能性大小;(三)该网络信息侵害人身权益的类型及明显程度;(四)该网络信息的社会影响程度或者一定时间内的浏览量;(五)网络服务提供者采取预防侵权措施的技术可能性及其是否采取了相应的合理措施;(六)网络服务提供者是否针对同一网络用户的重复侵权行为或者同一侵权信息采取了相应的合理措施；（七）与本案相关的其他因素。"如何判断"知道"，关系着网络业的健康发展和权利人的权益保护，若标准过于严格，会使网络服务提供者的责任过重，增加其经营负担，不利于信息的自由传播。若标准过于宽松，则网络服务提供者会怠于履行必要的注意义务，不利于对权利人权益的保护。

网络服务提供者知道网络用户利用网络实施侵权而不采取措施的，应与网络用户一起就造成的损害承担连带责任。如果网络服务提供者及时采取了删除、屏蔽、断开链接等措施，就不承担责任。❶

第三节　网络侵权责任的典型案例

一、基本案情

2010年5月25日至27日，周某在其新浪微博、搜狐微博、网易微博等微博上发表多篇博文，内容涉及"揭开金山公司面皮""微点案""金山软件破坏360卫士"等。金山公司认为这些微博虚构事实、恶意诽谤，诋毁原告商业信誉及产品信誉，且经网络和平面媒体报道后，造成金山公司社会评价的降低。因此，请求周某停止侵害，在新浪、搜狐、网易微博首页发布致歉声明并赔偿经济损失1200万元。

二、裁判结果

北京市海淀区法院一审认为，微博的特点在于用只言片语、即时表达对人对事所感所想，是分享自我的感性平台，与正式媒体相比，微博上的言论随意性更强、主观色彩更加浓厚，对其言论自由的把握尺度也更宽。考虑到微博影响受众不特定性、广泛性的"自媒体"特性，对微博言论是否构成侵权，应当综合考量发言人的具体身份、言论的具体内

---

❶ 朱冬．网络服务提供者间接侵权责任的移植与变异［J］．中外法学，2019（10）：1340．

容、相关语境、受众的具体情况、言论所引发或可能引发的具体后果等加以判断。周某作为金山公司的竞争对手奇虎360公司的董事长，且是新浪微博认证的加"V"公众人物，拥有更多的受众及更大的话语权，应当承担比普通民众更大的注意义务，对竞争对手发表评论性言论时，应更加克制，避免损害对方商誉。一审法院认为，周某利用微博作为"微博营销"的平台，密集发表针对金山软件的不正当、不合理评价，目的在于通过诋毁金山软件的商业信誉和商品声誉，削弱对方的竞争能力，从而使自己任职的公司在竞争中取得优势地位，具有侵权的主观故意，其行为势必造成金山公司社会评价的降低，侵犯了金山公司的名誉权，应承担停止侵权、赔礼道歉、消除影响并赔偿损失的责任。但金山公司并无证据证明其股价下跌与周某微博言论的关联性，判决周某停止侵权，删除相关微博文章，在新浪、搜狐、网易微博首页发表致歉声明，并赔偿经济损失8万元。❶

北京市第一中级人民法院二审认为，个人微博为实现我国《宪法》所保障的言论自由提供了一个平台。同时，由于微博上的言论具有随意性，主观色彩浓厚，甚至一些语惊四座的表达方式，都成为吸引"粉丝"关注的要素。特别是涉及批评的内容，还往往起到舆论监督的积极作用。鉴于微博对丰富人们的精神生活具有一定的积极意义，每个网民都应该维护它，避免借助微博发表言论攻击对方，避免微博成为相互谩骂的空间，否则人人都有可能被他人的博文所侵害。周某作为一个"网络老兵"、公众人物，深悉网络传播之快之广，更应谨慎自己的言行。通观周某微博的前后文，确实读不出周某主观上的善意，也不能排除其借助对金山安全公司技术上的指责而获得自己利益的可能性。一审判决附件中列明的第7条、第8条微博中的诸如"无非就是想先同居""先扯着嗓子喊'非礼啦'""俨然一副正人君子的模样""金山真是道德君子吗？"等描述具有明显的侮辱性质，构成侵权，应通过删除的方式实现金山安全公司停止侵权的诉讼请求，并通过发表致歉声明等方式以赔礼道歉、消除影响。其他微博内

---

❶ （2010）海民初字第19075号．

容虽然尚未达到侵犯名誉权的程度，但周某应当以此为警戒，谨慎自己的言行。针对损害赔偿，北京市第一中级人民法院认为由于对指控的博文的定性发生了部分改变，赔偿数额应当予以酌减，改判赔偿经济损失5万元。❶

---

❶ （2011）一中民终字第09328号．

第三编

知识产权侵权责任

从某种意义上来说，侵权责任法的现代化就是伴随着社会经济的发展在各分支领域不断细化规则的过程。作为自然法之外的拟制权利，专利权侵权责任、商标权侵权责任与著作权侵权责任，既具备由无形财产权本质决定的一般属性，又分别具备由不同的保护范围界定方式决定的特殊属性。基于此，本编将分为总论与分论两个部分。

总论部分将以知识产权侵权行为中两对范畴为研究维度分别展开，归纳知识产权侵权责任的归责原则、构成要件以及责任承担。

第一对为"直接侵权行为"与"间接侵权行为"，其中"间接侵权"源于英美法，不属于学理上典型的侵权形态，行为人并没有进入"专有权利"的保护范围。然而，基于适当强化知识产权保护的目的，通过"侵权责任促成性事由"的拟制手段拓展了知识产权侵权责任的来源，将特定类型的行为视为侵权行为。

第二对为"负停止侵害责任的侵权行为"与"负损害赔偿责任的侵权行为"，"停止侵害"原本属于绝对权请求权的范畴而被排除在侵权行为的后果之外，然而相比于传统财产权，对无形财产的侵害往往具有持续性的特点，权利人在维权中的首要诉求往往可能是"停止侵害"而非"损害赔偿"。因此，知识产权侵权责任规则在独立化发展的过程中形成了有别于传统侵权法的双轨制体系，"停止侵害"已然成为其中一项十分重要的救济手段。

分论部分分别从专利权、商标权以及著作权保护范围的界定方式展开，论述直接侵权中侵害行为要件是否成就的判断规则以及个性化的抗辩事由。对于专利权，侵害行为的判断首先需要根据权利要求书与说明书及其附图确定专利保护的范围，再进一步结合等同侵权原则对上述保护范围进行个案性的调整。对于商标权，侵害行为判断的基准主要从混淆可能性与淡化可能性两个方面展开。对于著作权，侵害行为的判断首先需要从行为层面结合法律对著作权选项进行分析判断，以确定著作权专有权的范围，接着需要从对象层面规定侵犯著作权的判定规则以判断特定行为是否落入上述范围。

需要说明的是，知识产权侵权责任的规则体系烦琐且复杂，本编将不再像前两编那样在每章末专设一节进行案例分析，而是在各个具体规则中援引案例并进行评述。

第九章　知识产权侵权责任总论

相比于对有形财产的侵占、妨害或是毁损，侵犯专利权、商标权以及著作权的行为具备与无形财产本质特征相关的共性，这些共性将进一步体现在知识产权侵权责任上。本章将从对知识产权侵权行为中的两对范畴的探讨开始，揭示知识产权侵权行为与责任之间的微妙关系，并以此为研究维度分别归纳知识产权侵权责任的归责原则、构成要件以及责任承担。

第一节　知识产权侵权行为中的两对范畴

对知识产权侵权责任的探讨要从知识产权侵权行为中两对范畴的区分展开：第一对为"直接侵权行为"与"间接侵权行为"，第二对为"负停止侵害责任的侵权行为"与"负损害赔偿责任的侵权行为"。

知识产权侵权行为与责任之间有着十分微妙的关系：在第一对范畴中侵权形态是划分责任类型的基础，即在"直接侵权行为"与"间接侵权行为"的分类中对应"直接侵权责任"与"间接侵权责任"；在第二对范畴中则刚好相反，责任方式是划分侵权行为类型的基础。上述两对范畴中"直接侵权行为"与"负停止侵害责任的侵权行为"的内涵实质上相同，但是由于划分标准不同，与不同维度的概念处于分别的对应关系中。

从形式逻辑的角度来看，上述两对范畴的内部结构也不一致：在第一对范畴中，"直接侵权行为"与"间接侵权行为"属于矛盾关系，二者在外延上互相排斥，外延之和等于"知识产权侵权行为"这一大概念的外延；在第二对范畴中，"负停止侵害责任的侵权行为"与"负赔偿责任的侵权行为"却属于从属关系，后者是前者中的一个子集。

对知识产权侵权责任中归责原则、构成要件、责任承担以及抗辩事由等问题的研究，需要在开始前指明是在上述具体哪个语境下展开，否则必然会带来逻辑上的混乱。

一、"直接侵权行为"与"间接侵权行为"

"直接侵权行为"与"间接侵权行为"是基于侵权形态划分的范畴。

直接侵权行为是指未经许可实施了知识产权专有权控制的行为，属于符合传统理论的侵权标准形态。直接侵权的判断与法律规则的设计密切相关，具体的规则可分为行为与对象两个层面，下面以《中华人民共和国专利法》（以下简称《专利法》）为例。

行为层面的规则即专利权的权项，其决定哪些行为属于实施专利权的行为从而落入专利权的保护范围，例如，《专利法》赋予专利权人制造权、销售权、许诺销售权、使用权以及进口权，则未经专利权人许可通过制造、销售、许诺销售、使用以及进口的方式实施了专利即构成直接侵权。

对象层面的规则在于界定上述行为所针对的产品或方法所涉及的技术方案落入专利的保护范围，此类规则涉及如何通过解释明确权利要求保护技术方案的范围，以及如何通过技术比对确定被诉侵权技术方案包含与权利要求记载的全部技术特征相同或者等同。

间接侵权行为是指行为人虽然没有实施受知识产权"专有权利"控制的行为，但故意引诱他人实施直接侵权，或在明知或应知他们即将或正在实施直接侵权时为其提供实质性帮助的行为。间接侵权的概念源于英美法，不属于学理上典型的侵权形态，行为人并没有进入"专有权利"的保护范围。然而，基于适当强化知识产权保护的目的，通过"侵权责任促成性事由"的拟制手段拓展了知识产权侵权责任的来源，将特定类型的行为视为侵权行为。

与直接侵权行为相比，知识产权间接侵权具有以下三个特征[1]:

---

[1] 王迁，王凌红.知识产权间接侵权研究［M］.北京：中国人民大学出版社，2008.

第一，构成间接侵权的行为没有落入知识产权"专有权利"的保护范围；

第二，承担间接侵权责任以主观过错为要件；

第三，间接侵权行为以直接侵权行为的存在或即将实施为前提。

"直接侵权行为"与"间接侵权行为"分别是"直接侵权责任"与"间接侵权责任"的行为基础。

二、"负停止侵害责任的侵权行为"与"负损害赔偿责任的侵权行为"

"负停止侵害责任的侵权行为"与"负损害赔偿责任的侵权行为"是基于责任承担方式划分的范畴，以所承担的责任来反向界定行为的称谓实则有些复杂，所幸英美法上有两个概念可以很好地指代二者，分别为Infringement 与 Tort。

Infringement 即指代"负停止侵害责任的侵权行为"。从语义上来看，当初案例法选择的这个英文术语本身，正是"只需认定侵害事实"之意："In"表示进入，"Fringe"表示特定范围，任何人的行为，如果未经许可进入法定的他人权利范围，即构成对权利的侵害。Infringement 的本质是一种单纯的事实，其仅从权利人权利状态的视角出发，并不对侵权人行为的可追责性进行法律上的评价。Infringement 中行为的共性特质在于都需要承担源自绝对权请求权的停止侵害责任。

Tort 即指代"负损害赔偿责任的侵权行为"，其属于 Infringement 中的一个子集。判断 Tort 是否成就是在"未经许可进入知识产权专有权领域"的客观行为基础上，从侵权人的视角分析其主观上的过错，以及从权利人的视角分析其所受到的实际损失。Tort 中的行为除了停止侵害责任外，还需要承担源自侵权之债的损害赔偿责任。

我国侵权法曾一度将 Infringement 与 Tort 混为一谈，将确实适用于 Tort 的主客观要件全部套在 Infringement 上面，要么导致所谓"无辜侵权者"在意识到其行为性质之后依然可以继续维持侵权状态，要么导致权利人发现侵权产品后只能等待其进入流通领域产生实际损害才可以维权❶，这些都是没有厘清上述范畴内部的逻辑关系造成的后果。

第二节 知识产权侵权责任的归责原则

相较于传统侵权法，知识产权侵权的归责原则更为复杂，既与知识产权侵权的形态有关，又与知识产权侵权的责任形式有关，同时还体现了一个国家或地区的知识产权保护水平，直接决定着权利人与社会公众之间的利益平衡。

作为一个多元的体系，知识产权侵权归责原则的讨论应当从上一节所确定的两层逻辑维度展开，第一层逻辑维度的划分标准为直接侵权责任与间接侵权责任，第二层逻辑维度则是将直接侵权进一步划分为停止侵害责任与损害赔偿责任。

一、知识产权直接侵权责任的归责原则

知识产权直接侵权的本质为没有合法理由进入专有权的控制范围，属于知识产权侵权的"标准形态"，然而在其中却无法找到"一统天下"的归责原则❷，原因在于知识产权直接侵权责任中不同的责任形式源自不同的"土壤"。停止侵害责任源自绝对权请求权，其与返还财产、恢复原状、排除妨害、消除危险等责任形式属于一个体系，目的在于恢复支配权的圆满状态而非补偿损失。损害赔偿责任则属于传统意义上侵权行为之债的承担方式，在其中侵权行为是损害赔偿请求权的依据，因此构建在债法的理论基础之上。

按照民法基本原理，当知识产权受到侵害后，首先应当产生的是绝对权请求权，只有当行使绝对权请求权无法实现恢复支配权的圆满状态时，

---

❶ 郑成思. 侵权责任、损害赔偿责任与知识产权保护 [J]. 中国专利与商标，2004（1）：6-16.

❷ 胡雪梅. 英国侵权法 [M]. 北京：中国政法大学出版社，2008.

才会进一步产生损害赔偿请求权。❶ 民法学者所谓侵权责任，严格来讲仅指损害赔偿责任。然而，知识产权制度在现代化发展的过程中，为了实现私权保护，将责任进行了扩大化解释，淡化了绝对权请求权与损害赔偿请求权在时间与逻辑上的界限，形成了二元的知识产权请求权体系，但是其中不同的责任形式仍然适用不同的归责原则。

（一）停止侵害责任的归责原则

停止侵害作为绝对权请求权的内容，根据民法的基础理论应当适用严格责任的归责原则，即承担责任不以侵害人的主观过错为要件。而知识产权作为一种特殊的绝对权，具备无形性与非竞争性的特点，与其他绝对权相比，知识产权保护范围被无意入侵的可能性更大。因此，只有贯彻严格责任的归责原则，从客观出发对承担停止侵害责任适用的前提条件予以考量，才能够有效地保护权利人的利益。

对停止侵害责任的归责原则予以专门的讨论不仅可以从理论上捋顺知识产权请求权的内在逻辑体系，也具有非常重要的现实意义，即处理"无辜侵权"的问题。在现实中，如果所有承担停止侵害责任的场合都同时需要承担损害赔偿责任，从处理侵权纠纷的角度来看，则没有必要就是否承担停止责任专门设置一套考量标准。然而，在无辜侵权（或称为善意侵权）的场合中，侵害人进入知识产权保护的范围并不具备主观上的可苛责性，其仅需要承担停止侵害的责任，而不需要承担损害赔偿的责任，此时适用的就是独立于传统侵权法之外的归责原则。

需要说明的是，无辜侵权往往仅发生在著作权领域；在商标权领域，商标侵权往往伴随着明显的造成混淆的故意；而在专利权领域，虽然被诉侵权人常常以不知道讼争专利权的存在为由抗辩，拒绝承担赔偿责任，但对于公告授权的专利而言，任何人都具有合理的注意义务，客观上的不知晓状态并不能够阻却损害赔偿责任的承担，因此也不属于无辜侵权的范畴。

---

❶ 王利明. 物权法研究 [M]. 北京：中国人民大学出版社，2002.

(二) 损害赔偿责任的归责原则

基于《侵权责任法》的理论，侵害人具有主观上的过错是承担损害赔偿责任的可归责性基础，正如耶林所言："使人负损害赔偿的，不是因为有损害，而是因为有过失。"❶ 因此，在知识产权侵权行为的损害赔偿中也应当适用过错责任原则。

然而，一些学者援引《与贸易有关的知识产权协定》（以下简称《知识产权协定》或TRIPs协定）对知识产权损害赔偿责任适用过错责任原则提出质疑，其中第45条第2款规定："司法部门应有权责令侵权者向权利所有者支付费用，其中可以包括适当的律师费。在适当的情况下，即使侵权者不知道或者没有正当的理由应该知道他从事了侵权活动，缔约方也可以授权司法部门，责令返还其所得利润或/和支付预先确定的损害赔偿费。"对此，吴汉东教授的解释为"本款中的返还所得利润应归属于不当得利的类别，不以其主观过错为前提，一旦所获得的利益于法无据，均要返还受损害的人"。同时他从本款中"返还"的字眼推定这一返还的利润不一定是侵权所得，而是于法无据时就需返还。❷

此外，对于上述质疑，本节认为还可以从上述条款的性质予以解释。从国际法的角度来看，国际条约中的条款可以分为强制性条款与弹性条款，其中强制性条款为国内法的保护确立了最低标准，而弹性条款则仅有参考意义。具体到TRIPs协定第45条第2款，其中使用的是"可以"（may）而非"应当"（must），因此该款应当为弹性条款，不应当认为无过错责任为TRIPs协定在损害赔偿归责原则方面的最低标准。

二、知识产权间接侵权的归责原则

在知识产权间接侵权中，行为人并没有进入"专有权利"的保护范围，即直接侵权责任中的"侵害行为"构成要件并未成就。然而，基于适

---

❶ 王泽鉴. 侵权行为法 [M]. 北京：中国政法大学出版社, 2001.
❷ 吴汉东. 试论知识产权的"物上请求权"与侵权赔偿请求权——兼论《知识产权协议》第45条规定之实质精神 [J]. 法商研究, 2001 (5): 3-11.

当强化知识产权保护的目的,通过"侵权责任促成性事由"的拟制手段拓展了知识产权侵权责任的来源,将特定类型的行为视为侵权行为。

知识产权间接侵权的本质为故意引诱他人实施直接侵权,或在明知或应知他们即将或正在实施直接侵权时为其提供实质性帮助的行为,通过其中的"故意"及"明知"等字眼就可看出知识产权间接侵权以过错为构成要件。

我国知识产权各领域关于间接侵权的规定都对侵害人的主观过错提出了要求。

2016年《最高人民法院关于审理侵犯专利权纠纷案件应用法律若干问题的解释(二)》第21条规定:"明知有关产品系专门用于实施专利的材料、设备、零部件、中间物等,未经专利权人许可,为生产经营目的将该产品提供给他人实施了侵犯专利权的行为,权利人主张该提供者的行为属于侵权责任法第九条规定的帮助他人实施侵权行为的,人民法院应予支持。明知有关产品、方法被授予专利权,未经专利权人许可,为生产经营目的积极诱导他人实施了侵犯专利权的行为,权利人主张该诱导者的行为属于侵权责任法第九条规定的教唆他人实施侵权行为的,人民法院应予支持。"

《商标法》第57条第6款规定"故意为侵犯他人商标专用权行为提供便利条件,帮助他人实施侵犯商标专用权行为的"属侵犯注册商标专用权。

我国关于著作权间接侵权的规定主要体现在网络侵权领域。《信息网络传播权保护条例》第22条规定:"网络服务提供者为服务对象提供信息存储空间,供服务对象通过信息网络向公众提供作品、表演、录音录像制品,并具备下列条件的,不承担赔偿责任:(一)明确标示该信息存储空间是为服务对象所提供,并公开网络服务提供者的名称、联系人、网络地址;(二)未改变服务对象所提供的作品、表演、录音录像制品;(三)不知道也没有合理的理由应当知道服务对象提供的作品、表演、录音录像制品侵权;(四)未从服务对象提供作品、表演、录音录像制品中直接获得经济利益;(五)在接到权利人的通知书后,根据本条例规定删除权利人认为侵权的作品、表演、录音录像制品。"第23条规定："网络服务提供者为服务对象提供搜索或者链接服务,在接到权利人的通知书后,根据本条例规定断开与侵权的作品、表演、录音录像制品的链接的,不承担赔偿责任;但是,明知或者应知所链接的作品、表演、录音录像制品侵权的,应当承担共同侵权责任。"

可以看出,我国《信息网络传播权保护条例》采纳了美国版权法上的避风港原则,主观过错是网络服务提供者责任成就的构成要件,其仅在知道或应当知道网络服务所涉及对象侵权,仍不采取措施停止提供"帮助"的情况下才承担间接侵权责任。对于网络服务提供者主观状况的认定,"知道"的判断与"通知—删除"规则一致,网络服务提供者接到权利人以书信、传真、电子邮件等方式提交的通知即可以认为其主观上明确知悉。当权利人没有通知时,我国也引入了美国版权法的红旗原则,对网络服务提供者采取鸵鸟政策,装作看不见侵权事实的抗辩予以否认。《最高人民法院关于审理侵害信息网络传播权民事纠纷案件适用法律若干问题的规定》对网络服务者主观状态进行了类型化的认定,其中第12条规定："有下列情形之一的,人民法院可以根据案件具体情况,认定提供信息存储空间服务的网络服务提供者应知网络用户侵害信息网络传播权:(一)将热播影视作品等置于首页或者其他主要页面等能够为网络服务提供者明显感知的位置的;(二)对热播影视作品等的主题、内容主动进行选择、编辑、整理、推荐,或者为其设立专门的排行榜的;(三)其他可以明显感知相关作品、表演、录音录像制品为未经许可提供,仍未采取合理措施的情形。"

第三节 知识产权侵权责任的构成要件

如前文所述,知识产权侵权形态包括直接侵权与间接侵权,知识产权侵权的责任承担方式包括停止侵害与损害赔偿,狭义的构成要件为债法上的概念,仅指赔偿损失的构成要件,本节在此将拓展到广义的侵权责任理论,从知识产权侵权形态以及责任承担方式所涉及的两对范畴展开,其中侵害行为的判断以及因果关系的识别在不同的范畴中均有所不同，下文将在构成要件下分别展开论述。

一、侵害行为

侵害行为属于侵权责任中的客观构成要件，从内部要素的角度来看，侵权行为可以分为行为和违法性两个构成要素：行为要素表明构成侵权责任必须有特定的行为基础，而排斥事件或思想；违法性要素则表明上述行为还必须在客观上违反法律规定。

需要指出的是，在侵权责任法发展之初，违法性要件并不在客观的侵权行为要件中，而是被主观的过错要件所吸收。也就是说，在确定行为违法性的时候，除了判断该行为是否客观上违反了法律规定外，还要在主观上判断行为人是否违背了社会生活的一般注意义务。此后，"违法性"要件独立性的地位逐渐发展起来，学者指出在判断侵权行为构成时，过错与违法性应当属于不同阶段的认识任务。❶ 具体到知识产权侵权责任承担的判断，将"违法性"要件从过错中独立也有理论与实践上的必要性，因为要求行为人承担停止侵害责任时，仅需要分析其行为客观上的违法性，而不需要判断其主观状态。❷

从知识产权侵权责任的维度来看，在直接侵权与间接侵权中，侵害行为要件是否成就的判断方式也不一样。

对于直接侵权而言，侵害行为即行为人实施了直接侵害知识产权人专有权利的行为，由于不同类型知识产权保护范围的界定不同，对于直接侵权中侵害行为要件是否成就的判断需要结合相关法律的规定具体判断：在《专利法》中，侵害行为的判断首先需要根据权利要求书与说明书及其附图确定专利保护的范围，再进一步结合等同侵权原则对上述保护范围进行个案性的调整；在《商标法》中，侵害行为判断的基准主要从混淆可能性

---

❶ 唐义虎. 知识产权侵权责任研究 [M]. 北京：北京大学出版社，2015.
❷ 阳平. 论侵害知识产权的民事责任——从知识产权特征出发的研究 [M]. 北京：中国人民大学出版社，2005.

与淡化可能性两个方面展开；在《著作权法》中，侵害行为的判断首先需要从行为层面结合法律对著作权选项进行分析判断，以确定著作权专有权的范围，接着需要从对象层面规定侵犯著作权的判定规则以判断特定行为是否落入上述范围。直接侵权中侵害行为要件的具体判断规则，本书将在第十章至第十二章分别展开讨论。

对于间接侵权而言，行为人本身并没有侵入受知识产权"专有权利"控制的范围，在判断是否构成侵害行为要件时，主要在于识别是否存在教唆侵权行为或帮助侵权行为。对于教唆侵权行为的识别，并不同于一般共同侵权教唆行为中对他人通过刺激、利诱、怂恿等方式使他人从事侵权行为，而是具备一些类型。例如，在专利间接侵权中，在产品广告或说明书中以口头或书面等方式积极诱导他人利用该产品侵犯专利权；又如在著作权间接侵权中，给特定用户群发邮件告知自己的产品可以实现某种侵权著作权的功能。识别帮助侵权行为，关键在于行为人所提供的"实质性帮助"是否具有"实质性非侵权用途"，否则根据技术中立的原则，侵害行为要件无法成就。此外，直接侵害行为是否存在也是判断间接侵权中侵害行为要件是否成就的重要因素。例如，尽管教唆行为存在，但受教唆人最终并没有实施直接侵权行为，则不构成引诱侵权。❶

二、损害

"损害"一词源于拉丁文"Damnum"，是侵权责任法最核心的构成要件，从比较法的视角来看，没有一个早期的欧洲国家民法典对"损害"作出过精确的界定。❷ 由于各个领域侵权形态的差异性，"损害"终究是一个需要在个案中具体化的概念。

对传统有形财产的侵害一般表现为侵占、妨害与损毁，而由于知识产权客体的无形性，对其的侵害方式则有所不同，往往表现为对知识产权的

---

❶ 王迁，王凌红. 知识产权间接侵权研究 [M]. 北京：中国人民大学出版社，2008.

❷ 张新宝. 侵权责任构成要件研究 [M]. 北京：法律出版社，2007.

利用。从知识产权侵权责任的维度来看，上述利用可以分为尚未造成实际经济损失的利用与已经造成实际经济损失的利用，前者为承担停止侵害责任的"损害"构成要件，后者为承担损害赔偿责任的"损害"构成要件。

在承担停止侵害责任的"损害"构成要件方面，未经权利人许可，通过制造、使用、进口、许诺销售等方式侵入了知识产权保护的领域，哪怕没有给权利人带来实际经济损失，停止侵害责任的"损害"要件即已成就，此时"损害"的判断与直接侵权中"侵害行为"的判断一致。例如，某企业制造了一批落入他人专利权保护范围的产品，被发现时，该产品尚在该企业的库房内没有进入市场。此时，实际经济损失并未造成，但专利权人可以主张上述制造行为构成"损害"，再结合其他要件的举证要求该企业承担停止侵害的责任。

在承担损害赔偿责任的"损害"构成要件方面，"损害"的本质是一种静态的事实状态❶，是侵权行为给受害人带来的经济上的不利益。❷ 在知识产权侵权责任中，上述不利益具体表现为侵权行为对知识产权价值的减损，因此，价值分析是知识产权侵权损害赔偿救济的逻辑起点。❸ 在具体进行价值分析时，"利润的减少"与"成本的增加"是确定直接财产损害的两个主要因素，前者包括销售利润的减少与许可费的损失，后者包括为维护权利所支出的成本与为重获客户所支出的成本。❹ 此外，可以要求承担的损害赔偿责任的"损害"还包括隐性的财产损害，例如，对他人注册商标的仿冒，除了导致混淆影响市场份额而减少销售利润外，还可能对权利人的商誉造成不良影响，这种影响即隐性的财产损害。❺

---

❶ 王利明，杨立新. 侵权行为法 [M]. 北京：法律出版社，1996.
❷ 史尚宽. 债法总论 [M]. 北京：中国政法大学出版社，2000.
❸ 吴汉东. 知识产权损害赔偿的市场价值基础与司法裁判规则 [J]. 中外法学，2016（6）：1480-1494.
❹ 朱冬. 知识产权侵权损害赔偿救济制度研究 [M]. 北京：知识产权出版社，2018.
❺ 何培育. 知识产权侵权责任理论研究 [M]. 北京：法律出版社，2018.

三、因果关系

因果关系是侵权责任法上一个复杂的理论问题，学说众多且充满争议。❶ 对于因果关系的认定本身就是一个因案件具体情况的不同而对各种同时出现、相互影响的归责标准的综合衡量过程。❷

作为知识产权侵权责任的构成要件，因果关系是指对知识产权的侵害行为与知识产权受到损害之间的具备特定顺序性的作用关系。如前文所述，知识产权侵权责任构成要件中的侵害行为及损害在不同维度上有不同的界定方式，二者间的因果关系的识别也需要结合具体语境予以展开。

从知识产权侵权责任承担方式的维度展开，因果关系可以分为责任成立的因果关系与责任范围的因果关系，前者成就即完成了停止侵害责任中因果关系要件的识别，后者判定的意义在于确定权利人所主张的"实际损失"，确定可以被损害赔偿责任支持的数额。关于责任成立的因果关系，或者说停止侵害责任所要求的因果关系，由于侵害行为与损害要件本质相同，在理论与司法实践中鲜有争议。关于责任范围的因果关系的确定则要复杂很多，由于在知识产权侵权语境中实际损失的本质为消极损失，需要确定侵权行为未发生时权利人的获利情况，其中涉及对价格和需求复杂的经济分析。❸ 在具体考察消极损失时，销量减少与价格侵蚀是两个重要的因素，其中价格侵蚀中涉及的与侵权行为无关的干扰因素众多，需要在因果关系确定时予以剔除。此外，销量减少与价格侵蚀在实践中往往不是相互独立的，因果关系的确定还涉及重复共线性关系的处理。

当考虑到间接侵权时，责任范围因果关系的判断将变得更为复杂。知识产权间接侵权的理论建立在传统的共同侵权模式之上。基于此，间接侵权人与直接侵权人以直接侵权行为导致权利人的全部损失为基础，承担连

---

❶ 王泽鉴. 侵权行为法（一）[M]. 台北：三民书局股份有限公司，1994.
❷ 张新宝. 侵权责任构成要件研究 [M]. 北京：法律出版社，2007.
❸ Mark A. Lemley. Distinguishing Lost Profits from Reasonable Royalties [J]. William & Mary Law Review，2009，51（2）：655-658.

带赔偿责任。然而，由于现代知识产权间接侵权案件适用场域的特殊性，连带责任的适用面临着直接侵权难以确定和追偿机制失灵的难题。[1] 近年来，适当限制连带责任在知识产权间接侵权中的运用成为一种趋势，也给责任范围的划分带来了更加精巧的技术要求，需要在不同类型的知识产权以及不同模式的间接侵权行为中，具体厘清直接侵权和间接侵权对损害后果所起的原因力。

第四节　知识产权侵权责任的承担

一、知识产权直接侵权责任的承担

（一）停止侵害责任的承担

通过比较法的视角可以发现，对于停止侵害责任的规定，英美法系与大陆法系存在着法律构造的不同。

英美法的停止侵害表现为禁令（Injunction）救济，禁令源自英国衡平法，在英国的法律体制下，普通法上的金钱赔偿旨在将权利恢复到原始状态，衡平法上的禁令则旨在防止未来可能发生的侵权，二者共同构成财产权保护的双轨制体系。[2] 如《英国专利法》第 61 条第 1 款即规定："权利人可以在诉讼中请求禁令，以限制被告不得从事可能造成损害的行为。"美国法上禁令救济则来自对英国衡平法的传承[3]，《美国专利法》第 283 条规定："对本编中诉讼有管辖权的法院，都可以依照衡平法原则发出法院认为合理的条款的禁令，以避免专利上任何权利受到侵害。"需要指出的是，美国也并不是完全照搬英国的禁令制度，相比于英国将知识产权等

---

[1] 朱冬. 知识产权间接侵权连带赔偿责任的反思与重构 [J]. 法律科学，2017 (6)：147-155.

[2] 贾小龙. 知识产权侵权与停止侵害 [M]. 北京：知识产权出版社，2014.

[3] Lily E. Lim, Sarah E. Craven. Injunctions Enjoined：Remedies Restructured [J]. Santa Clara High Technology Law Journal，2009，25 (4)：787-819.

同于财产权，并普遍适用禁令的做法，美国还是从立法上对禁令的发出作出一些限制，只不过这些限制规则在"eBay案"之前并没有得到司法机关很好执行。

大陆法对财产权的保护有着与英美法类似的双轨制体系，在法律构造上侵权责任之债之于绝对权请求权对应着普通法救济与衡平法救济的关系，在大陆法传统学说中，虽然停止侵害并没有被作为侵权行为的后果予以规定，停止侵害作为救济手段还是得到一致的认可。如《德国专利法》第139条第1款规定："对任何违反第九条至第十三条规定实施专利的人，被侵权人在有重复危险的情况下可以主张请求停止侵害。不法行为将首次出现的，也可请求停止侵害。"又如《日本专利法》第100条规定："专利权人或专用实施权人，对于侵害自己的专利权或专用实施权的人或者有可能进行侵害者，可以请求停止或预防其侵害。专利权人或专用实施权人，在依前款规定进行请求时，可以请求废弃组成侵害行为的产品（就产品生产方法的专利发明，包括侵害行为产生的产品），除掉供侵害行为的设备及其他为预防侵害所必要的行为。"

关于停止侵害责任的承担有两个值得探讨的问题，分别为即发侵权与停止侵害责任的不适用。

1. 即发侵权

即发侵权（Imminent Infringement）的概念源自TRIPs协定第50条第3款，现实中关于即发侵权的含义，有两种不同的理解：一种认为即发侵权是指侵权损害的后果尚未发生的专利侵权行为；另一种则认为，即发侵权是侵权行为尚未发生，但行为人正在准备进行侵权。

如果将侵权行为的完成过程区分为预备阶段、实施阶段、损害结果发生阶段，那么上述两种理解的主要分歧就在于对"即发"所属的阶段界定不同。❶ 而这两种不同的理解对于知识产权保护的力度也有所差异，例如，专利权人有充分证据表明某厂家准备好了专门用于实施其生产方法专利的

---

❶ 余杰.专利诉讼案件中的即发侵权问题[J].中国知识产权，2017（9）：52-56.

设备，不过生产活动尚未开始，同时该设备本身属于公有领域的技术，按照上述第二种理解可以在当下基于"即发侵权"规则对预备生产行为予以规制，而在上述第一种理解中，专利权人只能等到该厂商开始实质生产后才可以请求"即发侵权"的救济，这在本质上与一般意义的停止侵害没有任何差别，并不能控制权利被侵犯的风险。

本书认为对于该争议的厘清还需要回到TRIPs协定的条文本身，其中第50条第3款规定："司法机关有权要求申请人提供任何可合理获得的证据，以使司法机关有足够程度的确定性确信该申请人为权利持有人，且该申请人的权利正在受到侵犯或此种侵权已迫近，并有权责令申请人提供足以保护被告和防止滥用的保证金或相当的担保。"对于其中"侵权已迫近"应当理解为侵害行为即将发生而尚未发生，而不是已经发生但尚未造成损害的行为。因此，本书认为"即发"应当属于实施之前的预备阶段。

即发侵权制度本质上突破了停止侵害责任救济的范围，扩张了知识产权的内容与效力，权利人可以通过即发侵权获得诉前、诉中以及永久禁令，并要求被告承担包括律师费在内的诉讼合理开支。❶

我国知识产权相关立法中没有专门引入"即发侵权"的概念，实质上与即发侵权相关的规定和已发侵权一起杂糅在诉前行为保全的条文中，如《专利法》第66条规定："专利权人或者利害关系人有证据证明他人正在实施或者即将实施侵犯专利权的行为，如不及时制止将会使其合法权益受到难以弥补的损害的，可以在起诉前向人民法院申请采取责令停止有关行为的措施。"《商标法》第65条规定："商标注册人或者利害关系人有证据证明他人正在实施或者即将实施侵犯其注册商标专用权的行为，如不及时制止将会使其合法权益受到难以弥补的损害的，可以依法在起诉前向人民法院申请采取责令停止有关行为和财产保全的措施。"《著作权法》第50条规定："著作权人或者与著作权有关的权利人有证据证明他人正在实施或者即将实施侵犯其权利的行为，如不及时制止将会使其合法权益受到难以弥补的损害的，可以在起诉前向人民法院申请采取责令停止有关行为和

---

❶ 张广良. 知识产权侵权民事救济 [M]. 北京：法律出版社，2003.

财产保全的措施。"

此外，在现实中界定即发侵权还取决于一个国家知识产权保护水平设计的技术性，需要结合具体的法律规定。例如，以做广告、在商店橱窗中陈列或者在展销会上展出等方式做出的销售商品，这种行为在意思表示上为许诺销售行为，从理论上来讲应当属于即发侵权，但《专利法》为了强化对专利权的保护力度，通过列举的方式将其规定成已发侵权。

2. 停止侵害责任的不适用

近年来，随着知识产权泛化与异化趋势的显现，理论界开始重新审视知识产权权利人与社会公共利益的平衡，并对知识产权予以绝对权保护的正当性进行反思。一些学者从知识产权的本质出发，提出知识产权具有私权形式与工具本质的二元属性，与来源于自然权利的传统财产权基础不同。❶ 上述观念的转变在司法界的表现就是停止侵害责任的不适用，即法院在认定知识产权侵权成立的基础上不判令被诉侵权人承担停止侵害的民事责任。

如前文所述，美国虽然在立法上对禁令的发出作出了一系列的限制，但由于美国联邦巡回上诉法院（CAFC）所主导的亲专利政策的影响，对侵权者的正式禁令被普遍颁布从而永久性终止侵权人业务。❷ 21 世纪后，美国完成了知识产权政策价值取向的有限回调，具有代表性的就是美国联邦最高法院在 2006 年的"eBay 案"中重申了永久禁令救济的衡平法原则，即法院颁发永久禁令，必须符合以下四个要素检验标准❸：第一，原告已经遭受了无法挽回的损害；第二，法律规定的救济方式（如金钱损害赔偿），不足以弥补对原告已经造成的损害；第三，在原告因侵权遭受的损失与被告因禁令遭受的损害之间进行权衡；第四，禁令的颁发不会对公共利益造成危害。基于这个案例，此后知识产权诉讼中相当一部分禁令请求

---

❶ 朱冬. 知识产权的私权形式与工具本质 [J]. 贵州师范大学学报（社会科学版），2018（3）：141-152.

❷ 丁道勤. 专利标准化的法律规制研究——从专利至上主义到创新至上主义 [M]. 北京：中国法制出版社，2017.

❸ Ebay Inc. v. MercExchange, L. L. C., 547 U. S. 388, 391（2006）.

不能得到支持，而以使用费替代。

　　大陆法系国家也通过对停止侵害责任承担进行限制，调整了知识产权权利人与社会公共利益间的平衡，如《德国著作权法》第101条规定："对于行使停止侵害请求权的情形，如果会引起过度损失且可推断受害人同意金钱补偿的，侵害者可避开上述权项而赔偿受害者金钱。"又如《意大利著作权法》第169条规定："保护作者身份的诉讼，仅在损害无法通过增补或隐去作者姓名或其他公告方式救济时，才可以请求排除侵害或销毁侵权物。"

　　我国知识产权法律法规并没有对停止侵害责任的不适用进行明确规定，上海市高级人民法院于2010年印发的《关于知识产权侵权纠纷中适用法定赔偿方法确定赔偿数额的若干问题的意见（试行）》作为为数不多的与之相关的司法解释，其中第11条规定："知识产权侵权诉讼中，因判决停止侵害可能损害社会公共利益或者严重损害第三人利益而不判决停止侵害的，赔偿数额应当高于判决停止侵权的同类案件。"

　　上述司法解释并不具备普遍适用的效力，在司法实践中法院往往以公共利益或者侵权人正当利益作为停止侵害责任不适用的依据。

　　如在"白云机场案"中，广州市中级人民法院认为被告未经原告许可，在广州新白云国际机场航站楼玻璃幕墙工程的设计、施工当中制造、销售、使用原告的专利产品，已经侵犯了原告第ZL97240594.1号实用新型专利权，应当停止侵害并承担相应的赔偿责任，但考虑到机场的特殊性，判令停止使用被控侵权产品不符合社会公共利益，因此被告白云机场股份有限公司可继续使用被控侵权产品，但应当适当支付使用费。❶

　　又如在"华阳电厂案"中，福建省高级人民法院认为被告富士化水提供给华阳公司脱硫技术的脱硫方法及装置的技术特征全面覆盖晶源公司的ZL95119389.9号"曝气法海水烟气脱硫方法及一种曝气装置"发明专利权利要求1和权利要求5的技术特征。该行为属于未经专利权人许可，实施其专利的侵权行为，应承担相应的侵权民事责任。由于火力发电厂配备

---

　　❶ （2004）穗中法民三知初字第581号.

烟气脱硫设施，符合保护环境的基本国策和国家产业政策，有利于建设环境友好型社会，具有很好的社会效益，且电厂供电情况将直接影响地方的经济和民生。在该案中，如果华阳公司停止烟气脱硫设备的使用，将对当地经济和民生产生不良的影响。为平衡权利人利益及社会公众利益，晶源公司要求华阳公司停止侵害的诉讼请求，福建省高级人民法院不予支持，但华阳公司也应从其1号和2号机组投入商业运营起就使用涉案专利的纯海水烟气脱硫方法及装置向晶源公司支付相应的使用费，直至涉案发明专利权期限终止。❶

（二）损害赔偿责任的承担

损害赔偿作为知识产权侵权最重要的救济手段，与知识产权权利人利益的保障及知识产权制度目的的实现息息相关。而知识产权的损害具有复杂性、间接性与非显而易见性的特征，与一般财产权相比，知识产权侵权损害赔偿在损害赔偿参考因素以及具体数据计算方法上具备特殊性，这也直接决定了知识产权侵权损害赔偿救济法律构造的特殊性。如对于英美法而言，最初知识产权侵权损害赔偿只包括普通法上的救济，其范围仅针对权利人因为侵权行为而损失的利润，随后衡平法将损害赔偿的范围拓展到侵权人所获利益以及合理使用费❷，但这些救济主张必然存在重合之处，因此不能简单叠加适用。对大陆法系国家的相关法律、司法解释以及经典判决的研究，可以得出知识产权侵权赔偿的确定主要包含以下四种方式：第一，按照权利人的实际损失确定；第二，按照侵权人的非法获利确定；第三，按照许可使用费的合理倍数确定；第四，根据案件情节按照定额赔偿的方法确定。需要说明的是，这四种方式均为独立适用，并且对于知识产权权利人而言，每种方式的举证难度与最终可以被法院支持的数额都有显著的差异。

1. 实际损失

赔偿权利人因侵权导致的实际损失是传统侵权法"补偿性赔偿"原则

---

❶ （2001）闽知初字第4号.
❷ 和育东. 美国专利侵权救济 [M]. 北京：法律出版社，2009.

在知识产权领域的延伸。❶ 实际损失的本质为一种经济上的不利益，这种不利益即为财产价值的减损。从侵权法的视角来看，上述财产价值的减损又可进一步分为积极的价值减损与消极的价值减损，前者主要指现有财产价值（更多体现为使用价值）的减少，后者主要指可得利益的丧失。❷ 知识产权作为一种商业上的垄断经营权，他们的使用并不会降低其使用价值，因此侵犯知识产权的实际损失属于消极的价值减损，即市场利润的减少。在司法实践中，往往从销售量流失与价格侵蚀这两个方面来确定市场利润的减少。

（1）销售量流失。

知识产权侵权行为导致权利人市场利润减少最显而易见的原因就是销售量的流失，但在现实中影响产品销售量的因素具有复杂性与不确定性，除了侵权行为外，消费者偏好的变化、整体经济形势的波动、企业的经营状况以及非侵权替代品的出现都会对销量产生显著影响，因此权利人很难精确地确定其流失的销售量中与侵权行为直接相关的比例。为了解决这一问题，在司法实践中往往会采用推定的方式适当降低销售量流失与侵权行为因果关系的证明标准。

如美国联邦上诉巡回法院在 Paper Converting Machine Co. v. MagnaGraphics Corp. 案中要求专利权人在证明销售量流失与侵权行为因果关系时达到一种合理的可能性即可，该可能性主要考量以下四个要素：第一，市场对知识产权涉及产品的需求；第二，市场上缺乏可替代的非侵权产品；第三，知识产权权利人自身具备满足市场需求的生产与销售能力；第四，市场利润丧失的总和。❸

我国司法实践则从反面将侵权产品的销售量推定为侵权行为导致知识产权权利人流失的销售量，这样的操作被司法解释所明确认可，如《最高

---

❶ [德] U. 马格努斯. 侵权法的统一：损害与损害赔偿 [M]. 谢鸿飞, 译. 北京：法律出版社, 2009.

❷ 张新宝. 中国侵权行为法 [M]. 北京：中国社会科学出版社, 1995.

❸ Paper Converting Machine Co. v. MagnaGraphics Corp., 745 F. 2d 11, 21 (Fed. Cir. 1984).

人民法院关于审理专利纠纷案件适用法律问题的若干规定》第20条第2款规定："权利人因被侵权所受到的实际损失可以根据专利权人的专利产品因侵权所造成销售量减少的总数乘以每件专利产品的合理利润所得之积计算。权利人销售量减少的总数难以确定的，侵权产品在市场上销售的总数乘以每件专利产品的合理利润所得之积可以视为权利人因被侵权所受到的实际损失。"又如《最高人民法院关于审理著作权民事纠纷案件适用法律若干问题的解释》第24条规定："权利人的实际损失，可以根据权利人因侵权所造成复制品发行减少量或者侵权复制品销售量与权利人发行该复制品单位利润乘积计算。发行减少量难以确定的，按照侵权复制品市场销售量确定。"再如《最高人民法院关于审理商标民事纠纷案件适用法律若干问题的解释》第15条规定："商标法第五十六条第一款规定的因被侵权所受到的损失，可以根据权利人因侵权所造成商品销售减少量或者侵权商品销售量与该注册商标商品的单位利润乘积计算。"当然，如果被诉侵权人认为这样处理的结果与事实严重不符，也可以通过举证来推翻上述推定。

（2）价格侵蚀。

根据微观经济学的经典理论，对于具有替代关系的产品，当市场上产品供给者数量越多时，每个供给者将产品价格定在边际成本之上的垄断力就越小，其所获得超额利润也将越少，价格侵蚀指的正是侵权行为对知识产权权利人定价与获利能力的影响。现实中的价格侵蚀主要表现为以下四种形式：第一，权利人因侵权产品的出现而直接降低产品售价；第二，权利人因侵权产品的出现以折扣或赠品的方式变相降价；第三，权利人因侵权产品的出现无法以既定计划提高产品售价；第四，权利人因侵权产品的出现超过原定计划幅度降价销售产品。

案例中的价格侵蚀理论（Price Erosion）则最早出现在美国联邦最高法院1886年审理的Yale Lock Mfg. v. Sargent案，涉及价格侵蚀理论的论述为"权利人应当提供证据证明假若没有侵权行为的发生，权利人本可以以更高的价格销售专利产品"❶。英国高等法院则在 1890 年审理的 American Braided Wire Company v. Thomson 案中确立了降价损失（Lose by reduction in price），指出"法庭指出原告的所失利润不仅应当包括流失销量的损失，还应当包括由于价格下降给实际销量带来的利润损失"❷。

目前我国司法实践往往没有将销售量流失和价格侵蚀分开单独评估，原因在于现实中价格侵蚀与销售量流失往往存在共线性的问题，是一个硬币的两面，两者都是知识产权侵权行为的后果，并且在实际损失计算时价格侵蚀往往表现得没有销售量流失那么直观，需要进行复杂的经济分析。如在"巴洛克商标侵权及不正当竞争案"中，苏州中级人民法院在确定赔偿数额时综合采用了"因销售流失而损失的利润"及"因价格侵蚀而损失的利润"两种计算方法，其中关于价格侵蚀判决书的论述为"巴洛克木业公司为了应对浙江巴洛克公司的低价销售给其经销商带来的冲击，应各经销商的要求，两次采取降价措施，降价中降幅最小的为 5 元每平方米。巴洛克木业公司在庭审中陈述自 2015 年 10 月至 2016 年上半年，其共接到降价申请约 800 单，总量约 232 万平方米。巴洛克木业公司盐城地区的经销商亦到庭陈述其因为浙江巴洛克公司侵权行为的冲击要求巴洛克木业公司降价 20—25 元每平方米，其每年的销量在 25000 平方米左右。其作为巴洛克木业公司经销商，提供的关于侵权行为对价格影响的信息与巴洛克木业公司提供的证据能相互印证，应属最佳同期信息，具有可采性。如果仅按照巴洛克木业公司降价通知中所列的降幅最小的 5 元每平方米来计算，因价格下调而损失的利润=232 万平方米×5 元每平方米=1160 万元，已超过 1000 万"。❸

2. 侵权获利

大陆法系和英美法系都有责令侵权人向权利人支付因侵权行为所获利益作为知识产权侵权损害赔偿责任承担方式的规则安排，但由于对支付因

---

❶ Yale Lock Mfg. Co. v. Sargent, 117 U.S. 536, 551（1886）.
❷ American Braided Wire Company v. Thomson, 44 Ch D. 274（1890）.
❸ （2016）苏 05 民初 41 号.

侵权行为所获利益救济法律属性的认识存在分歧，各国家或地区对支付侵权获利的适用条件、计算方式以及举证标准存在较大差异。

在大陆法系国家，支付侵权获利被视为实际损失无法确定时第一顺位的替代计算方式，在法律中进行了明确规定。如《德国专利法》第139条第2款规定："任何故意或者过失侵犯专利权的人，对被侵权人因此产生的损害负有赔偿义务。侵权损害的赔偿数额，可以按照侵权人因侵权所获得的利益确定。"又如《日本专利法》第102条第2款规定："专利权人或专用实施权人对于因故意或过失而侵害自己的专利权或专用实施权的人，当请求因其侵害自己权利提出损害赔偿时，有关人员因其侵害行为而得到利益时，其所获利益的金额，推定为专利权人或专用实施权人所受损害的金额。"而关于支付侵权获利的请求权基础，我国学界主流观点认为是"不当得利"❶，德国与日本学界则认为是"不真正无因管理"❷❸，近年来一些学者又提出了"返还获利请求权"❹与"法定赔偿"❺。

在英美法系国家，支付侵权获利则是独立的金钱救济形式。该救济源于衡平法上的清算利润（Account of Profits），独立于普通法上的损害赔偿。衡平法以信托制度为基础，其中法院将知识产权侵权的非法利益返还责任视作一个拟制信托，侵权人作为该信托关系的利润受托人负有获利返还义务。❻基于信托的基本理论，衡平法上的清算利润不以权利人因侵权行为受到损害为要件，但需要侵权人主观上存在故意。随着现代英美法上知识

---

❶ 朱冬．知识产权侵权损害赔偿救济制度研究［M］．北京：知识产权出版社，2018．

❷ ［德］鲁道夫·克拉瑟．专利法——德国专利和实用新型法、欧洲和国际专利法［M］．单晓光，等译．北京：知识产权出版社，2016．

❸ 张鹏．日本专利侵权损害赔偿数额计算的理念与制度［J］．知识产权，2017（6）：87-98．

❹ 王若冰．获利返还请求权与侵权损害赔偿关系之辨［J］．私法，2017（1）：112-126．

❺ 胡晶晶．知识产权"利润剥夺"损害赔偿请求权基础研究．法律科学［J］．2014（6）：113-120．

❻ 和育东．美国专利侵权救济［M］．北京：法律出版社，2009．

161

产权制度的法典化，清算利润也从案例法官创造的案例发展到被纳入成文法中，如《美国专利法》第 289 条规定："任何人在外观设计专利权有效期内，未取得专利权人许可而在出售的制品上采用此类外观设计或此类乱真的仿制品，将导致当事人所在地区的地方法院判处侵权人归还专利权人全部侵权获益，不低于 250 美元。本条规定不应制止、减少或非难被侵害的专利权人依照本规定取得其他赔偿，亦不得重复获得损害赔偿。"这一条文创立了"整体市场价值原则"（Entire Market Value），即权利人可以基于侵权人的全部获益获得赔偿。

我国分别在《专利法》第 65 条、《著作权法》第 49 条、《商标法》第 63 条中对将支付侵权获利作为实际损失无法确定时第一顺位的替代计算方式进行了原则性的规定。司法解释则更加细化地规定了侵权获利的计算方法，如《最高人民法院关于审理专利纠纷案件适用法律问题的若干规定》第 20 条第 2 款与第 3 款规定："专利法第六十五条规定的侵权人因侵权所获得的利益可以根据该侵权产品在市场上销售的总数乘以每件侵权产品的合理利润所得之积计算。侵权人因侵权所获得的利益一般按照侵权人的营业利润计算，对于完全以侵权为业的侵权人，可以按照销售利润计算。"《最高人民法院关于审理侵犯专利权纠纷案件应用法律若干问题的解释》第 16 条则进一步规定了计算侵权收益时的合理扣除："人民法院依据专利法第六十五条第一款的规定确定侵权人因侵权所获得的利益，应当限于侵权人因侵犯专利权行为所获得的利益；因其他权利所产生的利益，应当合理扣除。侵犯发明、实用新型专利权的产品系另一产品的零部件的，人民法院应当根据该零部件本身的价值及其在实现成品利润中的作用等因素合理确定赔偿数额。侵犯外观设计专利权的产品为包装物的，人民法院应当按照包装物本身的价值及其在实现被包装产品利润中的作用等因素合理确定赔偿数额。"

司法实践中关于侵权获利的举证涉及相关产品的定价、成本以及销量，但是这些信息基本都属于商业秘密而处于被告的控制中，原告很难获得。❶为了应对原被告双方在侵权获利举证方面的信息不对称，我国在知识产权审判改革中吸收了国外的"证据披露"制度，对证据规则进行了调整。

"证据披露"制度源自 16 世纪英国衡平法所创设的 Discovery 制度，旨在要求对方披露隐藏的不为己方知晓的证据，对方负有应己方要求提供证据材料、协助查清案件事实的义务。与举证责任倒置不同，"证据披露"制度中举证责任并没有发生转移，如果被申请人履行完披露义务后，案件事实仍然处于模糊的状态，举证不能的后果依然由负有举证责任的原告承担。

从规则构成的角度准确来讲，该制度应被称为"证据披露—举证妨碍"制度，其中"证据披露"规则的内容是何种证据在什么情形下应该基于怎样的程序被披露，而"举证妨碍"规则的内容则是不履行证据披露义务所应承担的后果。

在我国《民事诉讼法》中可以找到"证据披露"规则的程序法基础，其中第 64 条第 2 款规定"当事人及其诉讼代理人因客观原因不能自行收集的证据，或者人民法院认为审理案件需要的证据，人民法院应当调查收集"，第 67 条第 1 款规定"人民法院有权向有关单位和个人调查取证，有关单位和个人不得拒绝"。《最高人民法院关于民事诉讼证据的若干规定》第 17 条进一步明确了"商业秘密"与"当事人及其诉讼代理人确因客观原因不能自行收集的其他材料"均属于可以申请人民法院责令证据持有人披露的证据。在适用"证据披露"规则时，"被申请人是否持有或应当持有"以及"申请人是否无法获得"是需要重点考虑的两个因素，法院一般会参考《公司法》《会计法》《审计法》《税法》等相关法律法规的规定以及商业惯例与日常生活经验予以综合判断。

《最高人民法院关于民事诉讼证据的若干规定》第 75 条规定了"举证妨碍"的后果，"有证据证明一方当事人持有证据无正当理由拒不提供，如果对方当事人主张该证据的内容不利于证据持有人，可以推定该主张成

---

❶ 这一问题在被告属于非上市公司的情形下尤为突出。

立"。在审判中,当一方当事人请求法院对另一方当事人的财务账册、电子财务数据以及产品库存等进行证据保全时,另一方当事人阻扰、拒绝破坏法院的保全措施,或者故意提交残缺、伪造的证据,均构成"举证妨碍",法庭可以结合有关情况推定申请保全方主张的赔偿数额成立。"结合有关情况"需要具体考虑构成举证妨碍的证据要素在整个证据链中的地位,仅推定该证据要素局部成就,而不是一概地完全支持申请保全方的主张。例如,原告关于被告侵权获利数额的主张需要A、B、C、D四个证据要素,原告已提交了A、B、C三个证据要素,D证据要素属于控制在被告手中的商业秘密,被告拒绝提供,在这种情形下法院可以推定原告所主张的侵权获利数额成立。但是,在上例中,如果原告仅提交了A、B两个证据要素,C不属于举证妨碍的对象,则不能直接推定原告所主张的侵权获利数额,而需要转为使用优势证据规则。

我国适用"证据披露—举证妨碍"规则的典型案例为"太格尔诉吕某外观设计专利侵权案",在该案中原告请求法院保全被告生产销售被控侵权产品的财务账册及产品样品,但被告对证据披露义务既不配合履行,也不予解释说明。汕头市中级人民法院最终认为原告请求保全被告生产销售被控侵权产品的财务账册及产品样品系确定本案损害赔偿数额的关键证据,且该证据确系原告及其诉讼代理人因客观原因不能自行收集的材料,根据《最高人民法院关于民事诉讼证据的若干规定》第75条的规定,以及专利权的类型、侵权行为的性质,并结合被告生产销售侵权产品系使用虚构的企业名称、在工商行政管理部门查处后产品仍在市场销售等情况,且原告曾向被告发律师函要求停止侵权的事实,推定原告关于损害赔偿数额的诉请成立。最终汕头市中级人民法院完全支持了原告基于侵权获利主张的损害赔偿金10万元。❶

3. 合理使用费

合理使用费以知识产权的许可费为计算标准,不对侵权中复杂的因果关系进行考量,因而在举证方面比计算实际损失及支付侵权获利的方式更为容易。

---

❶ (2013)汕中法民三初字第29号.

第九章　知识产权侵权责任总论

在大陆法系理论中，被诉侵权人向知识产权权利人支付合理使用费的请求权基础为不当得利之债。❶ 不过这种情形并不是纯粹的不当得利，原因在于除了没有支付知识产权相应的使用费之外，被诉侵权人所获得的利益还包括自由实施了相应的知识产权，该利益是在牺牲知识产权权利人决定"是否予以许可"权利的基础上获得的，因此以合理使用费确定的损害赔偿金额不是许可费本身，而是根据专利权的类别、侵权行为的性质及情节等因素确定的符合知识产权市场价值许可费的若干倍。

合理使用费在英美法上的性质则为损害赔偿最低限度的保障❷，也就是说，当知识产权权利人实际损失或者侵权人获利难以举证时，权利人可以选择合理使用费作为兜底补偿，而法官基于自由裁量作出虚拟数额判决。最早的案例可以追溯到美国最高法院审理的 Rude v. Westcott 案，对于合理使用费数额的确定标准，法官指出所依据的许可费必须是在侵权行为发生前已存在，且有足够多被许可人实际支付，并且这些在先许可在地域上与侵权行为一致。❸ 该案例所确定归责随后也被纳入成文法中，如《美国专利法》第284条规定："法院在作出有利于请求人的裁决后，应当判给请求人足以补偿所受侵害的赔偿金，无论如何，不得少于侵害人使用该项发明的合理使用费，以及法院所制定的利息与诉讼费。陪审人员没有决定损害赔偿金时，法院应当酌定。无论是由陪审人员还是由法院决定，法院都可以将损害赔偿金增加到原决定数额的三倍。法院可以接受专家的证词以协助决定损害赔偿金或根据情况应该是合理的使用费。"

我国分别在《专利法》第65条以及《商标法》第63条对合理使用费在司法审判中的适用顺位进行了原则性的规定，《著作权法》尚未将此立法化。关于合理费用的具体计算方法，2007年《重庆市高级人民法院关于确定知识产权侵权损害赔偿数额若干问题的指导意见》第15条规定："本

---

❶ 王泽鉴. 人格权法：法释义学、比较法、案例研究［M］. 北京：北京大学出版社，2012.

❷ Mark A. Lemley, Carl Shapiro. Patent Holdup and Royalty Stacking［J］. Texas Law Review，2006，85（7）：1991-2049.

❸ Rude v. Westcott, 130U. S. 152, 165 (1889).

意见第一条第四项所称'许可使用费'是指权利人在纠纷发生前就涉案专利、商标、作品许可他人使用时已实际收取或依据合同可以收取的费用。权利人应该就许可使用合同的真实性和实施情况进行举证。对经审查发现许可使用合同不真实或许可使用费明显不合理的，不能以此作为计算依据。"第16条进一步规定："人民法院在确定许可使用费的倍数时，应该考虑侵权人的侵权使用是否与许可使用的情况相似，包括许可使用的方式、时间、范围以及侵权情节等因素。侵权人的侵权使用幅度小于许可使用幅度的，可以确定较低的倍数；对于以假冒为业或多次侵权等情节严重的行为可以适用较高倍数。许可使用费的倍数一般在1—3倍以内考虑。"最高人民法院在2015年修正的《最高人民法院关于审理专利纠纷案件适用法律问题的若干规定》中也对许可使用费的法律适用进一步明确，其中第21条规定："权利人的损失或者侵权人获得的利益难以确定，有专利许可使用费可以参照的，人民法院可以根据专利权的类型、侵权行为的性质和情节、专利许可的性质、范围、时间等因素，参照该专利许可使用费的倍数合理确定赔偿数额。"

司法实践中也存在权利人提供事后签订的许可合同，甚至伪造许可合同的情形来请求法院作出高额损害赔偿判决，法院会基于许可合同是否备案、是否有磋商合同细节的往来邮件及付款记录等因素来确定许可合同的真实性。我国适用合理使用费的典型案例为"西电捷通诉索尼案"，在该案中原告提交了4份与案外人签订的专利实施许可合同，合同约定的专利提成费为1元/件，北京知识产权法院认为上述证据对该案具有可参照性，可以作为该案中确定涉案专利许可费的标准。根据工信部电信设备认证中心出具的材料，被告在2010年1月1日至2014年12月31日期间已获电信设备进网许可证的移动电话机产品的数量为2876391件，考虑到涉案专利为无线局域网安全领域的基础发明，获得过相关科技奖项，被纳入国家标准以及被告在双方沟通协商过程中的过错等因素，最终支持原告"以许可费的3倍确定赔偿数额"的主张，确定经济损失赔偿数额为8629173元。❶

---

❶ （2015）京知民初字第1194号.

4. 法定赔偿

法定赔偿是指法律预先规定数额范围，法官综合法定参考因素合理确定赔偿数额的赔偿方式，其本质为实体法上的定额赔偿而非程序法上赔偿额计算方式。❶ 法定赔偿源自英国与美洲殖民地制定的用于赔偿遭受侵权行为损害著作权人的法定赔偿条款，并见诸于 1710 年《安娜法》。此后，法定赔偿制度由美国案例进行了系统性地完善，并被明确规定在《美国版权法》与《美国专利法》中。在美国的主导下，包括 TRIPs 协定在内的多个双边及多边贸易协定规定了法定赔偿方式。目前还有日本、德国、加拿大、新加坡等 20 多个国家和地区规定了知识产权法定赔偿方式。

我国法定赔偿的权利可以追溯到于 1998 年 7 月颁布的《最高人民法院关于全国部分法院知识产权审判工作座谈会纪要》，其中在侵权损害赔偿部分指出"对于已查明被告构成侵权并造成原告损害，但原告损失额与被告获利额等均不能确认的案件，可以采用定额赔偿的办法来确定损害赔偿额。定额赔偿的幅度，可掌握在 5000 元至 30 万元之间，具体数额，由人民法院根据被侵害的知识产权的类型、评估价值、侵权持续的时间、权利人因侵权所受到的商誉损害等因素在定额赔偿幅度内确定"。随后，最高人民法院也在司法解释中引入了法定赔偿制度，如 2015 年修正的《最高人民法院关于审理专利纠纷案件适用法律问题的若干规定》第 21 条规定，权利人的损失或者侵权人获得的利益难以确定，没有专利许可使用费可以参照或者专利许可使用费明显不合理的，人民法院可以根据专利权的类型、侵权行为的性质和情节等因素，依照专利法第六十五条第二款的规定确定赔偿数额。法院在确定法定赔偿金额时重点考察的情节包括：侵权人在主观上是故意还是过失；是否存在重复侵权、规模化侵权和以侵权为业。

目前，我国现行《专利法》《商标法》以及《著作权法》均将法定赔偿作为知识产权侵权损害赔偿最后顺位的责任方式予以规定，并且 2019

---

❶ 朱冬. 知识产权侵权损害赔偿救济制度研究 [M]. 北京：知识产权出版社，2018.

年修正的《商标法》以及《专利法》第四次修正草案均将法定赔偿的上限提高到了500万元人民币，体现了知识产权保护力度的增强。

虽然法定赔偿在我国知识产权侵权损害赔偿责任确定方式中属于最后顺位，但其在我国司法实践中却有广泛的使用，长沙中级人民法院对其2011年至2015年间受理的3309起知识产权侵权纠纷案件进行统计分析，结果显示其中原告没有对侵权情节等损害事实进行举证而直接请求适用法定赔偿的案件占比高达98.2%。❶ 适用法定赔偿的案件存在赔偿金额总体偏低的问题。近年来，除了在立法上提高法定赔偿额上限之外，我国还在司法实践中鼓励知识产权权利人通过优势证据规则，获得超过法定赔偿额的损害赔偿判决。所谓"优势证据"，即不能准确计算权利人实际损失或侵权人侵权获利，但可以证明损失或获利明显超过法定赔偿最高额的证据。

对于超过法定赔偿额的损害赔偿的性质，各地方司法解释有着不同的界定❷：浙江省高级人民法院将其视作法定赔偿外独立的酌定赔偿方式，其于2009年印发的《关于审理侵犯专利权纠纷案件适用法定赔偿方法的若干意见》第3条第（4）项规定，"权利人虽不能举证证明因被侵权所受到的实际损失或侵权人因侵权获得的利益的具体数额"，但根据相关证据，"可以确信因被侵权所受到的实际损失或侵权人因侵权获得的利益明显超过100万元的"，不适用法定赔偿；江苏省高级人民法院将其视作法定赔偿与其他赔偿计算方式的结合，《江苏省高级人民法院关于知识产权侵权损害适用定额赔偿办法若干问题的指导意见》第23条第2款规定在有证据显示因侵权原告所受损失或被告所获利益高于最高限额时，"而原告非唯一请求适用定额赔偿办法的，可以参照其他赔偿原则在最高限额以上酌情确定赔偿数额"；重庆市高级人民法院则将其作为特殊情形下的法定赔

---

❶ 长沙市中级人民法院知识产权和涉外商事审判庭. 长沙市中级人民法院知识产权民事案件损害赔偿额判定状况（2011—2015）[J]. 中国知识产权，2016（5）：15-18.

❷ 朱启莉. 我国知识产权法定赔偿适用情形存在的问题与对策研究——兼评《著作权法》（草案）第72条[J]. 当代法学，2012（5）：11-18.

偿,《重庆市高级人民法院关于确定知识产权损害赔偿数额若干问题的指导意见》第18条规定,在有证据证明但又无法确定具体数额时,法院可以突破50万元的上限确定合理的赔偿额。

下面是我国突破法定赔偿额的两个典型案例。在SAP公司诉朗泽公司侵犯著作权纠纷案中,上海知识产权法院认为虽然SAP公司的实际损失和朗泽公司的违法所得均难以确定,但现有证据已经可以证明SAP公司因侵权所受到的损失超过了相关法律规定的法定赔偿数额的上限50万元,故综合全案的证据情况,根据朗泽公司的培训费价格、侵权行为的性质、主观状态、侵权情节及持续时间,参考SAP公司向合作机构收取特许权使用费的比例等,判决朗泽公司停止侵害行为,并赔偿SAP公司包括合理开支在内的经济损失共计118万元❶;在"中国好声音"著作权纠纷案中,一审法院北京市石景山区人民法院认为腾讯公司因暴风集团公司涉案行为所遭受的经济损失明显超出著作权法法定赔偿数额的上限50万元,为弥补权利人的经济损失、惩戒恶意侵权行为,酌定该案赔偿数额为100万元,北京知识产权法院在二审中维持了这一判决。❷

二、知识产权间接侵权中损害赔偿责任的承担

我国学者对知识产权间接侵权的研究重点集中在责任的构成要件与各具体情境中间接侵权的认定规则方面,这可能与对间接侵权的追责缺乏传统侵权法上的"正当性"基础有关。然而在对间接侵权责任成就后,对责任如何承担的研究相对比较缺乏,我国知识产权立法中也均未对间接侵权中损害赔偿责任的具体方式予以规定,在司法实践中法院一般根据知识产权间接侵权的类型分别归入共同侵权中的教唆侵权与帮助侵权,援引《民法通则》第130条以及《侵权责任法》第8条以直接侵权行为导致知识产权权利人全部损失为基础,判令间接侵权人承担连带赔偿责任。

但是建立在共同侵权模式之上的知识产权间接侵权损害赔偿责任承担

---

❶ (2015)沪知民初字第191号.
❷ (2017)京73民终1258号.

机制，随着侵权情境的更迭以及举证规则的变化也出现了"作为损失计算基础的直接侵权难以确定"以及"对直接侵权人的追偿机制失灵"等问题。❶有学者提出间接侵权相比于共同侵权而言，在主观可追责性及客观损害承担方面都更小，承担连带责任有失公允。❷还有学者更进一步指出完全可以根据各个行为对损害后果所起的原因力来确定各个行为人的分别责任。❸

近年来，国外也出现了适当限制连带责任在知识产权间接侵权中的适用，并且引入知识产权损害赔偿特殊计算方法的立法或司法趋势，包括：（1）以间接侵权人的侵权获利计算损失，如日本东京地方法院 2005 年审理的"隧道表面标志点设定方法案"，法院将"涉案侵权产品的租金总额"作为间接侵权人的获利，并基于此作出了损害赔偿判决❹；（2）以间接侵权人作为被许可人计算许可费，如美国联邦上诉巡回法院 2009 年审理的 Lucent Technologies，Inc. v. Gateway，Inc. 案，法院认为该案教唆侵权应当针对间接侵权人适用合理许可费，由假定专利权人与间接侵权人之间存在许可磋商关系的方式确定。❺

---

❶ 朱冬. 知识产权间接侵权连带赔偿责任的反思与重构［J］. 法律科学，2017（6）：147-155.

❷ 义瑛. 浅议间接侵权［J］. 华南理工大学学报（社会科学版），2004（6）：23-25.

❸ 张玲. 我国专利间接侵权的困境及立法建议［J］. 政法论丛，2009（2）：41-45.

❹ 参见"隧道表面标志点设定方法案"，东京地方裁判所平成 15 年（ワ）第 5813 号、平成 16 年（ワ）第 23633 号判决书．

❺ Lucent Technologies, Inc.v.Gateway, Inc., 580 F.3d 1301, 1318(Fed.Cir.2009).

第十章　专利权侵权责任[*]

第一节　侵犯专利权的行为

侵犯专利权的行为是指"未经专利权人许可，实施其专利"。通过前述基于法条的定义可知界定专利侵权行为时涉及两个层面的问题：第一，宏观层面，被诉侵权人的行为是否属于制造、使用、许诺销售、销售、进口；第二，微观层面，上述行为所涉及的产品或方法所涉及的技术方案落入了专利的保护范围。在司法实践中，宏观行为的界定并不存在太多争议，关键在于微观层面的判断，该判断从逻辑上分为两个步骤，其一是专利保护范围的确定，其二是技术方案的比对。

一、专利权保护范围的确定

专利权保护的客体为技术方案，技术作为无形物与传统民事权利的客体有很大的区别，在涉及传统民事权利客体的规则体系中，无论是关于动产的"占有"制度，还是关于不动产的"登记"制度，都是为了解决权利客体与主体之间稳定且可视的对应关系，以上两类权利客体的边界在自然状况下是清晰的。但是技术在本质上属于一种信息，克里斯多夫（Christopher）就指出技术没有物质存在，不能用可接触的物理边界来确定技术的边界。因此，要将技术纳入以有形物为模板建立起来的财

---

[*] 本章对专利权侵权责任的论述将局限于发明与实用新型。

产体系，首要的任务就是通过法律上的手段界定技术权利的边界。[1] 正如谢尔曼（Scherman）与本特利（Bentley）所述，法律在调整无形物时，首先必须解决的问题就是将其转化成新的形式，该形式是能够追踪到的保护对象。[2]

由于技术权利的边界不是自然存在的，需要通过法律手段予以确认，通过何种方式界定该边界是一个前提性的问题。考察专利制度演进史可以得知，技术的实物载体曾经一度被试图用来实现这一功能，但在适用上存在诸多问题。克里斯多夫提出技术的物质表现并不能起到界定权利边界的作用，其仅仅是技术的模型，观察者只能够通过内心来感受和理解发明，技术的实物载体仅可以实现技术的"外化"，它是无形物的无数种表现形式之一，与技术在逻辑上属于特殊与一般的关系，不能代表技术本身。界定技术权利的边界所需要的是对特定技术的"物化"，即客观化。最终书面的专利文件被选定用来执行这一功能，将技术内容抽象为文字、符号以及图表的形式，具备转化上的统一性与传播上的便利性。谢尔曼和本特利指出书面文件实现了无形财产的闭合，确保无形财产被置于一个稳定的格式中。此后，技术的确权模式又从单一的专利文本发展为说明书披露技术信息，权利要求书以说明书为依据界定权利边界的复合模式。[3]

（一）权利要求书：专利权保护范围的界定工具

在现代专利制度下，说明书与权利要求书有着泾渭分明的分工，说明书负责向社会公众重复披露可以被实施的技术方案，权利要求书负责界定专利权保护的范围。其中技术是客观存在，但没有物化形式的范畴，而权利要求却是有形载体上记载的主观思想。因此，特定技术的专利化，实则经历了从客观到主观再到客观，从无形到有形再到无形的两次飞跃。从现实中来看，从来不存在语言符号与技术特征之间的一一对应关系，因此在

---

[1] Christopher Anthony Cotropia. Patent Claim Interpretation Methodologies and Their Claim Scope Paradigms [J]. William & Mary Law Review, 2005, 47 (1): 49-133.

[2][3] ［澳］布拉德·谢尔曼，［英］莱昂内尔·本特利. 现代知识产权法的演进：英国的历程（1760—1911）[M]. 金海军，译. 北京：北京大学出版社，2006.

表达形式与存在形态的每一次转化过程中，都会伴随着失真，从而存在模糊的空间。因此，各国对权利要求书撰写的格式都有着严格且具体的规定，以尽可能降低文字表述技术方案的不确定性，并降低专利保护范围的界定成本。理解权利要求书的特殊格式需要从两个维度展开，即权利要求书宏观上的基本单位及其微观上的构成要素。

1. 权利要求书的基本单位：技术方案

根据我国《专利法》第 2 条可知，发明与实用新型专利所保护客体的本质为技术方案，即对所要解决的技术问题所采取的利用了自然规律的技术手段的集合。❶ 在专利审查中审查员判断发明或实用新型的可专利性，以及在侵权诉讼中法官判断被诉产品或方法是否落入专利保护范围时所考量的对象都是技术方案。技术方案也是权利要求书的基本单位，权利要求书的内容即反映要求获得保护的发明或实用新型的技术方案，而不应当记载发明或实用新型所要解决的技术问题、基于的理论原理以及产生的有益效果。❷ 准确理解权利要求书的宏观结构需要厘清"技术方案"与"发明或实用新型申请""发明或实用新型""权利要求"这些相关概念之间的关系。

"权利要求"与"技术方案"并不是一一对应的关系，也就是说权利要求书中的基本单位是"技术方案"而非"权利要求"。原因在于存在以下两种情况：第一，一项权利要求通过选择多个并列技术特征而要求保护多个技术方案，例如，在某一条权利要求中限定某组分 A 包括材料 B、C 或 D 中的一种，该权利要求保护的客体实际包含 3 个完整的技术方案；第二，从属权利要求以择一的方式引用两项以上权利要求，例如，权利要求 4 表述为"根据权利要求 1—3 任一所述"，当权利要求 1—3 都涉及单一技术方案时，权利要求保护的客体实际包含 3 个完整的技术方案。

一项"发明或实用新型"一般由包含一个独立权利要求和若干个从属

---

❶ 国家知识产权局. 专利审查指南 2010（2019 年修订）[M]. 北京：知识产权出版社，2019.

❷ 尹新天. 中国专利法详解 [M]. 北京：知识产权出版社，2011.

权利要求的多个"权利要求"组成，其中独立权利要求从整体上反映发明或实用新型的技术方案，从属权利要求则是在独立权利要求的基础上加入一些对于发明或实用新型而言非必需的技术特征。独立权利要求与其从属权利要求之所以属于一项"发明或实用新型"，是因为它们所要解决的技术问题是相同的，差异点仅在于技术内容的细节以及技术效果的优劣。

一份权利要求书即对应一项"发明或实用新型申请"，但其中可能包含多项属于一个总的发明构思的"发明或实用新型"，其中属于一个总的发明构思是指这些"发明或实用新型"在技术上相互关联，包含若干个相同或相应的对现有技术做出贡献的特定技术特征。可以在一项"发明或实用新型申请"中一并要求保护的多项"发明或实用新型"一般包括以下六种情形：第一，不能包括在一项权利要求内的两项以上产品或者方法；第二，产品和专用于制造该产品的方法；第三，产品和该产品的用途；第四，产品、专用于制造该产品的方法和该产品的用途；第五，产品、专用于制造该产品的方法和为实施该方法而专门设计的设备；第六，方法和为实施该方法而专门设计的设备。[1]

综上，权利要求书的宏观结构如图10-1所示。

2. 技术方案的构成要素：技术特征

从微观上来看，技术方案的构成要素为技术特征，每一个技术特征都会对技术方案的保护范围产生限定作用。从形式逻辑来看，权利要求书圈定专利保护范围的过程即为构造概念的过程，专利垄断权的范围属于该概念的外延，技术方案中的技术特征则属于该概念的内涵。根据内涵与外延的"反变关系"，当概念的内涵越多时，其外延就会变得越小。也就是说，当技术方案中所罗列的技术特征越多时，权利的范围就会越小。

不同类型技术方案中技术特征有所差异，主要表现在：构成产品技术方案的技术特征一般是零件、部件、材料、器具、形状、设备、结构以及成分等；构成方法技术方案的技术特征一般是工艺、步骤、过程等。需要

---

[1] 国家知识产权局. 专利审查指南2010（2019年修订）[M]. 北京：知识产权出版社，2019.

注意的是，上述要素的相互关系本身也是技术方案中必不可少的技术特征，如产品技术方案中要素的连接关系，方法技术方案中要素的行动关系。❶ 此外，上述这种差异也不是泾渭分明的：在方法技术方案中必然会涉及工艺、步骤、过程中采用的原料、设备以及工具等技术特征；而当产品技术方案中一个或多个技术特征无法用结构特征或参数特征予以清楚表征时，也允许借助方法特征表征，不过方法特征表征的产品权利要求的保护主题仍然是产品，其实际的限定作用取决于对所要求保护的产品本身带来何种影响。

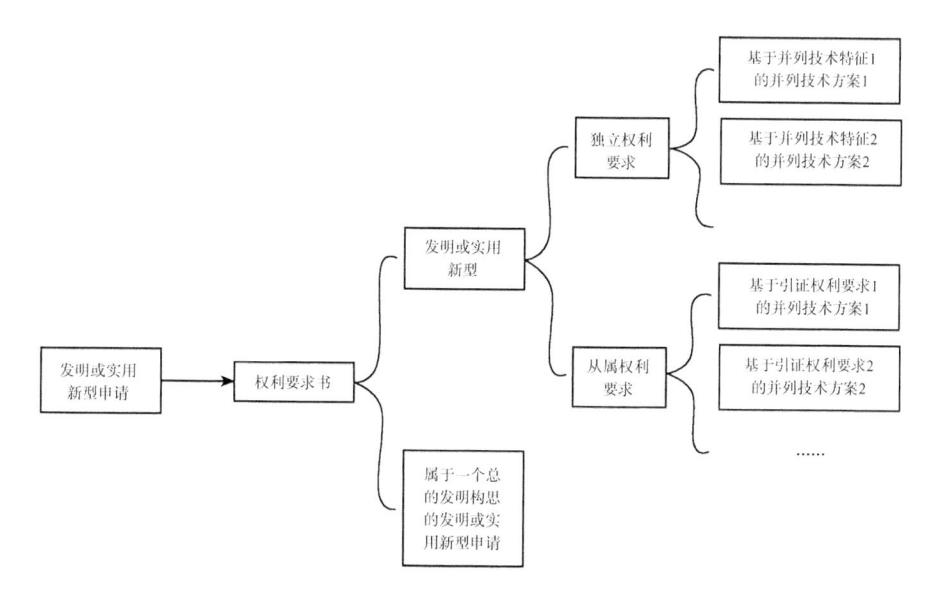

图 10-1 权利要求书的宏观结构

技术特征在权利要求中对技术方案进行限定一般采取"两段式"的固定结构。独立要求中技术方案的两段分别为前序与特征，前序部分写明要求保护的发明或者实用新型技术方案的主题名称以及发明或者实用新型主题与最接近的现有技术共有的必要技术特征，特征部分则写明发明或者实用新型区别于最接近的现有技术的技术特征。这一模式源自美国专利法上

---

❶ 尹新天．中国专利法详解 [M]．北京：知识产权出版社，2011．

的"杰普森权利要求"(Jepson Claims)❶,其优点在于能够清楚地反映要求保护的技术方案与现有技术间的差异。从属权利要求中技术方案的两段分别为引用与限定,引用部分写明引用的权利要求的编号及其主题名称,限定部分则写明发明或者实用新型附加的技术特征。

不过上述格式并不是完全限定的,在一些特定的情形下技术特征也可以通过其他的方式限定技术方案。

例如,以下四种情形,独立权利要求可以不通过"前序+特征"的方式撰写:第一,开拓性发明;第二,由几个状态等同的已知技术整体组合而成的发明,其发明实质在组合本身;第三,已知方法的改进发明,其改进之处在于省去某种物质或者材料,或者用一种物质或材料代替另一种物质或材料,或者省去某个步骤;第四,已知发明的改进在于系统中部件的更换或者其相互关系上的变化。❷

又如,在化学领域的技术方案中,如果一个或多个部分的化合物中具有多种"功能等同"的成分,可以使用"马库什权利要求"(Markush Claims),以化学通式的形式来概括大量具有相似结构和性质的具体化合物。

(二) 权利要求的解释

虽然权利要求书的格式化要求相对稳定地界定了专利保护范围与社会公共领域的界限,但是技术特征中术语的含义在确定时依然存在模糊空间。正如在 Lamar v. United States 案中主审法官所论述的:"任何一个词汇都不是透明的、一成不变的,词汇仅仅是一个活动思维的外壳,根据不同的具体情形而具有不同的内在含义。"

因此,权利人在行使权利时,还需要对专利文件进行解释,以进一步确定权利的边界。根据解释时文字字面意思对专利保护范围限定作用的不同,对权利要求的解释有以下三种原则。

---

❶ 徐棣枫. 专利权的扩张与限制 [M]. 北京:知识产权出版社,2007.
❷ 国家知识产权局. 专利审查指南 2010 (2019 年修订) [M]. 北京:知识产权出版社,2019.

1. 中心主义原则

根据中心主义原则，专利保护的范围主要由权利要求书确定，但是在具体解释权利要求时，应当以权利要求书所表述技术方案的实质意义为中心，综合考虑专利所解决的问题、目的以及说明书及其附图，并不严格局限于权利要求书的语句。

可以说，在中心限定原则下，权利要求书字面限定的保护范围为专利保护范围的最小值或者中心点，而专利保护范围的边界则取决于本领域普通技术人员的判断，由于"同领域普通技术人员"是一个十分抽象的概念，没有具体的评判标准，因此具有较强的主观性。显然中心主义原则是一个"亲专利"的解释原则，甚至有些在权利要求书中没有明确指出的技术方案，但是"同领域普通技术人员"可以通过说明书及其附图得出，都有可能落入专利保护的范围内。但是对于第三人而言，专利排他性的范围难以预期，不利于公平竞争的展开。此外用中心主义原则对权利要求进行解释，也给了申请人通过模糊描述进行专利扩张的空间。

2. 周边主义原则

周边主义原则也可以称为字面原则，是与中心主义原则截然相反的。基于此原则，专利权保护的范围完全由权利要求的文字内容限定，或者说权利要求的字面意思就是专利权的边界，说明书与附图不能成为确定专利保护范围的依据。

在周边主义原则下，权利要求书字面限定的保护范围为专利保护范围的最大值，是边界。与中心主义原则的"亲专利"性不同，周边主义原则将保护社会公共利益视为更重要的任务，严格限制专利扩张，并保障专利的确定性。被诉侵犯专利权的技术方案只有在包含了权利要求书中记载的每一个技术特征时，才能被认为落入专利保护的范围，若稍有区别，则不会构成侵权。

3. 折中主义原则

折中主义原则也可以称为解释原则，其内涵为要求专利保护的范围由权利要求书的内容确定，但是当权利要求书中存在模糊不清的限定语句时，可以通过援引说明书及其附图中的内容解释权利要求。这一原则首先在《欧洲专利公约》中确立，其主旨在于实现专利权人利益与社会公众利益的均衡，根据折中主义原则，权利要求的保护范围既不会机械地限定在字面上，也不能任意地作扩大解释，而是当权利要求书中存在模糊不清之处时才能够进行解释，而且与中心主义原则相比，这种解释不能泛泛地结合发明的目的与意义。

在现实中，这三个原则之间并不是泾渭分明的，法院在处理侵权案件时会根据一段时期内的取向把握一个度。我国《专利法》第 59 条第 1 款规定："发明或者实用新型专利权的保护范围以其权利要求的内容为准，说明书及附图可以用于解释权利要求的内容。"最高人民法院于 2015 年发布的《最高人民法院关于审理专利纠纷案件适用法律问题的若干规定》第 17 条进一步规定："专利法第五十九条第一款所称的'发明或者实用新型专利权的保护范围以其权利要求的内容为准，说明书及附图可以用于解释权利要求的内容'，是指专利权的保护范围应当以权利要求记载的全部技术特征所确定的范围为准，也包括与该技术特征相等同的特征所确定的范围。等同特征，是指与所记载的技术特征以基本相同的手段，实现基本相同的功能，达到基本相同的效果，并且本领域普通技术人员在被诉侵权行为发生时无需经过创造性劳动就能够联想到的特征。"基于此，可以看出我国对权利要求的解释从立法上采取的是折中主义原则，在司法实践中则对权利要求的解释更加灵活。

二、技术方案的比对规则

专利直接侵权包括字面侵权与等同侵权两种形态。前者是指被控侵权产品或方法直接落入权利要求字面限定的保护范围，后者则指虽然被控侵权产品或方法没有落入权利要求字面限定的保护范围，但是其所实施的技术方案与权利要求所保护的技术方案在实质上等同。

（一）字面侵权

字面侵权，也称相同侵权。在该侵权形态中，判断被控侵权产品或方法直接落入权利要求字面限定的保护范围时基于"全面覆盖原则"，即被控侵权的技术方案具备权利要求限定的所有技术特征时，才能认定侵权行为存在。

字面侵权形态中"全面覆盖原则"的确立，是对我国早期司法审判中"多余指定原则"的纠正。"多余指定原则"在我国并没有被法律、法规或司法解释明确规定，而仅由司法机关在审判实践中所创设。由于在我国专利制度设立之初，专利代理师水平偏低，撰写独立权利要求时常常纳入过多非必要技术特征，并且技术特征写得十分下位化，这直接导致专利保护范围过窄。法院为了维护专利权人的利益，将非必要技术特征指定为多余特征，在确定权利要求保护范围时不予考虑，从而保证专利权人在发明中能够获得实际利益。

在司法实践中，适用"多余指定原则"最典型的案例为"周林频谱仪"案。在该案中，将被控侵权产品与原告专利权利要求进行比对发现，被控侵权产品具备权利要求中除了"立体声放音系统"之外的全部技术特征。法院在审理时认为，"立体声放音系统"与频谱仪要解决的理疗相关的技术问题没有关联，该技术特征不是完成专利发明的目的所必不可少的，缺少这项特征不影响频谱治疗仪的功能和作用，也不影响整个技术方案的完整性。最终法院认定，被控产品虽然缺少了一项非必要技术特征，但仍构成侵权。

"多余指定原则"实质上是司法机关在实践中对专利权人或专利代理师缺乏撰写经验的一种宽恕，其最大的问题在于容易被法院滥用，并且增加了专利保护范围的不确定性，理论界与实务界一直在试图改变这种状况。随着"全面覆盖原则"的正式确立，也宣告了"多余指定原则"在实践上的终结。

2001年，北京市高级人民法院发布的《专利侵权判定若干问题的意见（试行）》第26条规定："全面覆盖，是指被控侵权物（产品或方法）将专利权利要求中记载的技术方案的必要技术特征全部再现，被控侵权物（产品或方法）与专利独立权利要求中记载的全部必要技术特征一一对应并且相同。"第27条规定："全面覆盖原则，即全部技术特征覆盖原则或字面侵权原则。即如果被控侵权物（产品或方法）的技术特征包含了专利权利要求中记载的全部必要技术特征,则落入专利权的保护范围。"

2009年《最高人民法院关于审理侵犯专利权纠纷案件应用法律若干问题的解释》第7条第1款规定:"人民法院判定被诉侵权技术方案是否落入专利权的保护范围,应当审查权利人主张的权利要求所记载的全部技术特征。"该规定以更高位阶的司法解释表述了"全面覆盖原则"。

基于字面侵权形态中的"全面覆盖原则",如果被控侵权产品或方法相比于权利要求少了一个或多个技术特征,或者有一个或多个技术特征不相同,则被控侵权产品或方法与涉案专利的整体技术方案不相同,即没有落入后者的保护范围,不构成侵权。需要说明的是,如果在专利权利要求中技术特征使用的是上位概念,被控侵权产品或方法出现的技术特征则是下位的具体概念,亦属于技术特征相同。

(二) 等同侵权

虽然"全面覆盖原则"解决了"多余指定原则"中专利保护范围不确定性的问题,但是在现实中侵权行为往往不会完全套用权利要求的技术方案,理性的竞争者的策略为在特定技术特征上采取该技术领域内通用的替代特征,以期绕开权利要求字面所限定的保护范围。因此严格限定于字面的专利侵权判定原则,并不利于保护专利权人的利益。"等同原则"的创设正是为了解决上述问题,防止模仿者通过显而易见的改进绕开专利权,从而剥夺发明人应当享有的创新激励。

"等同原则"源自衡平法,基于该原则,即使被控侵权产品或方法并没有专利权利要求中记载的全部技术特征,但却等同于权利要求所保护的发明时,等同原则允许法庭判决该方侵犯他人专利。

我国现行《专利法》并没有关于等同侵权的条文,关于等同侵权的规定首次出现在2001年颁布的《最高人民法院关于审理专利纠纷案件适用法律问题的若干规定》中。基于此,适用"等同原则"有两个条件:

第一,与权利要求中的技术特征以基本相同的手段、实现基本相同的功能、达到基本相同的效果;

第二,这样的替代对本领域的普通技术人员来讲是显而易见的。

2015年修正的《最高人民法院关于审理专利纠纷案件适用法律问题的若干规定》第17条对"等同原则"进行了详细的规定:"专利法第五十九条第一款所称的'发明或者实用新型专利权的保护范围以其权利要求的内容为准,说明书及附图可以用于解释权利要求的内容',是指专利权的保护范围应当以权利要求记载的全部技术特征所确定的范围为准,也包括与该技术特征相等同的特征所确定的范围。等同特征,是指与所记载的技术特征以基本相同的手段,实现基本相同的功能,达到基本相同的效果,并且本领域普通技术人员在被诉侵权行为发生时无需经过创造性劳动就能够联想到的特征。"

值得一提的是,我国法院援引"等同原则"判断专利侵权,限制在被控侵权产品或方法中的具体技术特征与权利要求中的相应技术特征是否等同,而不能拓展到被控侵权产品或方法中的整体技术方案与权利要求所限定的技术方案是否等同。此外,在是否等同的判断中,"本领域普通技术人员"是一个相对主观的标准,并不容易把握,一些司法解释从反面排除不适用等同侵权的典型情形。如北京市高级人民法院公布的《专利侵权判定若干问题的意见(试行)》第42条规定:"在专利侵权判定中,下列情况不应适用等同原则认定被控侵权物(产品或方法)落入专利权保护范围:(1)被控侵权的技术方案属于申请日前的公知技术;(2)被控侵权的技术方案属于抵触申请或在先申请专利;(3)被控侵权物中的技术特征,属于专利权人在专利申请、授权审查以及维持专利权效力过程中明确排除专利保护的技术内容。"

(三) 禁止反悔

"等同原则"解决了竞争者恶意绕开专利保护范围的问题,但同时又给了专利权人更多的策略空间。瓦格纳(Wagner)指出技术持有人往往会将专利申请与专利诉讼作为一系列有关联性的活动,采取"双重主张策略"(Dual-Stage-Analysis),即对现有技术作出贡献的关键区别技术特征进行描述时采用模糊的语句,在专利审查阶段主张较窄的理解方式,从而使得专利申请能够满足新颖性与创造性的要求,以确保更容易获得专利授权；而在专利诉讼阶段则主张较宽的理解方式，从而在实质上扩大技术垄断权控制的范围，使得被诉侵权人所实施的技术被判侵权的可能性更大。

为了使利益的天平再次回归平衡，衡平法又发展出了限制"等同原则"的"禁止反悔"原则。专利权人基于该原则在专利审查或无效宣告阶段，为了获得专利授权或维持专利效力而对部分专利保护范围作出了放弃的表示，其在专利侵权诉讼阶段就不得对曾经放弃的专利保护范围重新主张权利。其中对专利保护范围的放弃主要表现在以下两个方面：一方面，直接通过修改权利要求书的方式放弃专利保护范围，例如，在某一项权利要求中增加新的技术特征，或者将某一已有技术特征用更加下位化的技术特征代替，都可以导致专利保护范围的缩小；另一方面，在答复审查意见通知书或者答辩专利无效宣告请求书时，以自认的方式表明某一特定技术方案不在专利保护的范围内，也同样可以达到放弃的效果。

禁止反悔原则目前在我国仅体现在私法解释层面，《最高人民法院关于审理侵犯专利权纠纷案件应用法律若干问题的解释》第6条规定："专利申请人、专利权人在专利授权或者无效宣告程序中，通过对权利要求、说明书的修改或者意见陈述而放弃的技术方案，权利人在侵犯专利权纠纷案件中又将其纳入专利权保护范围的，人民法院不予支持。"目前我国正在进行《专利法》的第四次修订，在部门法层面明确采纳禁止反悔原则，并在相关配套法律法规及司法解释中详细规定禁止反悔原则适用的具体规则，这些修订有十分重要的作用。

综上所述，对是否存在专利侵权行为的判定，一方面取决于对权利要求的解释，另一方面取决于技术特征的比对，解释与比对的具体规则多元且复杂，并一直处于发展的过程中，其根本目的就是要实现专利权人与竞争者的利益平衡。

第二节　专利侵权的抗辩事由

抗辩事由，属于专利侵权行为违法性的阻却因素。当经过权利要求解释与技术方案比对后，即使被控侵权产品或方法落入了专利权保护的范围，如果存在法定的抗辩事由，所诉行为由于不具备违法性构成要件，而不可归责。专利侵权的抗辩事由主要包括现有技术抗辩、专利权用尽抗辩、先用权抗辩、临时过境抗辩、科学研究与实验性使用抗辩以及医药行政审批抗辩。

一、现有技术抗辩

现有技术抗辩是指在专利侵权诉讼中的被告针对原告的专利侵权指控采取的通过举证证明其实施的技术属于现有技术，以对抗原告指控的措施。该抗辩手段诞生于德国，最初是用来避免由于错误授权而导致使用落入专利保护范围的公知技术，需要承担法律责任的不公平情形的出现。在美国，现有技术抗辩仅能适用于等同侵权案件——在 Wilson 案中，主审法院认为需要确立"现有技术除外"的原则以应对等同原则带来的专利保护范围过度扩张。而对于相同侵权案件，由于法院在行政程序外有独立宣告专利无效的权力，并且现有技术抗辩在这类案件使用上的便利性会导致专利权虚化以及专利无效程序荒废，美国法院在相同侵权案件中一直拒绝现有技术抗辩主张。

我国的现有技术抗辩首先确立是在司法实践中，2003 年公布的《最高人民法院关于审理专利侵权纠纷案件若干问题的规定》的会议讨论稿第 40 条就对现有技术抗辩进行了规定。而 2008 年第三次修正的《专利法》第 62 条则从立法层面第一次对现有技术抗辩予以确认。学术界对现有技术抗辩在法律上的确立给予积极的评价。曹新明认为现有技术抗辩的确立可以从阻止专利权人从现有技术中获得不当利益以及减少诉讼环节、节约诉讼成本和提高审判效率等方面对社会产生积极作用。[1] 白涛认为现有技术抗辩在专利侵权诉讼中的意义主要体现在有限纠正专利审查过程中出现的错误授权和保护侵权诉讼中的被告这两个方面。[2]

值得一提的是，现有技术抗辩的应有之意为所实施技术与现有技术相

---

[1] 曹新明. 现有技术抗辩研究 [J]. 法商研究, 2010 (6): 96-101.
[2] 白涛. 现有技术抗辩研究 [D]. 重庆：西南政法大学, 2012.

同或实质相同，抗辩所涉及现有技术被限制在破坏专利新颖性上。然而，最高人民法院在泽田公司诉格瑞特公司案的判决中接受了格瑞特公司以被控侵权方案与现有技术等同的抗辩，即将现有技术抗辩的适用范围拓宽到了破坏专利创造性方面。❶

二、专利权用尽抗辩

专利权用尽，也称专利权穷竭，是指专利权人或被许可人，在出售其专利产品或由专利方法直接获得产品后，不得再对该产品后续的转售及使用进行控制。权利穷竭是知识产权领域内的通用原则，该原则最早来源于版权法上的首次销售原则（first sale doctrine）。专利法中的权利穷竭由美国联邦最高法院在 Bloomer v. Millinger 的案例中确立，该案判决书指出当买受人购买了机器，该机器便不再受专利垄断权的限制并且不再受国会法案的保护。

有一些国家则通过"默示许可"理论，实现对专利权人控制权的限制，该理论认为专利权人自己制造产品并投放到市场，或者许可他人制造产品并投放到市场时，如果没有对产品应用方式提出明确的限制条件，本质上相当于给买受人提供了一种默示许可，基于该许可买受人可以任何方式使用及处置该产品本身，这也是买卖合同实现目的的必需基础。

我国《专利法》上的专利权用尽规定在第 69 条不视为侵犯专利权情形的第（1）项中，"专利产品或者依照专利方法直接获得的产品，由专利权人或者经其许可的单位、个人售出后，使用、许诺销售、销售、进口该产品的"不视为侵犯专利权。专利权用尽抗辩在《专利法》的明确规定，可以在保护专利权人合法权益的前提下，维护正常的市场交易秩序，保护经营者和一般消费者的合法利益，便于贸易活动的正常开展，防止专利权对国内商品的市场流通造成阻碍。

---

❶ 崔国斌. 专利法：原理与案例 [M]. 北京：北京大学出版社，2016.

三、先用权抗辩

先用权抗辩是指在专利侵权诉讼中，被诉侵权人举证自己通过合法手段在专利申请日前已掌握与涉案专利技术方案相同的技术并实际制造、使用或已做好制造、使用必要准备的，则其在预案范围内继续制造、使用的行为不视为侵犯专利权。

先用权抗辩是对专利先申请原则在一定程度上的矫正，在专利取得方面采取先发明制的国家就不存在先用权制度。我国《专利法》上的先用权抗辩规定在第69条不视为侵犯专利权情形的第（2）项中，"在专利申请日前已经制造相同产品、使用相同方法或者已经作好制造、使用的必要准备，并且仅在原有范围内继续制造、使用的"不视为侵犯专利权。关于如何界定"已经作好制造、使用的必要准备"，2009年颁布的《最高人民法院关于审理侵犯专利权纠纷案件应用法律若干问题的解释》第15条第2~4款作出了明确规定："有下列情形之一的，人民法院应当认定属于专利法第六十九条第（二）项规定的已经作好制造、使用的必要准备：（一）已经完成实施发明创造所必需的主要技术图纸或者工艺文件；（二）已经制造或者购买实施发明创造所必需的主要设备或者原材料。"该条第3款规定："专利法第六十九条第（二）项规定的原有范围，包括专利申请日前已有的生产规模以及利用已有的生产设备或者根据已有的生产准备可以达到的生产规模。"该条第4款规定："先用权人在专利申请日后将其已经实施或作好实施必要准备的技术或设计转让或者许可他人实施，被诉侵权人主张该实施行为属于在原有范围内继续实施的，人民法院不予支持，但该技术或设计与原有企业一并转让或者承继的除外。"

四、临时过境抗辩

临时过境抗辩源自《巴黎公约》所规定的临时过境权。基于临时过境权，缔约方其他国家的船舶暂时或偶然地进入授予专利权国家的领水时，在该船的船身、机器、滑车装置、传动装置及其他附件上使用构成专利主题的装置设备,不应认为是侵犯专利权的行为,但以专为该船的需要而使用这些装置设备为限。缔约方其他国家的飞机式车辆暂时或偶然地进入授予专利权的国家时,在该飞机或陆地上车辆的构造或操纵中,或者在该飞机或陆上车辆附件的构造或操纵中使用构成专利主题的装置设备,亦不认为是侵犯专利权的行为。

我国《专利法》上的临时过境抗辩规定在第69条不视为侵犯专利权情形第(3)项中,"临时通过中国领陆、领水、领空的外国运输工具,依照其所属国同中国签订的协议或者共同参加的国际条约,或者依照互惠原则,为运输工具自身需要而在其装置和设备中使用有关专利的"不视为侵犯专利权。

需要说明的是,临时过境抗辩并不能及于利用交通工具对专利产品进行转运的行为。

五、科学研究与实验性使用抗辩

专利制度在促进技术创新这一目标上有事前与事后两个存在一定冲突的视角:从事前视角来看,给予专利权人绝对意义上的垄断权,可以更好地激励技术创新者投入人力、物力及财力研发出新的创新成果;从事后视角来看,几乎任何技术的开发都需要建立在对在先技术利用的基础上,给予后续创新者一定自由使用在先技术的空间,这样可以更好地实现技术的持续发展。科学研究与实验性使用抗辩就是基于事后视角对专利权的一种限制。

纵观各国专利制度,基本上对科学研究与实验性使用抗辩的解释都较为宽松,其中较为特殊的是美国的专利制度。由于拜杜法案的颁布,美国高校以及研究机构科研成果商业化应用十分广泛,美国高校以及研究机构与企业在市场上存在着广泛的商业竞争,加之美国在20世纪80年代以来一直秉持"亲专利"主张,联邦巡回上诉法院对科学研究与实验性使用抗辩的接纳有着非常严格的限制。

我国《专利法》的科学研究与实验性使用抗辩规定在第69条不视为侵犯专利权情形第(4)项中,"专为科学研究和实验而使用有关专利的"

不视为侵犯专利权。一些学者认为这一规定是《专利法》第 11 条"非生产经营目的使用"的具体化，本书认可该观点，认为并不应当限制研究与实验的目的，也不应当限制进行研究与实验的主体。也就是说，即使企业出于生产经营的目的，研究替代技术的可行性、确定专利技术的最佳实施方案、改进技术效果，只要没有进入生产环节，都可以被认为是科学研究与实验性使用。❶

在司法实践中，科学研究与实验性使用抗辩是否能够被支持，除了研究行为本身外，研究成果是否直接进入市场也是法院考虑的重要因素。如在"熟化垃圾组织筛碎机侵权案"中，被诉侵权人在一审中提出实验性使用抗辩，上海市中级人民法院支持了该抗辩，并指出"环卫厂为完成国家城乡建设环境保护部下达的科研项目，委托成套公司对筛分破碎机械进行研制，属于专为科学研究和实验而使用有关专利，不视为对陆正明专利权的侵害"。在二审中，上海市高级人民法院却撤销了一审判决，认定专利侵权成立，理由为"环卫厂在科研项目通过鉴定后，已无垃圾筛分破碎机的科研任务，使用成套公司制造、销售的侵权产品处理垃圾，且又有一定销售的行为，属于以生产经营为目的的使用行为，亦不符合'专为科学研究和实验而使用有关专利'的条件"。❷

六、医药行政审批抗辩

出于医疗安全的考虑，各国对药品与医疗器械的生产、经营、销售以及使用都有严格的行政审批程序，往往需要花费相当长的时间。对于仿制专利药品与专利医疗器械的企业而言，如果在专利保护期届满后，才能着手开始准备行政审批所需的实验，实质上延长了专利保护的期限，这对于这些企业以及急需低价药品与医疗器械的患者而言，显然是不公平的。为了解决上述问题，专利法引入了医药行政审批例外，该制度最早创设于美

---

❶ 尹新天. 专利权的保护 [M]. 北京：知识产权出版社，2005.
❷ 陆正明诉上海工程成套总公司. 无锡市环境卫生工程实验厂专利侵权上诉案 [J]. 中华人民共和国最高人民法院公报，1993（4）：163-164.

国 1984 年的 Bolar v. Roche 的案例中，并由此确立了著名的 Bolar 例外原则，主审法官表示在专利期内进行临床试验等药品注册审批要求的试验研究，不侵犯专利权。

在我国《专利法》第三次修改之前，对于专利侵权责任的豁免规定并不包含提供行政审批所需要的信息。2006 年 2 月 16 日，北京市第二中级人民法院审理的三共株式会社诉北京万生药业有限责任公司专利侵权案被认为是中国首例 Bolar 例外案件。在该案中，被告万生公司提出其生产涉案药品"奥美沙坦酯片"的目的，是获得和提供该药品申请行政审批所需要的信息，并将该信息报送给国家药监局，以获得该药品的新药证书和生产批件，因此不属于侵犯专利权的行为。不过由于当时法律上没有关于医药行政审批抗辩的明确规定，法院最终依据当时的《专利法》第 11 条"生产经营目的"的规定作出了不侵权判决，判决书表示"虽然被告万生公司为进行临床试验和申请生产许可的目的使用涉案专利方法制造了涉案药品，但其制造行为是为了满足国家相关部门对于药品注册行政审批的需要，以检验其生产的涉案药品的安全性和有效性。鉴于被告万生公司制造涉案药品的行为并非直接以销售为目的，不属于《中华人民共和国专利法》第 11 条规定的为生产经营目的实施专利的行为，故法院认定被告万生公司的涉案行为不构成对涉案专利权的侵犯"。[1]

2008 年 12 月 27 日，全国人大常委会通过了《全国人民代表大会常务委员会关于修改〈中华人民共和国专利法〉的决定》，在修改后的《专利法》第 69 条中增加了第（5）项"为提供行政审批所需要的信息，制造、使用、进口专利药品或者专利医疗器械的，以及专门为其制造、进口专利药品或者专利医疗器械的"不视为侵犯专利权，从而正式在法律层面确认了医药行政审批抗辩。

---

[1] （2006）二中民初字第 04134 号.

第十一章 商标权侵权责任

第一节 侵犯商标权的行为

商标是商品或服务提供者使自己的商品或服务与他人的商品或服务相区别的标识。虽然商标还具备质量保证、广告宣传、商誉积累等其他功能，但商标最重要的功能毫无疑问是识别商品或服务的来源。所谓识别，也就是在相关消费者认知中，建立商标与特定商品或服务的联系，而侵犯商标权行为的本质就在于对商标与特定商品或服务之间对应关系的影响。

具体而言，商标侵权行为判断的基准在于混淆与淡化的可能性。

一、混淆可能性

混淆可能性在《商标法》上的意义指的并非是一种小概率的可能性，或者是抽象意义上的可能会发生，它指的是一种具有很大现实性的可能，往往介于可能发生与实际发生之间。[1] 混淆可能性既是侵权认定的主要标准，又是商标审查的重要尺度，对于大多数商标来说，其权利边界都取决于混淆可能性。[2] 商标保护的根本目的在于防止消费者对商品或服务的来源发生混淆。因此，商标侵权行为中判断混淆可能性的落脚点应当在商标与商品或服务的结合，而不仅仅局限于标识符号本身。目前多数国家或地

---

[1] 曾陈明汝．商标法原理 [M]．北京：中国人民大学出版社，2003：89．
[2] 彭学龙．"混淆可能性"与我国商标侵权制度的完善 [A]//中国法学会2009民法年会论文集．武汉，2009：1-13．

区以及国际条约都通过不同方式采纳了混淆可能性标准。

美国是较早采用"混淆可能性"判断商标侵权的国家之一，《兰哈姆法》第43条明确规定："任何人在商业中，在任何商品或服务上或与之有关方面，或在商品的容器上，使用任何文字、名词、名称、符号或图形，或其组合，或任何虚假的产地标记，对事实的虚假的或引人误解的描述，或对事实的虚假的或引人误解的表述，（a）可能引起混淆，或导致误认或欺骗，使人误以为其与他人有附属、联系或联合关系，或者误以为其商品或服务或商业活动来源于他人、由他人赞助或同意；（b）或者在商业广告或推广中，错误表示其本人的或他人的商品或服务或商业活动的性质、特征、质量或原产地，该人在任何人认为这种行为已经或可能使其蒙受损害而提起的民事诉讼中，应负有责任。"

欧盟法院在商标侵权案件中往往基于《欧盟商标指令》第5条第1款中所确定的商标的知名度、商标或标识的近似程度、商品或服务的类似程度来判断混淆可能性。

《日本商标法》则将混淆可能性内化在相似性标准中，通过列举法规定了具体的八种侵犯商标专用权的行为，但是在司法实践中不仅进行符号层面的相似性判断，也进行更广义的混淆可能性判断。

TRIPs协定则是在第16条第1款规定："注册商标的所有权人享有专有权，以阻止所有第三方未经该所有权人同意在贸易过程中对与已注册商标的货物或服务的相同或类似货物或服务使用相同或类似标记，如此类使用会导致混淆的可能性。在对相同货物或服务使用相同标记的情况下，应推定存在混淆的可能性。上述权利不得损害任何现有的优先权，也不得影响各成员以使用为基础提供权利的可能性。"

（一）混淆的分类

最初意义上混淆为消费者在消费时对商品或服务来源的误认，即直接的混淆、售中的混淆且正向的混淆，随着市场经济的发展以及商业模式的更新，商标侵权情形变得日渐复杂，关于商标混淆的理论也随之不断丰富。目前基于立法及案例，商标混淆有以下几个方向的拓展。

1. 混淆内容上的拓展：间接混淆

如前文所述，最初商标混淆仅仅局限在直接混淆，即对商品或服务来源的误认。此后，随着市场的发展，商品或服务突破原有固定消费范围与地域，商标除了发挥识别功能之外，也承载起商品服务提供者的信誉。基于商业控制理论，在防止消费者对商品或服务来源产生混淆外，同时应当避免混淆特定商品或服务与商标权人之间存在的关联关系，混淆的范围也从直接混淆扩大到间接混淆。

间接混淆是指当经营者在相似商品或服务上使用相同或近似的商标时，虽然消费者不会对产品或服务的来源产生混淆，但仍然可能误认为两个经营者之间存在商标许可等经济上的联系。虽然间接混淆不同于直接混淆，消费者并没有对商品或服务来源产生误认，没有造成消费者的直接流失，但是间接混淆者搭便车使用商标的行为，依然不正当地利用了商标权人在市场上的声誉，欺骗了消费者，在本质上属于不正当竞争的行为。

最早确认间接混淆属于商标侵权行为的是美国的《兰哈姆法》，在1962年修订该法前，《兰哈姆法》规定商标侵权诉讼需要以对"产品的来源"产生混淆为前提。而1962《兰哈姆法》修订删除了对"产品的来源"的限制，从来源混淆扩大到对商标确认从属、赞助或联系等经济联系上的混淆。❶

2. 混淆主体上的拓展：售前混淆与售后混淆

传统商标法上的混淆在时间层面指的是售中混淆，即消费者在购买商品或服务时发生的混淆，售前混淆和售后混淆出现的本质，在于混淆主体范围的扩大，消费者的范围不仅包括实际消费者，还包括潜在的消费者。

售前混淆，也称初始兴趣混淆（initial interest confusion），是指经营者使用与商标权人相同或近似的商标，导致消费者在没有仔细辨认的情况下可能在购买前因为混淆而受到某一看似熟悉商标的吸引，但在作出购买决定时，由于有其他可供辨认的提示，实际又不会发生混淆。从表面上看，售前混淆没有损坏商标权人的市场利益，但是经营者的行为却依然有商誉

---

❶ 邓宏光. 商标混淆理论的扩张 [J]. 电子知识产权，2007（10）：37-40.

上的搭便车之嫌，哪怕交易没有达成，也在一定程度上提高了其商品或服务的被关注度，属于不正当竞争的行为。

售后混淆的混淆时间点发生在购买行为完成之后，具体可以分为两种情形。第一种情形为旁观者混淆，是指消费者通过售货环境、商品价格等因素明知商品是赝品，但是为了追求虚荣，明知是假冒他人品牌的商品而照买不误，就该消费者而言，显然不存在任何混淆，但其他人却可能无法分辨别人穿戴的真伪，从而产生混淆。第二种情形是消费者在购买前不知道某一商标对应的品牌，而抱着尝试的态度消费某一赝品，该赝品的品质在购买后给了消费者所述商标商品的认知，从而影响到消费者日后购买正牌商品的决策。

与间接混淆类似，美国在1962年修订《兰哈姆法》时，删除了第43条中"可能导致消费者混淆、误解或被欺骗"中的"消费者"，从而将混淆的主体拓展到潜在消费者。

3. 混淆方向上拓展：反向混淆

传统商标法上的混淆除了直接与售中之外，还有一个隐含假设就是商标侵权者攀附商标权人的声誉来使自己的商品或者服务获得市场空间，这种情形一般被称为正向混淆。

反向混淆则是指市场影响力更大的经营者，在其商品或服务上，使用了与商标权人的商标相同或近似的标识，以造成消费者误认为商标权人提供的商品或服务来源于其或与其有关的特殊混淆状态。在现实中，一些大公司故意使用一些小公司的商标，消费者在大量的广告促销后，通常不会将大公司的商标同小公司的商标混为一谈，但却可能反过来认为小公司是大公司的子公司，小公司因此不能获得独立的生存空间，甚至有可能被清出市场。

需要说明的是，商标反向混淆与日常提到反向假冒是不同的概念，后者是将他人商品上的商标完全去除而换成侵权者自己的商标，并不存在混淆的空间。

反向混淆在美国案例中往往被作为一种不正当竞争行为处理，在1988年"班夫"案中，主审法官指出："法律的目的是通过让公众免于商品来源上的混淆而保护商标所有人的利益，并且确保公平竞争。与通常的商标侵权相比，这一目的在反向混淆的案件中同样重要。如果反向混淆不是充足的获得《兰哈姆法》保护的理由，那么大公司就可以不受惩罚地侵犯小公司在先使用的商标。"

（二）我国关于混淆可能性的规定

我国早期商标立法与司法注重从狭隘的符号层面保护商标。此阶段，在一些造成实质混淆，但形式上又没有使用与注册商标相同或近似商标的案件中，法院哪怕支持了商标权人的诉讼请求，也是基于牵强的理由将被告的行为论述为商标的使用，而没有去考虑"混淆可能性"。

2001年修正的《商标法》第52条规定了五种商标侵权行为，其中第（1）项规定，"未经商标注册人的许可，在同一种商品或者类似商品上使用与其注册商标相同或者近似的商标的"属侵犯注册商标专用权。可以看出2001年《商标法》并没有采纳"混淆可能性"作为商标侵权行为存在的判断标准，仍然侧重从符号层面对商标进行保护。2002年颁布的《商标法实施条例》第50条进一步明确了2001年修正的《商标法》中所称侵犯注册商标专用权的行为，其中第（1）项列明"在同一种或者类似商品上，将与他人注册商标相同或者近似的标志作为商品名称或者商品装潢使用，误导公众的"属侵犯注册商标专用权行为。第53条进一步规定"商标所有人认为他人将其驰名商标作为企业名称登记，可能欺骗公众或者对公众造成误解的，可以向企业名称登记主管机关申请撤销该企业名称登记。企业名称登记主管机关应当依照《企业名称登记管理规定》处理"。

2002年颁布的《最高人民法院关于审理商标民事纠纷案件适用法律若干问题的解释》在第1条就明确规定"下列行为属于商标法第五十二条第（五）项规定的给他人注册商标专用权造成其他损害的行为：（一）将与他人注册商标相同或者相近似的文字作为企业的字号在相同或者类似商品上突出使用，容易使相关公众产生误认的；（二）复制、摹仿、翻译他人注册的驰名商标或其主要部分在不相同或者不相类似商品上作为商标使用，误导公众，致使该驰名商标注册人的利益可能受到损害的；（三）将与他人注册商标相同或者相近似的文字注册为域名,并且通过该域名进行相关商品交易的电子商务,容易使相关公众产生误认的"。第 11 条又进一步规定"商标法第五十二条第(一)项规定的类似商品,是指在功能、用途、生产部门、销售渠道、消费对象等方面相同,或者相关公众一般认为其存在特定联系、容易造成混淆的商品。类似服务,是指在服务的目的、内容、方式、对象等方面相同,或者相关公众一般认为存在特定联系、容易造成混淆的服务。商品与服务类似,是指商品和服务之间存在特定联系,容易使相关公众混淆"。

上述行政法规及司法解释虽然没有在整体上明确提出"混淆可能性"标准,但是已在商标符号之外考虑到了商品装潢、企业名称、网站域名这些因素对消费者可能造成的误解,并且在认定类似商品、类似服务以及商品与服务类似这些局部方面采纳了"混淆可能性"标准。这一点也体现在后续的司法审判中,例如 2005 年重庆市高级人民法院终审审理的"老坛子"商标侵权纠纷案,法院最终认为"统一企业虽在相同的酸菜商品上将与陈永祥的'老坛子'商标相似的图文做包装装潢使用,但尚不足以使一般消费者对商品来源产生混淆",最终判决统一企业的行为不构成对陈永祥的"老坛子"商标专用权的侵犯。[1]

在上述行政法规及司法解释的制度基础,以及相关司法审判的实践基础上,参照相关国际条约的规定,我国于 2013 年修正了《商标法》,第 57 条通过列举的方式规定了侵犯商标权的行为,其中前两项的情形为"(一)未经商标注册人的许可,在同一种商品上使用与其注册商标相同的商标的;(二)未经商标注册人的许可,在同一种商品上使用与其注册商标近似的商标,或者在类似商品上使用与其注册商标相同或者近似的商标,容易导致混淆的"。可以看出 2013 年修订的《商标法》已明确采纳了混淆可能性作为商标侵权行为的判定标准,其中"未经商标注册人的许可,在同一种商品上使用与其注册商标相同的商标的"情形,被直接认定为符合混淆可能性标准;"未经商标注册人的许可,在同一种商品上使用

---

[1] (2005)渝高法民终字第 193 号。

与其注册商标近似的商标，或者在类似商品上使用与其注册商标相同或者近似的商标"的情形，则还需要参照其他因素，尤其是消费者主观因素来判断是否容易导致混淆。需要指出的是，上述所称混淆可能性是极可能并且有合理期待的可能性，而不是臆想的或者渺茫的可能性。

二、淡化可能性

商标淡化是混淆之外，影响商标与特定商品或服务之间对应关系的另一种情形。该概念最早出现在1924年德国地方法院作出的ODOL案例中，在该案中法院基于"商标吸引力受冲淡之虞"，禁止剪刀行业使用注册在牙膏上的"ODOL"商标。随后德国联邦最高法院维持了地方法院的判决，但是指出这样的保护仅局限在驰名商标。

商标淡化理论在学术界则由美国学者Schechter首先提出，其在《商标保护的基础理论》一文中指出："对于商标的损害，必须结合商标的功能才能够真正界定。其中一种损害体现为，在非竞争性的商品或服务上使用相同或近似的商标，使得该商标在相关消费者心目中的形象以及影响逐渐降低。对于驰名商标而言，其对相关消费者的印象更加显著且独特，因此更需要保护其余特定商品或服务间的关联不被割裂。"[1]

美国司法界对商标淡化理论的接纳却经历了一个复杂的历史过程。1946年本质上为联邦商标法的《兰哈姆法》在修订时否决了纳入商标淡化理论的提案。而在州的层面，马萨诸塞州于1947年制定了反淡化法，成为美国第一个接纳反淡化理论的州。随后在多个州相继立法的推进下，反淡化理论逐步被立法和司法接受，并最终于1996年纳入《兰哈姆法》中，从而在联邦层面有了对商标淡化予以规制的成文法。

《巴黎公约》中并没有对商标淡化问题予以规定。TRIPs协定则基于"Dilution"规定了各成员方对驰名商标保护的最低标准。1995年颁行的《德国商标与其他标志保护法》具体规定了商标反淡化保护所需满足的条件：第一，该商标须在德国国内享有盛誉，具有一定的知名度；第二，他

---

[1] 刘明江. 商标权效力及其限制研究 [M]. 北京：知识产权出版社，2010.

人无正当理由而使用商标权人的商标；第三，上述不正当使用行为可能损害该商标的显著性。《日本商标法》规定："与国内外消费者广泛知晓的商品或服务相同或近似的商标，并出于不正当目的使用的商标，不能获得注册。"对商标淡化保护更为激进的是《加拿大商标法》，其将反淡化保护的对象从驰名商标拓展到了所有注册商标。

如前文所述，商标混淆对于商标权的保护局限在与注册商标相同或近似的商品或服务的范围内。商标淡化突破了传统的商标混淆理论，从更高的一个层面保护商标所承载的商业价值不被竞争者侵蚀与分享。需要指出的是，商标淡化在扩大对商标权保护的同时，也对商标本身有一定的要求，各国一般仅对驰名商标给予跨类的反淡化保护。

（一）淡化的分类

关于商标淡化的具体分类，各国法律规定有所不同。其中，2006年颁布的《美国商标淡化修正法案》将商标淡化形态分为商标弱化与商标丑化，而我国在上述两种商标淡化形态外还有商标退化。

1. 商标弱化

商标弱化是商标淡化中最常见的一种形态，是指将与驰名商标相同或近似的商标使用在与该驰名商标商品或服务不相同、不相似的商品或服务上，从而降低了该驰名商标的绝对显著性，模糊了该驰名商标与商品或服务间唯一特定的联系。例如，"雀巢"本身是用在食品和饮料上的驰名商标，侵权人若将"雀巢"商标用在自己生产的服装上，虽然消费者不会发生混淆，但经常性使用之后，再看到"雀巢"的商标，消费者很难在第一时间将其和著名的食品、饮料生产商联系起来。弱化是一个逐渐稀释和冲淡的过程，最初存在的商品与商标之间的唯一联想，由于其他人在其他商品上对该商标的使用，会变得越来越模糊。

2. 商标丑化

商标丑化，也被称作商标玷污，是指一个商标被用于特定的情境下，该情境丑化或贬损了公众或消费者对该商标的积极联想，损害了商标所承载的商誉。

商标丑化与商标弱化的关注点有所不同,弱化的本质在于侵权人的使用行为减损了驰名商标的显著性,而丑化更侧重于权利人的声誉。

具体而言,商标丑化可以分为以下两种情形。

第一,商标被用在有伤风化的情境中,如色情网站或者毒品制品上,这种行为将使商标的良好信誉受到贬低和毁损,并将进一步影响商标权人的声誉。

第二,在档次较低或者质量粗劣的商品上使用他人的商标,例如,将奢侈品品牌"爱马仕"的商标用在马桶刷上,这种行为也将丑化这一品牌存在于消费者心中的积极联想,甚至会使消费者不会再将该奢侈品作为高品质生活的象征。

3. 商标退化

商标退化是指由于不正当使用商标,导致商标演变为商品的通用名称而丧失显著性,从而不能再发挥识别功能。

不是所有的商标退化都意味着侵权行为的存在,在现实中,多数商标退化原因在于商标权人自己的管理不善。例如,"优盘"本身是朗科科技为其发明的可便捷导入与导出资料的新型存储设备注册的商标,但是其在销售时,并没有给上述复杂称谓的产品取一个简洁的商品名,导致消费者都以"优盘(U盘)"称呼该产品,最终致使商标显著性的退化而被撤销商标。此外,"蓝牙""JEEP""Aspire""Nylon"等商标显著性的丧失也都有商标权人"咎由自取"的因素。

如果由于第三人出于故意或过失不正当使用,导致商标失去显著性则可能构成商标侵权。例如,"乳珍"案中,被告哈尔滨金星乳业集团公司将原告上海科星技术有限公司的注册商标"乳珍"有意识地作为商品名标识在牛初乳商品上,黑龙江省高级人民法院认为被告的行为淡化了原告的注册商标,属于商标侵权行为。[1] 又如"张小泉"案中,最高人民法院《关于对杭州张小泉剪刀厂与上海张小泉刀剪总店、上海张小泉刀剪制造有限公司商标侵权及不正当竞争纠纷一案有关适用法律问题的函》明确指

---

[1] (2008)黑知终字第53号.

出：使用与他人在先注册并驰名的商标文字相同的文字作为企业名称或者名称中部分文字，该企业所属行业（或者经营特点）又与注册商标核定使用的商品或者服务相同或者有紧密联系，客观上可能产生淡化他人驰名商标，损害商标注册人的合法权益的，人民法院应当根据当事人的请求对这类行为予以制止。

此外，商标淡化行为还包括将他人驰名商标作为企业网站域名使用，当行为人抢注驰名商标作为域名，或相应加减或改变域名符号，注册与驰名商标相似的域名时，公众对该驰名商标的印象也会相应迁移到这一网址上，其在网络空间所发出的行为，同样影响驰名商标的商誉。

（二）我国关于淡化可能性的规定

我国自2001年成为TRIPs协定的成员方以来，为了履行国际条约义务，从立法层面一直不断完善对商标权的保护。在反淡化保护方面，我国明确提出"商标淡化"的概念，将其置于驰名商标的体系下，在《商标法》《反不正当竞争法》《最高人民法院关于审理商标民事纠纷案件适用法律若干问题的解释》《最高人民法院关于审理涉及驰名商标保护的民事纠纷案件应用法律若干问题的解释》等法律与司法解释中予以保护。

1.《商标法》

我国《商标法》涉及驰名商标始于2001年修正，在此之前对驰名商标的保护体现在《驰名商标认定和管理暂行规定》中。2001年修正的《商标法》在第13条第2款规定："就不相同或者不相类似商品申请注册的商标是复制、摹仿或者翻译他人已经在中国注册的驰名商标，误导公众，致使该驰名商标注册人的利益可能受到损害的，不予注册并禁止使用。"此次修改对于商标淡化理论的接纳体现在除了将使用商标的对象拓展到"不相同或者不相类似商品"之外，还在于用"误导公众"代替"容易导致混淆"。基于此，在商品来源混淆之外，误认被诉商标与驰名商标具有相当程度的联系，而减弱驰名商标的显著性、贬损驰名商标的市场声誉，或者不正当利用驰名商标的市场声誉的商标淡化侵权行为也可以得到规制。2013年以及2019年对《商标法》的修正均对上述条款予以保留。

需要说明的是，除了侵权诉讼外，现行《商标法》中上述反淡化保护条款同样也是商标异议及商标无效的法律依据，即在商标申请初步审定后或者无效程序中，可以基于淡化驰名商标的理由，对商标申请提出异议，或者宣告商标无效。

此外，现行《商标法》第58条规定："将他人注册商标、未注册的驰名商标作为企业名称中的字号使用，误导公众，构成不正当竞争行为的，依照《中华人民共和国反不正当竞争法》处理。"虽然该条并不是完全关于商标淡化的规定，但无疑对商标淡化侵权行为给予了更为全面的规制。

2.《最高人民法院关于审理商标民事纠纷案件适用法律若干问题的解释》

《最高人民法院关于审理商标民事纠纷案件适用法律若干问题的解释》于2002年颁布，对2001年修正的《商标法》中的一些细节问题予以解释性规定。其中第1条列举了三种"给他人注册商标专用权造成其他损害的行为"，其中第（2）项为"复制、摹仿、翻译他人注册的驰名商标或其主要部分在不相同或者不相类似商品上作为商标使用，误导公众，致使该驰名商标注册人的利益可能受到损害的"。

具体而言，构成上述侵权行为需要满足以下四个要件：

第一，对驰名商标或者其主要部分予以复制、摹仿、翻译，然后将复制、摹仿、翻译的结果作为商标使用；

第二，复制、摹仿和翻译的对象是他人注册的驰名商标或该驰名商标的主要部分；

第三，将复制等的结果在不相同或者不相类似的商品上使用；

第四，造成误导公众，并且致使该驰名商标注册人的利益可能受到损害的后果。

3.《最高人民法院关于审理涉及驰名商标保护的民事纠纷案件应用法律若干问题的解释》

《最高人民法院关于审理涉及驰名商标保护的民事纠纷案件应用法律

若干问题的解释》经最高人民法院审判委员会第1467次会议通过，于2009年4月23日公布，自2009年5月1日起施行。其中第9条第2款规定："足以使相关公众认为被诉商标与驰名商标具有相当程度的联系，而减弱驰名商标的显著性、贬损驰名商标的市场声誉，或者不正当利用驰名商标的市场声誉的，属于商标法第十三条第二款规定的'误导公众，致使该驰名商标注册人的利益可能受到损害'。"

从中可以看出该司法解释将商标淡化界定为"减弱驰名商标的显著性"以及"不正当利用驰名商标的市场声誉"这两种情形，分类描述了实为淡化行为的类型，所确立的驰名商标的损害情形不直接以混淆为前提，而是将使得驰名商标自身受到削弱、贬损或者不正当利用驰名商标作为条件。❶

第二节 商标侵权的抗辩事由

从广义上说，凡是能对抗商标侵权主张的理由都可以被称作侵犯商标权的抗辩事由。例如，商标由于不符合《商标法》规定的商标权取得的绝对条件或相对条件而被宣告无效；商标因不当使用而应被撤销；商标侵权起诉时已过诉讼时效期间等。本节将重点论述在商标侵权诉讼中较为普遍适用的抗辩事由，包括商标权用尽、在先权利、合理使用、商标未使用。

一、商标权用尽抗辩

商标权用尽，是指商标权商品如经包括商标权所有人和被许可人在内的商标权主体以合法的方式销售或转让，主体对该特定商品的商标权即告穷竭，无权禁止他人在市场上再行销售该产品或直接使用。

从学理上来看，商标权用尽可以追溯到19世纪亚当斯案中提出的首次销售原则，德国学者约瑟夫·科勒在此基础上系统地提出了权利穷竭理

---

❶ 刘苗.商标淡化理论及其立法空间［D］.济南：山东大学，2018.

论（eshaustion）。❶ 随后，国外学者对于商标权用尽的正当性基础进行了更为深入的研究，较为主流的学说包括默示许可说、所有权转移说以及法律规定说。

默示许可说认为，商标权人首次将商品投放到市场的行为，没有对该商品的再次转售作出明示的限定，即可以被认为是对该商品后续流转的"默示许可"，该许可基于原始的买卖合同。❷

所有权转移说认为，商品的首次购买者通过合法的方式取得该商品后，在法律上除了产生所有权转移的效果外，还会导致该商品与其载有知识产权之间的关系被切断。此后，商标权人无权再干涉该商品的后续流转。❸

法律规定说则认为，商标权用尽既不是源自商标权人的默示许可，也不是由于所有权的转移，而仅仅因为商标法对商标权的行使进行了特定的限制。

我国现行《商标法》并没有关于商标权用尽的直接规定，在实践中关于商标权用尽的情形可以分为商标权国内用尽与商标权国际用尽两种。

在国内用尽方面，典型案例为乔杉信息科技公司与广东壹号大药房侵害商标权纠纷案，在该案中原告乔杉信息科技公司主张其为"森田药妆"商标在中国大陆地区网络销售的独占许可销售权人。被告壹号大药房未经其合法授权的情况下，在被告纽海公司的电子商务平台上擅自销售标注有"森田药妆"商标的产品，构成商标侵权，被告提出的抗辩理由之一即为商标权用尽。法院在审理中认可了该抗辩，指出对于经商标权人许可或以其他方式合法投放市场的商品，他人在购买之后无须经过商标权人许可就可以将带有商标的商品再次售出或以其他方式提供给公众，并最终驳回了

---

❶ Christopher Heath. Parallel Imports in Asia [M]. Hague: Kluwer Law International, 2004.
❷ 马强. 商标权国际用尽原则研究 [J]. 学术论坛, 2003 (5): 19-25.
❸ [德] 黑格尔. 法哲学原理 [M]. 范扬, 张企泰, 译. 北京: 商务印书馆, 1995.

原告的所有诉讼请求。❶

在国际用尽方面，法院对平行进口是否侵犯商标权的问题有不同的观点。在"力士香皂案"中，原告上海利华作为 LUX 商标在中国（除香港、澳门、台湾地区）的独占许可人起诉被告广州进出口贸易公司在未经许可的情形下，从泰国购买 LUX 香皂并进口到中国的行为侵犯了 LUX 商标权，被告广州进出口贸易公司提出商标权用尽抗辩。然而，广州市中级人民法院最终认定原告对 LUX 商标的独占使用权受到法律保护，被告的行为构成商标侵权。在"维多利亚的秘密案"中，被告上海锦天服饰有限公司同样也是从原告维多利亚的秘密商店品牌管理有限公司的美国母公司 LBI 公司购买内衣商品进口到中国销售，不过该案中，上海市第二中级人民法院却认可了被告的商标权用尽抗辩，指出被告是从原告的母公司处购进并通过正规渠道进口正牌商品的，而非假冒商品，不会造成相关公众对商品来源的混淆、误认。因此，在该案中，被告向零售商销售被控侵权商品的行为不构成侵害原告的注册商标专用权。❷

二、在先权利抗辩

知识产权法律关系往往会涉及多种主体的利益，知识产权法律的效益目标即是实现利益平衡并达到最大化。❸ 在先权利，作为某一知识产权取得之前就已存在的权利，基于法律的规定可以对抗同一知识产品在后取得的知识产权，而不受该知识产权的禁止效力的影响，构成对在后知识产权的限制。在商标侵权诉讼中，被诉侵权人经常提出抗辩的在先权利为商标先用权与在先登记的商号权。

商标先用权是指在他人获得商标权之前就已经使用该商标的人，享有在原有范围内继续使用该商标的权利。2013 年《商标法》修正前，我国并不承认商标先用权，在先使用人只能通过行政程序提出异议或商标无效

---

❶ （2014）浦民三（知）初字第 772 号.
❷ （2012）沪二中民五（知）初字第 86 号.
❸ 吴汉东. 知识产权法总论 [M]. 北京：中国人民大学出版社，2013.

来维护自身利益。2013年修正后的《商标法》则在第59条第3款规定："商标注册人申请商标注册前，他人已经在同一种商品或者类似商品上先于商标注册人使用与注册商标相同或者近似并有一定影响的商标的，注册商标专用权人无权禁止该使用人在原使用范围内继续使用该商标，但可以要求其附加适当区别标识。"需要说明的是，先用权抗辩对在先商标的使用有"原有范围"的限制，该限制体现在以下三个方面：第一，主体范围，在先使用人仅有自己使用的权利而不得许可其他人使用，更不得单独转让；第二，类别范围，即原商品或服务的类别范围不能扩大到其他类别商品或服务上，也不能扩大原有商标的使用方式；第三，地域范围，即商品或服务的销售范围和权利人商标原使用地域范围和经营范围。

商号权，也被称作企业名称权。在实践中，企业名称登记采取分级核准制以及"同行业"登记制度，与商标授权的模式差别很大，商号权也与注册商标的法律地位悬殊。❶ 此外，商号权和商标的功能存在重合性，合法登记的企业名称的使用和注册商标也存在一定冲突。很多国家和地区的商标法对企业名称合理使用抗辩注册商标专用权作了明文规定，如《德国商标与其他标志保护法》第23条、《日本商标法》第26条、《韩国商标法》第51条、《英国商标法》第11条、《美国兰哈姆法》第1115条。❷ 我国现行《商标法》并未对在先登记商号权抗辩作出规定，在司法实践中，被告以享有在先商号权进行抗辩的，法院如果认为其使用符合商业惯例，则会认定其抗辩成立。

此外，在先使用的商品名称权、著作权、外观设计专利权以及知名电影的角色名称等也可以提出在先权利抗辩。

三、合理使用抗辩

商标合理使用是指商标权人以外的人在特定情形下，善意使用商标权

---

❶ 唐义虎.知识产权侵权责任研究［M］.北京：北京大学出版社，2015.
❷ 胡小红.论企业名称使用侵犯注册商标专用权的判定与抗辩事由——以若干司法案件为例［J］.中国工商管理研究，2014（4）：51-54.

人的商标而不构成侵犯商标专用权的行为。在商标侵权诉讼中，被诉侵权人可以基于描述性使用、指示性使用以及非商业使用等理由提出合理使用抗辩。

描述性使用，也被称作叙述性使用，是指他人出于准确描述其商品或者服务的目的，合理并且善意地利用那些与特定商标权人所有的商标相同或者类似符号的行为。如果虽然商标侵权诉讼的被告在形式上利用了他人的商标表示，但是该利用不具有区分商品或服务来源的作用，即可以基于"非商标意义上的使用"提出描述性使用抗辩。我国现行《商标法》第59条第1款明确规定了描述性使用抗辩："注册商标中含有的本商品的通用名称、图形、型号，或者直接表示商品的质量、主要原料、功能、用途、重量、数量及其他特点，或者含有的地名，注册商标专用权人无权禁止他人正当使用。"在司法实践中，法院是否支持被告提出描述性使用抗辩的关键在于判断对相关标识的使用是否出于善意，这要具体分析被告的使用状况以及是否符合商业惯例，通常突出使用他人商标的情形会被法院认为属于"非善意"使用。例如，在"片仔癀案"再审申请裁定中，最高人民法院认为虽然"片仔癀"是一种药品的通用名称，但是被告宏宁公司却是在其生产、销售商品的包装装潢显著位置突出标明"片仔癀"字样，该标识明显大于宏宁公司自己的商标及其他标注，并且所采用的字体与片仔癀公司的注册商标基本一致。这种使用方式已经超出说明或客观描述商品而正当使用的界限，其主观上难谓善意，在涉案商标已经具有很高知名度的情况下，客观上可能造成相关公众产生商品来源的混淆，因此宏宁公司关于其使用是正当使用的主张不能成立。❶ 又如，在"七粮液案"二审中，北京市高级人民法院认为，一审被告寅午宝公司并未举证证明其使用"七粮液"系为描述其商品的原材料而产生，并且通过被控侵权商品上"七粮液"标识的位置和使用情况分析，寅午宝公司在被控侵权商品中突出使用了"七粮液"文字，且超出了其主张的系作为商品名称进行的描述性使用

---

❶ （2009）民申字第1310号．

的合理范畴。❶

指示性使用,是指在经营活动中,使用者为了说明相关真实信息,而在产品或服务上使用他人商标的行为。❷ 指示性使用的商标侵权豁免原则出自 1992 年美国第九巡回法院审理的 New Kids on the Block v. News America Publishing, Inc 案,该案主审法官指出商标侵权豁免原则可以解决描述性使用归责适用范围过于狭窄的问题,这两种使用存在的区别在于指示性使用主要通过说明注册人的商品或服务信息并最终表示他自己的产品、服务的特点,而叙述性使用则是为了对自己的商品和服务进行直接的描述。❸ 我国现行《商标法》并未对指示性合理使用抗辩作出明确规定,司法实践中却不乏支持被告这一主张的案例,最典型的案例为"TOFEL 商标案",在该案中原告美国教育考试服务中心认为被告北京市新东方学校在教材以及听力磁带商品上突出使用其注册商标"TOFEL"的行为构成商标侵权,被告则提出了指示性使用抗辩,该案二审法院接受了该抗辩,认为使用被告"TOEFL"是为了说明和强调出版物的内容与 TOEFL 考试有关,便于读者知道出版物的内容。❹

商标的非商业性合理使用则主要包括新闻报道、滑稽模仿以及字典编纂等情形。

四、商标未使用抗辩

商标未使用抗辩是 2013 年《商标法》修正后加入的内容,其中第 64 条规定:"注册商标专用权人请求赔偿,被控侵权人以注册商标专用权人未使用注册商标提出抗辩的,人民法院可以要求注册商标专用权人提供此前三年内实际使用该注册商标的证据。注册商标专用权人不能证明此前三年内实际使用过该注册商标,也不能证明因侵权行为受到其他损失的,被

---

❶ (2011) 高民终字第 3898 号.
❷ 唐义虎. 知识产权侵权责任研究 [M]. 北京:北京大学出版社, 2015.
❸ 孔祥俊. 商标与不正当竞争法:原理和案例 [M]. 北京:法律出版社, 2009.
❹ (2003) 高民终字第 1391 号.

控侵权人不承担赔偿责任。"

上述修正的目的是实现遏制商标抢注、清除闲置商标、释放稀缺资源、提高商标管理效率。❶ 在实践中，"商标渔翁"大量囤积商标却不使用的行为显然属于资源浪费，而其打算通过侵权诉讼限制在后使用者的合法权益并牟取不正当利益的意图，亦需合理完善相应机制以实现资源的优化配置。虽然我国《商标法》已规定了"撤三"制度，但由于我国实行商标民事侵权程序与行政撤销程序二元分立体制，司法机关不可宣告商标权的效力，也不能在民事侵权诉讼中对商标权的效力进行审查。在"撤三"制度下，即便法官在商标侵权诉讼中认定注册商标权人连续三年未使用注册商标，亦无权将其撤销，而只能中止诉讼，等待行政程序处理的结果，这必然会导致诉讼审期延长的后果。商标未使用抗辩的确立则能够减少诉讼环节、节约诉讼成本和提高审判效率，并限缩长期不使用的注册商标保护范围并弱化其效力，促使闲置商标尽早进入公有领域，为真正有需求的商业主体所用。

---

❶ 张玲. 商标不使用抗辩规则的困境与出路 [J], 烟台大学学报（哲学社会科学版），2019（4）：45-53.

第十二章 著作权侵权责任

第一节 侵犯著作权的行为

相较于专利和商标，著作权侵权的法律问题更加复杂，作品类型不同，作者及著作权人不同，权项不同，实现权利的方法和途径不同，著作权遭受侵害的具体形态也会不同。[1] 因此，对侵犯著作权行为的识别并不存在抽象且统一的理论。法律往往从正反两个方面同时完成对著作权专有领域的界定，即从正面规定权项以明确著作权的权利边界，从反面规定侵犯著作权的行为来直接宣告特定行为的违法性。

此外，在司法实践中，大部分侵权纠纷并不是简单地机械复制，因此除了从宏观上判断被诉侵权人是否实施了特定行为之外，往往还涉及从微观上判断上述特定行为所针对的对象是否与受保护的作品构成"实质相同"。

一、宏观层面：侵犯著作权行为的界定

各国关于著作权侵权行为的界定，可以归纳为概括式、列举式以及排除式三种立法模式。

（一）概括式

概括式，即通过概括的方式对著作权侵权行为进行原则性的规定。概

---

[1] 唐义虎.知识产权侵权责任研究［M］.北京：北京大学出版社，2015.

括式立法例的代表包括《法国知识产权法典》与《美国版权法》。

1. 《法国知识产权法典》

法国关于著作权的法律规定在《法国知识产权法典》中，《法国知识产权法典》分为两部分，第一部分是立法，第二部分是法规。著作权法位于《法国知识产权法典》第一部分，该部分又分为三卷：著作权，著作权邻接权，关于著作权、著作权邻接权、数据库制作者权利的一般规定。

《法国知识产权法典》关于著作权内容的规定采用的是列举方式，而对于著作权侵权行为却采用了概括的方式，在该法 L122-4 中规定："所有未经作者授权而对作品进行全部或部分的表演或复制都是违法的，该条同样适用于对作品翻译、改编、汇编。"因此，法国对是否构成著作权侵权行为的判定，需要结合著作权内容和著作权受限制情况的列举性规定。

2. 《美国版权法》

与法国界定著作权侵权行为的方式类似，美国也是先行确认著作权权利内容，再根据权利内容以及著作权的限制指引进行侵权行为的界定。

具体而言，《美国版权法》第 106 条规定了有版权作品的专有权利，第 113 条规定了绘画、刻印和雕塑作品的专有权利，第 114 条规定了录音作品的专有权利，第 115～116 条规定了非戏剧音乐作品的专有权利，第 602 条规定了复制件或录音制品进口的专有权利；第 107 条规定了合理使用对专有权利的限制，第 108 条规定了图书馆和档案馆的复制对专有权利的限制，第 109 条规定了特定复制件或录音制品转移对专有权利的限制，第 110 条规定了某些演出和展出的免责规定对专有权利的限制，第 111 条规定了转播对专有权利的限制，第 112 条规定了临时性录制品对专有权利的限制，第 117 条规定了对计算机程序专有权利的限制，第 118 条规定了非商业广播使用某些作品对专有权利的限制。

在上述权利内容以及著作权的限制规定的基础上，《美国版权法》第 501 条第（a）款规定："任何人侵犯第 106 条至第 118 条规定的版权所有者的任何专有权利，或违反第 602 条的规定向美国进口复制件或录音制品，就是版权侵犯者。"

概括式界定侵犯著作权行为模式的优点有以下两点。

第一，保持著作权规则体系的协调。正面授权与反面禁止结合是立法者青睐的立法技术，有关著作权内容方面的规定采用授权性规则，从正态面确认权利人的权利范围；有关著作权救济方面的规定采用禁止性规则，从负态面确认侵权人的非法活动空间。

第二，在调整方面有更强的灵活性，可以给后续新侵权行为类型存留适用上的拓展空间。近年来，由于互联网技术的发展与新业态的出现，网络著作权侵权给传统著作权制度带来很大挑战。侵权主体包含网络用户与网络服务提供者，网络服务则包括网络信息服务与网络平台服务，其中涉及的侵权行为也具有其特殊性。概括性的界定模式能够较好地应对新型著作权侵权行为的冲击，也能在立法补充时修缮，此意义对于美国这样的案例法国家尤为显著。

（二）列举式

列举式，是对著作权侵权行为作出详尽列举，从而提供一整套格式明确、形态划一的侵权事实认定标准。采用列举式规定著作权侵权行为的立法例主要有我国《著作权法》、我国台湾地区"著作权法"与香港特别行政区《版权条例》。

1. 我国《著作权法》

我国《著作权法》按照责任类型，分两个条文列举了侵犯著作权的行为。

第47条列举了承担停止侵害、消除影响、赔礼道歉、赔偿损失等民事责任的侵犯著作权的行为，分别为：（1）未经著作权人许可，发表其作品的；（2）未经合作作者许可，将与他人合作创作的作品当作自己单独创作的作品发表的；（3）没有参加创作，为谋取个人名利，在他人作品上署名的；（4）歪曲、篡改他人作品的；（5）剽窃他人作品的；（6）未经著作权人许可，以展览、摄制电影和以类似摄制电影的方法使用作品，或者以改编、翻译、注释等方式使用作品的，《著作权法》另有规定的除外；（7）使用他人作品，应当支付报酬而未支付的；（8）未经电影作品和以类似摄制电影的方法创作的作品、计算机软件、录音录像制品的著作权人或者与著作权有关的权利人许可，出租其作品或者录音录像制品的，《著作权法》另有规定的除外；（9）未经出版者许可，使用其出版的图书、期刊的版式设计的；（10）未经表演者许可，从现场直播或者公开传送其现场表演，或者录制其表演的；（11）其他侵犯著作权以及与著作权有关的权益的行为。

第48条列举了除民事责任外还可能由著作权行政管理部门责令停止侵权行为，没收违法所得，没收、销毁侵权复制品，罚款、没收主要用于制作侵权复制品的材料、工具、设备等，承担行政责任，甚至刑事责任的侵犯著作权的行为，分别为：（1）未经著作权人许可，复制、发行、表演、放映、广播、汇编、通过信息网络向公众传播其作品，《著作权法》另有规定的除外；（2）出版他人享有专有出版权的图书；（3）未经表演者许可，复制、发行录有其表演的录音录像制品，或者通过信息网络向公众传播其表演；（4）未经录音录像制作者许可，复制、发行、通过信息网络向公众传播其制作的录音录像制品，《著作权法》另有规定的除外；（5）未经许可，播放或者复制广播、电视，《著作权法》另有规定的除外；（6）未经著作权人或者与著作权有关的权利人许可，故意避开或者破坏权利人为其作品、录音录像制品等采取的保护著作权或者与著作权有关的权利的技术措施，法律、行政法规另有规定的除外；（7）未经著作权人或者与著作权有关的权利人许可，故意删除或者改变作品、录音录像制品等的权利管理电子信息，法律、行政法规另有规定的除外；（8）制作、出售假冒他人署名的作品。

2. 我国台湾地区"著作权法"

我国台湾地区"著作权法"第87条关于"视为侵害著作权或制版权"的规定共列举了六类著作权侵权行为，分别为：（1）以侵害著作人名誉之方法利用其著作者；（2）明知为侵害制版权之物而散布或意图散布而公开陈列或持有者；（3）输入未经著作财产权人或制版权人授权重制之重制物或制版物者；（4）未经著作财产权人同意而输入著作原件或其重制物者；（5）以侵害电脑程式著作财产权之重制物作为营业之使用者；（6）明知为侵害著作财产权之物而以移转所有权或出租以外之方式散布者，或明知为侵害著作财产权之物,意图散布而公开陈列或持有者。

3. 我国香港特别行政区《版权条例》

我国香港特别行政区《版权条例》对著作权侵权行为列举得更为具体,一共涉及7个条文:第23条列举了因复制而侵犯版权的行为;第24条列举了以向公众发放复制品方式侵犯版权的行为;第25条列举了以租赁作品予公众方式侵犯版权的行为;第26条列举了以向公众提供复制品方式侵犯版权的行为;第27条列举了以公开表演、放映或播放作品方式侵犯版权的行为;第28条列举了以广播作品或将作品包括在有线传播节目服务内的方式侵犯版权的行为;第29条列举了以改编或作出与改编有关的作为的方式侵犯版权的行为。

列举界定侵犯著作权行为模式的优点在于以下两点。

第一,提高司法实践中的可操作性,能够提供一个格式明确、形态划一的侵权事实认定标准体系。

第二,不需要引入专门的侵权行为理论,与侵权责任法中其他侵权行为界定模式兼容,能实现著作权侵权制度与传统民事侵权制度的衔接。

(三)排除式

排除式立法模式的特点为不明确规定侵犯著作权的行为,而是从正面详细列举著作权人权利的权项,以及合理使用等阻却侵权事由的相关情形,未经权利人许可而侵犯权利人权利并且不具备阻却侵权事由的行为就是著作权侵权行为。采取此模式的典范为德国,在德国法律中,如果法律不认为某种行为属于合法,原则上讲就属于违法行为。

《德国著作权法》传承了此传统,整部法律并没有明确规定侵犯著作权的行为,而在第一章的第四节列举式地规定了著作权的内容,其中:第12条规定了发布权;第13条规定了对著作人身份承认的权利;第14条规定了作品不受歪曲的权利;第16条规定了复制权;第17条规定了传播权;第18条规定了展览权;第19条规定了朗诵、表演和放映权;第20条规定了广播权;第21条规定了通过音像载体再现的权利;第22条规定了再现电台播放权;第25~27条规定了著作人的其他权利,包括对著作物的接触权、延续权、复制物的出租与出借权。

在侵权阻却事由方面,《德国著作权法》在第一章第四节中的第 24 条规定了自由使用的情形,即对于自由使用他人著作创作的独立著作可不经被使用的著作的著作人的同意予以发表或使用。

在第一章第六节列举式地规定了特定情形对著作权的限制,其中:第 45 条规定了法院、仲裁法院或公安机关诉讼程序中复制的情形;第 46 条规定了为教堂、学校或教学使用的汇编物的情形;第 47 条规定了学校以及师范和教师进修机构通过学校广播一次播放的著作的单独复制物经过转录制成音像载体的情形;第 48 条规定了公开讲演的情形;第 49 条规定了报纸文章和广播评论的情形;第 50 条规定了音像报告的制作;第 51 条规定了三种在目的规定的范围内复制、传播和公开再现的情形;第 52 条规定了三种公开再现的情形;第 53 条规定了为私人使用或其他自用的复制的情形;第 55 条规定了广播企业进行复制的情形;第 56 条规定了商业机构进行的复制和公开再现的情形。

排除界定侵犯著作权行为模式的优点在于以下两点。

第一,重复利用著作权中已有权限及侵权阻却事由矩阵,划定权利人与非权利人的行为边界。

第二,使得著作权侵权行为体系的整体结构与应用效果也有幸彰显,免去了商讨著作权侵权行为体系的烦冗。❶

二、微观层面：侵犯著作权的判定规则

纵观各国著作权法的规定,都是从宏观层面规定侵犯著作权的行为,微观层面侵犯著作权的判定规则涉及侵权行为的对象与权利客体的比对,一般出现在案例、司法解释或审判经验中,其中最经典、最常用的判定规则就是"抽象+过滤+对比"三步法。

"抽象+过滤+对比"三步法是美国案例法确定的规则,最早可以追溯

---

❶ 李文,杨涛. 我国著作权侵权行为立法模式重构 [J]. 理论月刊, 2010 (10): 114-116.

到 1992 年美国联邦第二巡回法庭 Computer Associates International v. Altai, inc. 案。在该案中，联邦第三巡回法院法官首次运用"抽象+过滤+对比"三步法判断得出，被告 Altai 公司后开发出的电脑翻译程序与原告 Computer Associates International 在先开发的程序在实质上不构成近似。❶

目前，"抽象+过滤+对比"三步法被广泛运用到包括我国在内的各国的司法实践中。该方法基于思想与表达二分法理论，将对比两部作品实质性相似的步骤和规范进行了更详尽的解释和确认，相比于其他方法更具有稳定性和可操作性。具体而言，该方法分为抽象法、过滤法以及对比法三个步骤。

（一）抽象法

根据 TRIPs 协定第 9 条第 2 款的规定："版权的保护仅延伸至表达方式，而不延伸至思想、程序、操作方法或数学概念本身。"即著作权法保护的对象严格地限定为表达。因此，抽象法的操作正是把表达之外其他要素排除掉。需要说明的是，在现实中，作品的表达与思想往往处于混合的状态，很难轻易区分，这时候可能需要多次抽象。例如，在琼某诉于某著作权侵权案中，北京市第三中级人民法院指出对思想与表达作出区分，抽象概括法可以作为思想与表达的分析方法，即将一部文学作品中的内容比作一个金字塔，金字塔的底端由最为具体的表达构成，而金字塔的顶端是最为概括抽象的思想。当文字作品的权利人起诉他人的文字作品侵害其作品的著作权时，需通过对比的方式予以确认，则可参照相似内容在金字塔中的位置来判断相似部分属于表达还是思想：位置越接近顶端，越可归类于思想；位置越接近底端，越可归类于表达。❷

（二）过滤法

过滤法的操作主要是把表达中不受著作权法保护的要素剔除。在实践中，不受著作权法保护的表达主要包括如下三个方面。❸

---

❶ 参见 Computer Associates International, Inc.v.Altai, Inc., 982F.2d693(2dCir.1992) .
❷ （2014）三中民初字第 07916 号.
❸ 周柳. 剽窃的认定研究 [D]. 武汉：中南民族大学，2012.

第一，出于对效率的考虑而被缩小的表达形式。例如，一个编剧有多种表达方式描述一个特定剧情，但是考虑到拍摄工作的可行性，就可能缩小实际的选择范围，而从约定俗成的几种切实可行的表达形式中进行选择。根据思想与表达合并原则，那么表达形式就与程序的基本思想合并了，因此两个剧本包含相同的结构表达时，可能是独立创作的结果，并不构成侵权。

第二，由于外来因素而添加的部分。例如，在软件著作权领域，程序员在具体环境下所实施的标准手段和常规做法。

第三，公有领域的表达。公有领域的表达又可进一步分为超过著作权保护期限的作品与只有唯一表达形式的作品。关于后者，如果作品只有独一无二的表达形式，为了防止对作品传播的阻碍，该作品就属于公有领域而不被著作权法所保护。例如，有学者指出民间传说就属于公有领域的作品，任何人可以在其基础上进行自由创作。❶

（三）对比法

对比法是指当作品经过前两步的抽象与过滤之后，再与原告的作品进行对比，如果仍然存在相当比例雷同的部分，则构成实质性近似。还是以琼瑶诉于正著作权侵权案为例，在该案中，法院从四个方面进行对比。❷

第一，人物与人物关系的设定。法院指出一部具有独创性的文学作品，通常以故事情节与人物的交互作用来呈现个性化的、具体的人物关系，人物关系基于特定情节的发展产生独创性的表现效果，此时特定作品中的这种特定人物关系就将基于作者的独创设计脱离公知素材的维度，而具有独创性并纳入作者对作品享有的著作权保护范畴。结合人物情节的互动进行比对，法院认为剧本《宫锁连城》包含了剧本《梅花烙》的主要人物设置和人物关系，属于实质性近似。

第二，情节的前后衔接、逻辑顺序。法院指出对于文字作品而言，单

---

❶ [美] 保罗·戈斯汀. 著作权之道：从谷登堡到数字点播机 [M]. 金海军，译. 北京：北京大学出版社，2008.

❷ （2014）三中民初字第 07916 号.

一情节本身即使不具有足够的独创性,但情节之间的前后衔接、逻辑顺序等却可以将全部情节紧密贯穿为完整的个性化创作表达,并赋予作品整体的独创性。作品情节选择及结构上的巧妙安排和情节展开的推演设计,反映着作者的个性化的判断和取舍,体现出作者的独创性思维成果。特定的故事结构、情节排布、逻辑推演可以赋予特定作品整体上的独创意义。如果用来比较的先后作品基于相同的内部结构、情节配搭等,形成相似的整体外观。虽然在作品局部情节安排上存在部分差异,但从整体效果看,则在后作品可以构成对在先作品的再现。法院认为剧本《宫锁连城》中体现了原告所主张情节的前后衔接与逻辑顺序,虽在剧本《宫锁连城》中所占比例不高,但是基本包含了涉案作品故事内容架构,使受众足以感知到来源于涉案作品,构成实质性近似。

第三,不寻常情节设计的同一性。法院指出作品中出现的不寻常的细节设计同一性也应纳入作品相似性比对的考量。在剧本《宫锁连城》与剧本《梅花烙》中均存在福晋此前连生三女的情节,并且后续均并未对该三女的命运作出安排和交代。法院认定此情节也构成实质性近似。

第四,整体上的实质性相似。法院指出即使作品中的部分具体情节属于公共领域或者有限、唯一的表达,但是并不代表上述具体情节与其他情节的有机联合整体不具有独创性,不构成著作权法保护的表达。部分情节不构成实质性相似,并不代表整体不构成实质性相似。法院通过比对相关的18个情节后得出,剧本《宫锁连城》相对于剧本《梅花烙》在整体上的情节排布及推演过程基本一致,仅在部分情节的排布上存在顺序差异。但此类顺序变化并不引起被告作品涉案情节间内在逻辑及情节推演的变化,被告作品在情节排布及推演上与原告作品高度近似,并结合具体情节的相似性选择及设置,构成了被告作品与原告作品整体外观上的相似性,导致与原告作品相似的欣赏体验。

第二节 著作权侵权的抗辩事由

著作权侵权抗辩事由,是指在著作权侵权诉讼中被告针对原告提出的要求其承担侵权责任的诉讼请求，提出的其行为不构成侵权或不承担责任的抗辩所基于的特定理由。著作权侵权抗辩事由往往规定在著作权限制的相应规则中，本节将结合案例探讨权属抗辩、独立完成抗辩、合理使用抗辩、法定许可抗辩的具体提出，以及法院接纳的条件。

一、权属抗辩

权属抗辩是指被告主张原告不是讼争作品著作权的合法权利人，从而否认原告诉讼主体资格的抗辩方式。虽然从理论上来说，权属抗辩同样可以运用在专利以及商标侵权诉讼中，但由于法律对著作权采取自动保护原则，作品一经创作完成，著作权即时生效，无需申请、审批以及注册程序。登记有证明的效力，然而在现实中却存在很多著作权权属并未登记，或登记权利人与实际权利人不一致的情形，争议颇多，因此权属抗辩往往提出于著作权侵权诉讼之中。

在司法实践中，被告除了提出"原告所提供证据不足以证明其享有讼争作品著作权"抗辩外，权属抗辩涉及以下两种情形。

第一，讼争作品的著作权由第三人享有。例如，在琼某诉于某侵害著作权案一审中，被告于某及被告东阳欢娱公司就共同辩称对于原告的著作权人身份存疑，电视剧《梅花烙》的编剧署名是林某某，林某某应为剧本《梅花烙》的作者及著作权人，原告在该案中的诉讼主体不适格。此抗辩最终由于原告琼某向法庭提交了林某某关于剧本《梅花烙》系由原告独立原创形成，原告自始独立享有剧本的全部著作权及相关权益的声明而没有被法庭支持。然而，在该案二审中，于正又基于我国台湾地区智慧财产局的函以及1992年该案涉案作品《梅花烙》在台湾地区的登记资料作为新证据，继续提出权属抗辩，于正指出上述新证据显示琼某在1992年创作完成了《梅花烙》，但已经将《梅花烙》的著作财产权完全转让给了其他公司（艺人传播有限公司），已经失去了对《梅花烙》的全部权利。❶

第二，讼争作品系公有领域的表达而不能被原告所享有。例如，在赵

---

❶ （2014）三中民初字第07916号．

某某诉灵狮广告有限公司及上海房屋销售有限公司著作权侵权案中，原告赵某某主张被告灵狮广告有限公司在自己出版的《京剧脸谱》画册中选取了30幅京剧脸谱为被告上海房屋销售有限公司创意制作了一幅扇形广告，每个脸谱代表一个促销楼盘的行为侵犯了自己的著作权，一审法院认定侵权成立，判决二被告向原告赵某某赔礼道歉，并且共同赔偿原告经济损失人民币20万元。在上诉中，灵狮广告有限公司提出了权属抗辩，其指出社会上广泛流传着与《京剧脸谱》相同的脸谱图案，赵某某没有充分的证据证明其对系争的30幅脸谱作品享有著作权；京剧脸谱是我国传统文化的结晶，对脸谱作品确认著作权，将严重限制京剧等传统文化的继承和发展。❶

二、独立完成抗辩

著作权法中关于作品独创性的要求体现在必须是作者独立创作出来，而不是从他人那里剽窃、抄袭过来的，其与专利法的"新颖性"有很大的不同。专利法上的新颖性具有前所未有性和强烈的排他性，著作权法中的独创性则不具备这一特征，只要作品是作者自己独立创作所得即可，作品并不因其仅与他人创作在前之作品有本质上之类似且不具备"新颖性"而被拒绝。❷

从概率学角度讲，基于人智力活动的多样性和复杂性，在后的作者完全可以在不参考在先已经创作出的作品的情况下，独立创作出与在先作品实质性相同的作品，如果其能够提供足够证据支持其主张，在侵权诉讼中自然不会存在可追责的基础。从现有案例来看，被诉侵权人在提出独立完成抗辩时，一般会提出以下两种类型的证据。

第一，独立创作的过程的相关证据，如在李某某、王某某诉贾某某侵害著作权案中，被告提供了写作过程中撰写的回忆文章、采访记录、溥仪编年、溥仪病历摘抄、写作提纲，以及写作过程中各版本的修改过程作为

---

❶ （2003）沪一中民五（知）终字第5号.
❷ 萧雄林. 著作权法研究［M］. 台北：五南图书出版社，1987.

独立创作的证据，法院最终认定通过长期搜集、整理，获得了对溥仪生平的广泛了解，以此构成了其书的主要内容，这些内容是被告独立创作的作品并不是抄自原告。❶

第二，没有接触原告作品的证据。对于没有接触的举证相对比较困难，一般能够被法院认可的是基于被公证或登记固定下的时间先后顺序。例如，在"贡茶图"著作权纠纷案二审中，广州知识产权法院指出样样好公司的《贡茶实体店装修效果图》登记于2014年12月，虽然登记证书上显示该作品完成于2012年，但此时间是登记申请人自行填写，样样好公司亦未提供有关作品具体完成时间方面的证据，现有证据只能认定作品登记时已完成，不能确定作品具体完成时间。第三人举证证明其授权世川饮品店进行装潢的设计最早完成于2014年6月，此时间早于样样好公司的《贡茶实体店装修效果图》登记时间。因此，被上诉人广州市番禺区市桥世川饮品店基于时间顺序提出没有接触原告作品的独立完成抗辩最终被法院认可，而维持了一审不侵权的判决。❷

此外，独立完成抗辩也可能以权属抗辩的形式提出，即被告主张对涉案作品享有著作权，或者主张与原告分别享有不同的著作权。

三、合理使用抗辩

合理使用，是指在特定的条件下，使用享有著作权的作品，可以不必征得权利人的许可，不向其支付报酬的合法行为。

合理使用制度最早可以追溯到1841年的Folson v. Marsh案，❸在该案中法官约瑟夫·斯多里（Joseph Story）总结了以往案例法的经验，对合理使用制度的基本思想进行系统阐述，并提出著名的"三要素"。1976年美国修订著作权法时，将合理使用制度法典化，并从使用作品的目的与性质、享有版权作品的性质、被使用部分占整个作品的比例以及使用行为对

---

❶ （1990）西民字第2213号.
❷ （2017）粤73民终297号.
❸ 参见 Folson v. Marsh. 9 F. Cas. 342（C. C. D. Mass. 1841）（No. 4901）.

作品潜在市场价值的影响这四个方面阐述了合理使用的具体认定标准。

1886生效的《伯尔尼公约》将合理使用纳入"版权例外"的条款，规定了摘录、教学以及时事报道三种情形的合理使用。《伯尔尼公约》还进一步规定："对于有关作品，凡加入《伯尔尼公约》的成员国均可在立法中允许在某些特殊情况下对该作品进行复制，只要该复制不损害作者的合法权益、不与作品的正常使用相冲突。"

我国《著作权法》将合理使用制度作为著作权权利限制的一部分，《著作权法》第22条通过列举的方式对合理使用的情形进行了规定："在下列情况下使用作品，可以不经著作权人许可，不向其支付报酬，但应当指明作者姓名、作品名称，并且不得侵犯著作权人依照本法享有的其他权利：（一）为个人学习、研究或者欣赏，使用他人已经发表的作品；（二）为介绍、评论某一作品或者说明某一问题，在作品中适当引用他人已经发表的作品；（三）为报道时事新闻，在报纸、期刊、广播电台、电视台等媒体中不可避免地再现或者引用已经发表的作品；（四）报纸、期刊、广播电台、电视台等媒体刊登或者播放其他报纸、期刊、广播电台、电视台等媒体已经发表的关于政治、经济、宗教问题的时事性文章，但作者声明不许刊登、播放的除外；（五）报纸、期刊、广播电台、电视台等媒体刊登或者播放在公众集会上发表的讲话，但作者声明不许刊登、播放的除外；（六）为学校课堂教学或者科学研究，翻译或者少量复制已经发表的作品，供教学或者科研人员使用，但不得出版发行；（七）国家机关为执行公务在合理范围内使用已经发表的作品；（八）图书馆、档案馆、纪念馆、博物馆、美术馆等为陈列或者保存版本的需要，复制本馆收藏的作品；（九）免费表演已经发表的作品，该表演未向公众收取费用，也未向表演者支付报酬；（十）对设置或者陈列在室外公共场所的艺术作品进行临摹、绘画、摄影、录像；（十一）将中国公民、法人或者其他组织已经发表的以汉语言文字创作的作品翻译成少数民族语言文字作品在国内出版发行；（十二）将已经发表的作品改成盲文出版。前款规定适用于对出版者、表演者、录音录像制作者、广播电台、电视台的权利的限制。"

在我国提出合理使用抗辩，还需要满足以下四个条件：第一，使用对象为已发表的作品；第二，有注明作者的姓名及作品的名称；第三，使用目的应当是非营利性的；第四，没有损害著作权人的其他合法权利。以下两个案例是法院支持合理使用抗辩的典型案例。

在孙某某与长江文艺出版社等侵犯专有出版权纠纷案中，原告孙某某主张被告长江文艺出版社未经许可，在其 2006 年 1 月出版的《2005 年中国武侠文学精选》中部分内容与原告享有专有出版权的《镜·破军》相同，侵犯了原告享有的专有出版权。被告长江文艺出版社则提出了合理使用抗辩，主张《2005 年中国武侠文学精选》的目的是介绍 2005 年中国大陆地区武侠小说，属于《著作权法》第 22 条规定的"为介绍、评论某一作品或者说明某一问题，在作品中适当引用他人已经发表的作品"，并且长篇小说部分仅是少量节选原著内容。最终北京市朝阳区人民法院认可了被告提出的合理使用抗辩，判决驳回了原告的全部诉讼请求。❶

在韩某某与扬子晚报侵犯著作权纠纷案中，原告韩某某主张在没有征得自己同意的情况下，被告在主办的《扬子晚报》及其电子版上刊登的题为"最牛公交车司机"的报道中擅自使用原告的摄影作品，通过报纸公开发行并在网络上进行传播，但没有向原告支付报酬，也没有注明该作品的作者。扬子晚报则指出其使用上述照片为了报道时事新闻，基于此提出了合理使用抗辩，表示其行为符合《著作权法》第 22 条第（3）项中所列举的"为报道时事新闻，在报纸、期刊、广播电台、电视台等媒体中不可避免地再现或者引用已经发表的作品"。最终该案一审及二审法院均认可了被告提出的合理使用抗辩，判决驳回了原告的全部诉讼请求。❷

四、法定许可抗辩

法定许可，也被称为"非自愿许可"，是指法律规定实施某种原本受著作权控制的行为无须经著作权人许可，但仍然需要向著作权人支付

---

❶ （2009）朝民初字第 15233 号．
❷ （2012）苏知民终字第 0243 号．

报酬。❶

  法定许可制度最早确立于 1909 年《美国版权法》第 115 条，该条"对制作和发行录音制品法定许可"进行了规定。此后，随着传播技术与作品利用模式的发展，《美国版权法》经过历次修订，分别纳入了法定许可的其他情形：第 111 条规定了涉及有线广播服务提供者的法定许可；第 112 条与第 114 条规定了涉及录音制品广播的法定许可；第 115 条也在原始规定的基础上纳入了数字录音制品的数字传输的法定许可。

  《伯尔尼公约》规定各成员国在某些特殊情况下可以对著作权人的权利行使设置一定条件，但是未明确成员国对著作权人行使权利进行此类限制的目的和要求，仅从原则上规定"所设置条件的效力严格限于对此作出规定的国家，且在任何情况下这些条件均不应有损于作者的精神权利和获得合理报酬的权利"。也就是说，《伯尔尼公约》对法定许可仅划定了底线，其目的、适用条件、程序等具体问题则留给成员国自由决策。

  我国著作权法定许可制度确立于 1990 年首次颁布的《著作权法》，其中涉及法定许可的规定主要有以下三条。

  第 35 条第 2 款规定了表演者使用他人作品表演的法定许可："表演者使用他人已发表的作品进行营业性演出，可以不经著作权人许可，但应当按照规定支付报酬；著作权人声明不许使用的不得使用。"

  第 37 条第 1 款规定了录音制作者使用他人录音制品的法定许可："录音制作者使用他人未发表的作品制作录音制品，应当取得著作权人的许可，并支付报酬，使用他人已发表的作品制作录音制品，可以不经著作权人许可，但应当按照规定支付报酬；著作权人声明不许使用的不得使用。"

  第 40 条第 2 款规定了广播电台、电视台使用他人作品制作广播、电视节目的法定许可："广播电台、电视台使用他人已发表的作品制作广播、电视节目，可以不经著作权人许可，但著作权人声明不许使用的不得使用；并且除本法规定可以不支付报酬的以外，应当按照规定支付报酬。"

  不过此次立法中的法定许可制度更大程度上为被动移植，缺乏产业支

---

❶ 王迁. 著作权法 [M]. 北京：中国人民大学出版社，2015.

持,因此几乎没有得到有效实施。

2001年,在加入世界贸易组织的背景下,我国对《著作权法》进行第一次修正,此次修正以《与贸易有关的知识产权协定》等国际公约为标准,关于法定许可制度方面,此次修正调整的内容主要涉及以下几个方面:第一,取消了表演者使用他人作品的法定许可制度;第二,限缩了录音制作者法定许可制度范围;第三,降低了广播电台、电视台适用法定许可制度的要求;第四,增加了教科书编写的法定许可制度。

此后,我国于2010年对《著作权法》进行第二次修正,不过此次修正并未涉及法定许可制度。

基于上述过程,我国现行《著作权法》关于法定许可的规定主要涉及5个条文。

第23条规定了教科书编写的法定许可制度:"为实施九年制义务教育和国家教育规划而编写出版教科书,除作者事先声明不许使用的外,可以不经著作权人许可,在教科书中汇编已经发表的作品片段或者短小的文字作品、音乐作品或者单幅的美术作品、摄影作品,但应当按照规定支付报酬,指明作者姓名、作品名称,并且不得侵犯著作权人依照本法享有的其他权利。前款规定适用于对出版者、表演者、录音录像制作者、广播电台、电视台的权利的限制。"

第33条第2款规定了报刊转载的法定许可:"作品刊登后,除著作权人声明不得转载、摘编的外,其他报刊可以转载或者作为文摘、资料刊登,但应当按照规定向著作权人支付报酬。"

第40条第3款规定了制作录音制品的法定许可:"录音制作者使用他人已经合法录制为录音制品的音乐作品制作录音制品,可以不经著作权人许可,但应当按照规定支付报酬;著作权人声明不许使用的不得使用。"

第43条第2款规定了播放作品的法定许可:"广播电台、电视台播放他人已发表的作品,可以不经著作权人许可,但应当支付报酬。"

第44条第1款规定了播放录音制品中作品的法定许可:"广播电台、电视台播放已经出版的录音制品,可以不经著作权人许可,但应当支付报酬。"

在《著作权法》之外，《信息网络传播权保护条例》（以下简称《条例》）就以有线或者无线方式向公众提供作品、表演或者录音录像制品中涉及的法定许可问题进行了规定。具体而言，《条例》中有两个条文分别涉及一种法定许可与一种准法定许可的情形。

《条例》第 8 条规定了制作和提供课件的法定许可："为通过信息网络实施九年制义务教育或者国家教育规划，可以不经著作权人许可，使用其已经发表作品的片断或者短小的文字作品、音乐作品或者单幅的美术作品、摄影作品制作课件，由制作课件或者依法取得课件的远程教育机构通过信息网络向注册学生提供，但应当向著作权人支付报酬。"

《条例》第 9 条规定了通过网络向农村提供特定作品的准法定许可："为扶助贫困，通过信息网络向农村地区的公众免费提供中国公民、法人或者其他组织已经发表的种植养殖、防病治病、防灾减灾等与扶助贫困有关的作品和适应基本文化需求的作品，网络服务提供者应当在提供前公告拟提供的作品及其作者、拟支付报酬的标准。自公告之日起 30 日内，著作权人不同意提供的，网络服务提供者不得提供其作品；自公告之日起满 30 日，著作权人没有异议的，网络服务提供者可以提供其作品，并按照公告的标准向著作权人支付报酬。网络服务提供者提供著作权人的作品后，著作权人不同意提供的，网络服务提供者应当立即删除著作权人的作品，并按照公告的标准向著作权人支付提供作品期间的报酬。"

在著作权侵权审判中，被诉侵权人提出的法定许可抗辩如果被法院认可，会带来以下两个效果。

第一，法院对于著作权人提出的停止侵害诉讼请求会予以驳回，被诉侵权人可以继续使用相应作品。

第二，对于著作权人提出损害赔偿诉讼请求，法院一般仅会根据合理报酬的标准支持其中一部分，该部分会明显少于根据损害赔偿各计算标准得出的数额，这也会直接影响原被告对案件受理费的承担比例。

例如，在储某诉高等教育出版社及吉林日报报业集团侵犯著作权纠纷案中，原告储某主张，根据与中国大学生杂志社签订的合作协议书，其享有月刊《能力博士》的版面设计著作权。两被告未经其许可，在共同主办的《东西南北大学生》杂志中使用了其享有著作权的版面设计。请求法院依法判令两被告停止侵害行为,连带赔偿原告经济损失20万元,支付本案诉讼费用,并且承担原告主张侵权损害赔偿而支付的公证费、律师费等费用。两被告则在否认原告为适格的权利主体外,还提出了法定许可抗辩,认为转载行为属于法定许可使用范畴,原告索赔数额缺乏事实和法律依据,请求驳回原告诉讼请求。北京市第一中级人民法院最终认定,两被告在《东西南北大学生》期刊中使用原告作品的行为属于转载,《能力博士》期刊的版权页声明载明,允许纸质媒介转载或作为文摘、资料刊登请注明出处,按著作权法支付作者报酬。因此,根据《著作权法》第32条第2款的规定,两被告的行为属于法定许可,应当向原告支付相应的报酬。鉴于双方当事人对报酬的支付数额没有约定,法院最终依据合作协议书及《东西南北大学生》期刊中使用"能力博士资讯"图标的情况,判决两被告支付原告储某稿酬1600元,而驳回了原告其他诉讼请求,并且案件受理费5510元最终由原告承担。❶

---

❶ (2005)一中民初字第1880号.

参考文献

[1] 艾尔肯. 论医疗损害 [J]. 北方法学, 2008 (2).

[2] 白涛. 现有技术抗辩研究 [D]. 重庆: 西南政法大学, 2012.

[3] 曹新明. 现有技术抗辩研究 [J]. 法商研究, 2010 (6).

[4] 长沙市中级人民法院知识产权和涉外商事审判庭. 长沙市中级人民法院知识产权民事案件损害赔偿额判定状况（2011—2015）[J]. 中国知识产权, 2016 (5).

[5] 程啸. 侵权责任法 [M]. 北京: 法律出版社, 2015.

[6] 程啸. 未来民法典侵权责任编中用人者责任制度的完善 [J]. 四川大学学报（哲学社会科学版）, 2018 (5).

[7] 崔国斌. 专利法: 原理与案例 [M]. 北京: 北京大学出版社, 2016.

[8] 邓宏光. 商标混淆理论的扩张 [J]. 电子知识产权, 2007 (10).

[9] 丁道勤. 专利标准化的法律规制研究——从专利至上主义到创新至上主义 [M]. 北京: 中国法制出版社, 2017.

[10] 冯术杰. 论网络服务提供者间接侵权责任的过错形态 [J]. 中国法学, 2016 (4).

[11] 高圣平. 论产品责任的责任主体及归责事由——以《侵权责任法》"产品责任"章的解释论为视角 [J]. 政治与法律, 2010 (5).

[12] 管育鹰. 美国 DMCA 避风港规则适用案例之研究 [J]. 知识产权, 2013 (11).

[13] 国家法官学院案例开发研究中心. 中国法院 2014 年度案例·侵权赔偿纠纷 [M]. 北京: 中国法制出版社, 2014.

[14] 国家知识产权局. 专利审查指南 2010（2019 年修订）[M]. 北京:

知识产权出版社，2019.

[15] 韩强.“关于责任主体的特殊规定”特殊性辩驳——从"教育机构侵权责任"展开 [J]. 政治与法律，2014（10）.

[16] 何培育. 知识产权侵权责任理论研究 [M]. 北京：法律出版社，2018.

[17] 和育东. 美国专利侵权救济 [M]. 北京：法律出版社，2009.

[18] 胡晶晶. 知识产权"利润剥夺"损害赔偿请求权基础研究. 法律科学 [J]. 2014（6）.

[19] 胡兰玲，王怒蕾. 论惩罚性赔偿在产品责任中的适用 [J]. 理论与现代化，2010（4）.

[20] 胡小红. 论企业名称使用侵犯注册商标专用权的判定与抗辩事由——以若干司法案件为例 [J]. 中国工商管理研究，2014（4）.

[21] 胡雪梅. 英国侵权法 [M]. 北京：中国政法大学出版社，2008.

[22] 贾小龙. 知识产权侵权与停止侵害 [M]. 北京：知识产权出版社，2014.

[23] 孔祥俊. 商标与不正当竞争法：原理和案例 [M], 北京：法律出版社，2009.

[24] 李仁玉. 侵权责任法案例与制度研究 [M]. 北京：法律出版社，2015.

[25] 李新天，印通. 论机动车交通事故责任的赔偿主体 [J]. 时代法学，2014（6）.

[26] 李文，杨涛. 我国著作权侵权行为立法模式重构 [J]. 理论月刊，2010（10）.

[27] 梁慧星. 论产品制造者、销售者的严格责任 [J]. 法学研究，1990（5）.

[28] 梁慧星. 中国侵权责任法解说 [J]. 北方法学，2011（1）.

[29] 林少棠. 作为请求权基础的安全保障义务——兼论合理判断标准的建构 [J]. 时代法学，2016（1）.

[30] 刘娇. 机动车交通事故损害赔偿责任比较研究 [D]. 大连：大连海事大学，2012.

[31] 刘静. 产品责任论 [M]. 北京：中国政法大学出版社，2000.

［32］刘苗.商标淡化理论及其立法空间［D］.济南：山东大学，2018.

［33］刘明江.商标权效力及其限制研究［M］.北京：知识产权出版社，2010.

［34］刘士国.侵权责任法重大疑难问题研究［M］.北京：中国法制出版社，2009.

［35］刘雪玲.医疗侵权行为的民事责任与举证责任［J］.齐鲁医学杂志，2002（3）.

［36］马强.商标权国际用尽原则研究［J］.学术论坛，2003（5）.

［37］孟勤国，余卫.论未成年学生伤害事故教育机构的责任［M］.河北法学，2016（2）.

［38］全国人大常委会法制工作委员会民法室.《中华人民共和国侵权责任法》条文说明、立法理由及相关规定［M］.北京：北京大学出版社，2010.

［39］史尚宽.债法总论［M］.北京：中国政法大学出版社，2000.

［40］唐义虎.生命科技的最新发展与侵权责任法的制度回应［J］.北方法学，2010（2）.

［41］唐义虎.知识产权侵权责任研究［M］.北京：北京大学出版社，2015.

［42］王家福.中国民法学：民法债权［M］.北京：法律出版社，1991.

［43］王利明，等.侵权责任法疑难问题研究［M］.北京：中国法制出版社，2012.

［44］王利明.物权法研究［M］.北京：中国人民大学出版社，2002.

［45］王利明，杨立新.侵权行为法［M］.北京：法律出版社，1996.

［46］王利民，刘娇.机动车交通事故损害赔偿的归责原则［J］.辽宁大学学报（哲学社会科学版），2012（6）.

［47］王迁.著作权法［M］.北京：中国人民大学出版社，2015.

［48］王迁，王凌红.知识产权间接侵权研究［M］.北京：中国人民大学出版社，2008.

［49］王若冰.获利返还请求权与侵权损害赔偿关系之辨［J］.私法，2017（1）.

［50］王泽鉴.侵权行为法［M］.北京：中国政法大学出版社，2001.

[51] 王泽鉴. 侵权行为法（一）［M］. 台北：三民书局股份有限公司，1994.

[52] 王泽鉴. 人格权法：法释义学、比较法、案例研究［M］. 北京：北京大学出版社，2012.

[53] 吴汉东. 试论知识产权的"物上请求权"与侵权赔偿请求权——兼论《知识产权协议》第45条规定之实质精神［J］. 法商研究，2001（5）.

[54] 吴汉东. 知识产权损害赔偿的市场价值基础与司法裁判规则［J］. 中外法学，2016（6）.

[55] 吴汉东. 知识产权法总论［M］. 北京：中国人民大学出版社，2013.

[56] 谢鸿飞. 违反安保义务侵权补充责任的理论冲突与立法选择［J］. 法学，2019（2）.

[57] 席书旗. 论产品质量纠纷中供货者的责任［J］. 山东师范大学学报（人文社会科学版），2008（5）.

[58] 萧雄林. 著作权法研究［M］. 台北：五南图书出版社，1987.

[59] 徐爱国. 名案中的法律智慧［M］. 北京：北京大学出版社，2005.

[60] 徐棣枫. 专利权的扩张与限制［M］. 北京：知识产权出版社，2007.

[61] 徐银波. 论侵权行为形态的嬗变与赔偿理念的现代化——兼论《侵权责任法》第20条的适用［J］. 私法研究，2015（1）.

[62] 薛军. 走出监护人"补充责任"的误区——论《侵权责任法》第32条第2款的理解与适用［J］. 华东政法大学学报，2010（3）.

[63] 杨立新. 类型侵权行为法研究［M］. 北京：人民法院出版社，2006.

[64] 杨立新. 论侵权行为一般化和类型化及我国侵权行为法立法模式选择［J］. 河南省政法管理干部学院学报，2003（1）.

[65] 杨立新. 侵权损害赔偿［M］. 北京：法律出版社，2016.

[66] 杨立新. 侵权责任法［M］. 北京：法律出版社，2010.

[67] 杨立新. 网络平台提供者的附条件不真正连带责任与部分连带责任［J］. 法律科学，2015（1）.

[68] 杨立新. 我国道路交通事故责任归责原则研究［J］. 法学，2008（10）.

[69] 杨立新. 医疗损害责任研究［M］. 北京：法律出版社，2009.

[70] 阳平. 论侵害知识产权的民事责任——从知识产权特征出发的研究 [M]. 北京：中国人民大学出版社，2005.

[71] 义瑛. 浅议间接侵权 [J]. 华南理工大学学报（社会科学版），2004（6）.

[72] 尹飞. 为他人行为侵权责任之归责基础 [J]. 法学研究，2009（5）.

[73] 尹新天. 专利权的保护 [M]. 北京：知识产权出版社，2005.

[74] 尹新天. 中国专利法详解 [M]. 北京：知识产权出版社，2011.

[75] 余杰. 专利诉讼案件中的即发侵权问题 [J]. 中国知识产权，2017（9）.

[76] 曾陈明汝. 商标法原理 [M]. 北京：中国人民大学出版社，2003.

[77] 张广良. 知识产权侵权民事救济 [M]. 北京：法律出版社，2003.

[78] 张玲. 商标不使用抗辩规则的困境与出路 [J]，烟台大学学报（哲学社会科学版），2019（4）.

[79] 张玲. 我国专利间接侵权的困境及立法建议 [J]. 政法论丛，2009（2）.

[80] 张新宝. 民法分则侵权责任编立法研究 [J]. 中国法学，2017（3）.

[81] 张新宝. 侵权责任构成要件研究 [M]. 北京：法律出版社，2007.

[82] 张新宝. 中国侵权行为法 [M]. 北京：中国社会科学出版社，1995.

[83] 张新宝，任鸿雁. 互联网上的侵权责任：《侵权责任法》第36条解读 [J]. 中国人民大学学报，2010（4）.

[84] 张鹏. 日本专利侵权损害赔偿数额计算的理念与制度 [J]. 知识产权，2017（6）.

[85] 张万朋. 试论产品责任法上的"产品" [J]. 法律科学，1990（6）.

[86] 郑成思. 侵权责任、损害赔偿责任与知识产权保护 [J]. 中国专利与商标，2004（1）.

[87] 郑晓剑. 揭开雇主"替代责任"的面纱——兼论《侵权责任法》第34条之解释论基础 [J]. 比较法研究，2014（2）.

[88] 周枬. 罗马法原论（上册）[M]. 北京：商务印书馆，2014.

[89] 周友军. 侵权法学 [M]. 北京：中国人民大学出版社，2011.

[90] 朱冬. 网络服务提供者间接侵权责任的移植与变异 [J]. 中外法学，2019（10）.

[91] 朱冬.知识产权的私权形式与工具本质［J］.贵州师范大学学报（社会科学版），2018（3）.

[92] 朱冬.知识产权间接侵权连带赔偿责任的反思与重构［J］.法律科学，2017（6）.

[93] 朱冬.知识产权侵权损害赔偿救济制度研究［M］.北京：知识产权出版社，2018.

[94] 朱启莉.我国知识产权法定赔偿适用情形存在的问题与对策研究——兼评《著作权法》（草案）第72条［J］.当代法学，2012（5）.

[95] 最高人民法院侵权责任法研究小组.《中华人民共和国侵权责任法》条文理解与适用［M］.北京：人民法院出版社，2010.

[96] ［澳］布拉德·谢尔曼，［英］莱昂内尔·本特利.现代知识产权法的演进：英国的历程（1760—1911）［M］.金海军，译.北京：北京大学出版社，2006.

[97] ［德］黑格尔.法哲学原理［M］.范扬，张企泰，译.北京：商务印书馆，1995.

[98] ［德］鲁道夫·克拉瑟.专利法——德国专利和实用新型法、欧洲和国际专利法［M］.单晓光，等译.北京：知识产权出版社，2016.

[99] ［德］U.马格努斯.侵权法的统一：损害与损害赔偿［M］.谢鸿飞，译.北京：法律出版社，2009.

[100] ［荷］J.施皮尔.侵权法的统一：对他人造成的损害的责任［M］.梅夏英，高圣平，译.北京：法律出版社，2009.

[101] ［荷］J.施皮尔.侵权法的统一：因果关系［M］.易继明，等译.北京：法律出版社，2009.

[102] ［罗马］查士丁尼.法学总论——法学阶梯［M］.张企泰，译.北京：商务印书馆，1989.

[103] ［美］保罗·戈斯汀.著作权之道：从谷登堡到数字点播机［M］.金海军，译.北京：北京大学出版社，2008.

[104] ［美］戴维·G.欧文.产品责任法［M］.董春华，译.北京：中国政法大学出版社，2012.

［105］［美］玛格丽特·格里菲斯. 欧洲经济共同体产品责任中的瑕疵问题［J］. 张新宝, 译. 环球法律评论, 1990（1）.

［106］［美］美国法律研究院. 侵权法重述第三版：产品责任［M］. 肖永平, 等译. 北京：法律出版社, 2006.

［107］［日］能见善久. 论专家的民事责任——其理论架构的建议［J］. 梁慧星, 译. 外国法评译, 1996（2）.

［108］Christopher Anthony Cotropia. Patent Claim Interpretation Methodologies and Their Claim Scope Paradigms［J］. William & Mary Law Review, 2005, 47（1）.

［109］Christopher Heath. Parallel Imports in Asia［M］. Hague：Kluwer Law International, 2004.

［110］Lily E. Lim, Sarah E. Craven. Injunctions Enjoined：Remedies Restructured［J］. Santa Clara High Technology Law Journal, 2009, 25（4）.

［111］Mark A. Lemley. Distinguishing Lost Profits from Reasonable Royalties［J］. William & Mary Law Review, 2009, 51（2）.

［112］Mark A. Lemley, Carl Shapiro. Patent Holdup and Royalty Stacking［J］. Texas Law Review, 2006, 85（7）.